贝页
ENRICH YOUR LIFE

货币文化史 Ⅴ

帝国时代殖民主义与货币大变革

[美]比尔·莫勒 主编　[巴西]费德里科·奈堡　[英]奈杰尔·多德 编
金朗 译　诸葛雯 校译

A CULTURAL HISTORY OF
MONEY
IN THE AGE OF EMPIRE

Bill Maurer
Federico Neiburg
Nigel Dodd

文汇出版社

托马斯·纳斯特,《美国恒河》

日本明治天皇十六年(1883年)的
一厘硬币

托马斯·纳斯特,
《替代牛奶的婴儿奶票》

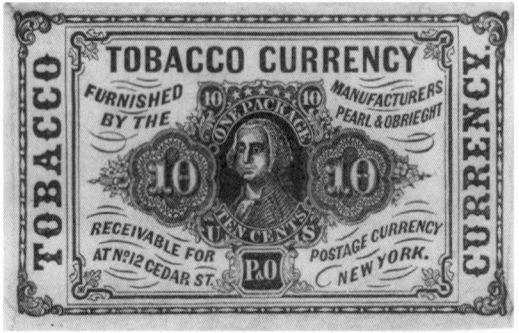

胫骨贴膏钞票复制品,《巴尔的摩太阳报》,
1839 年 6 月 13 日

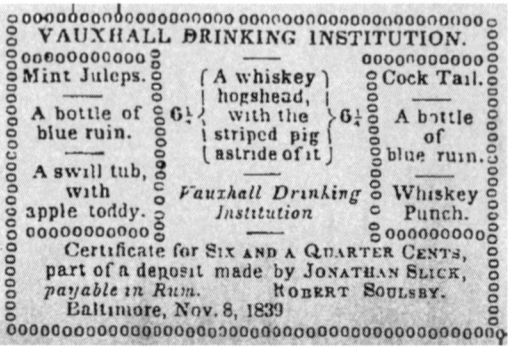

商业胫骨贴膏货币,1863 年

胫骨贴膏钞票复制品,《巴尔的摩太阳报》,
1839 年 11 月 21 日

爱德华·威廉姆斯·克莱和亨利·R.鲁宾逊，《时代》，1837 年

查尔斯·杰伊·泰勒，《考克西的家长式作风》，1894 年

路易斯·达尔林普尔，《行进中的繁荣先行者》，1896 年

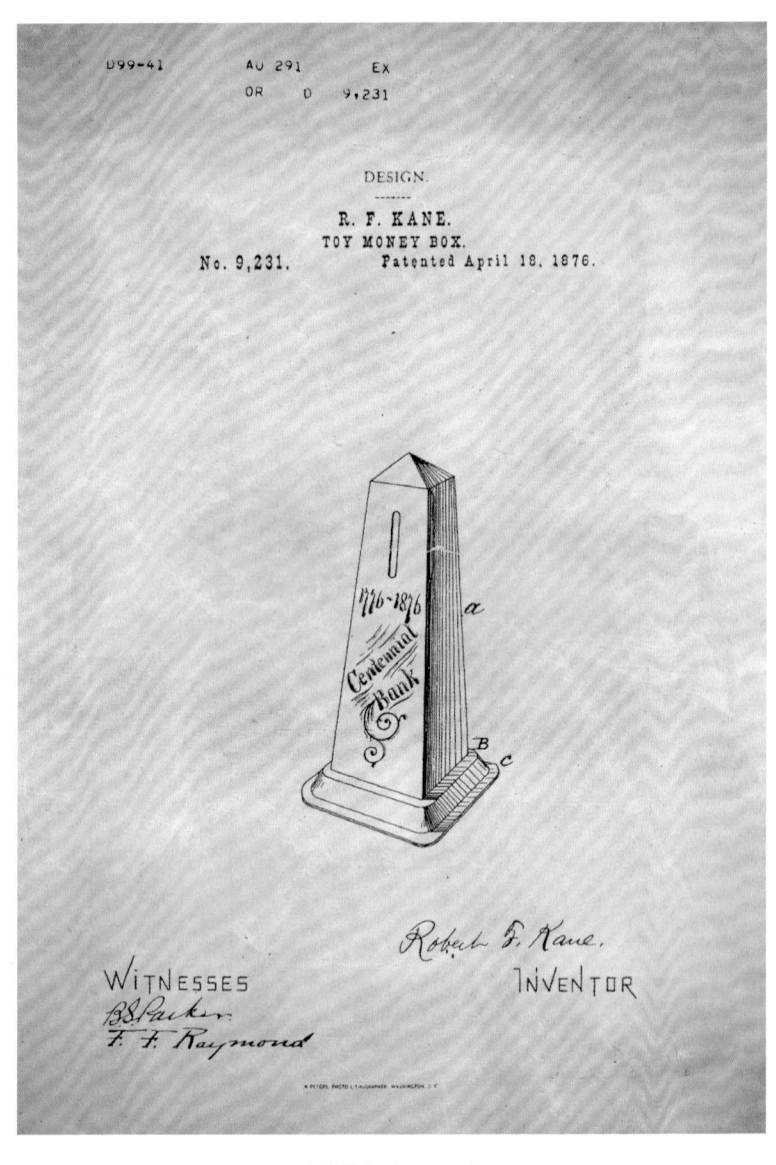

储蓄罐专利，1876 年

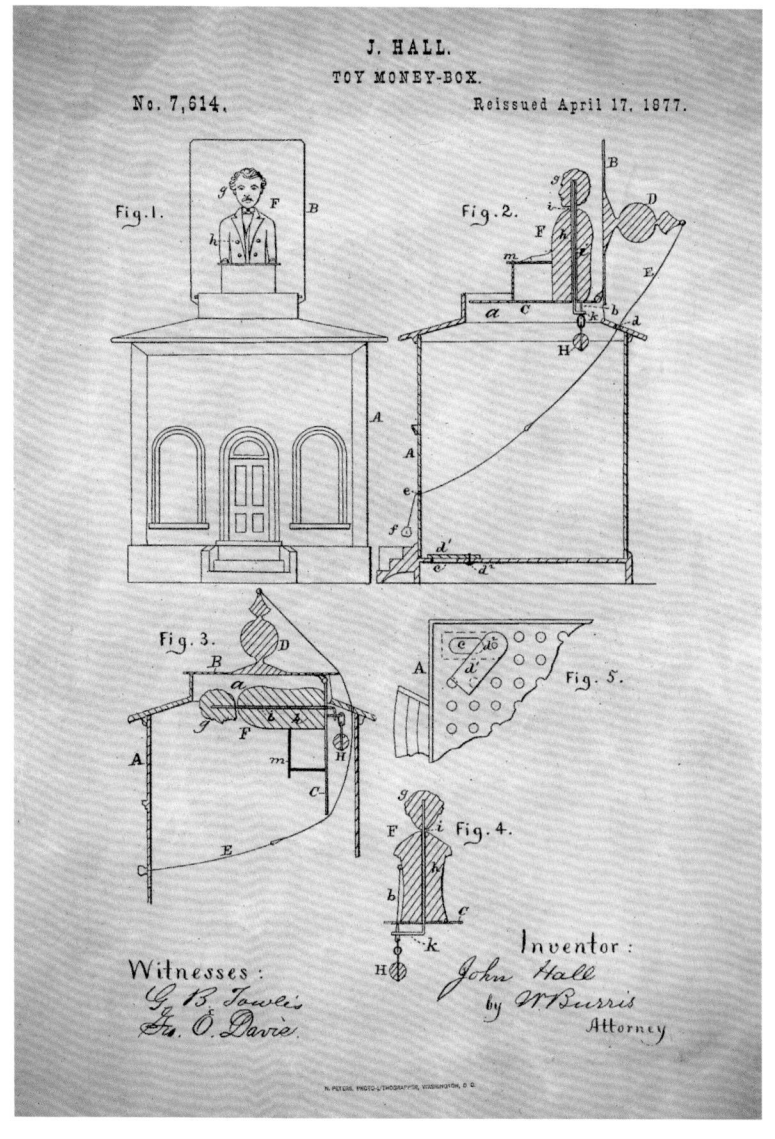

机械钱箱专利，1877 年

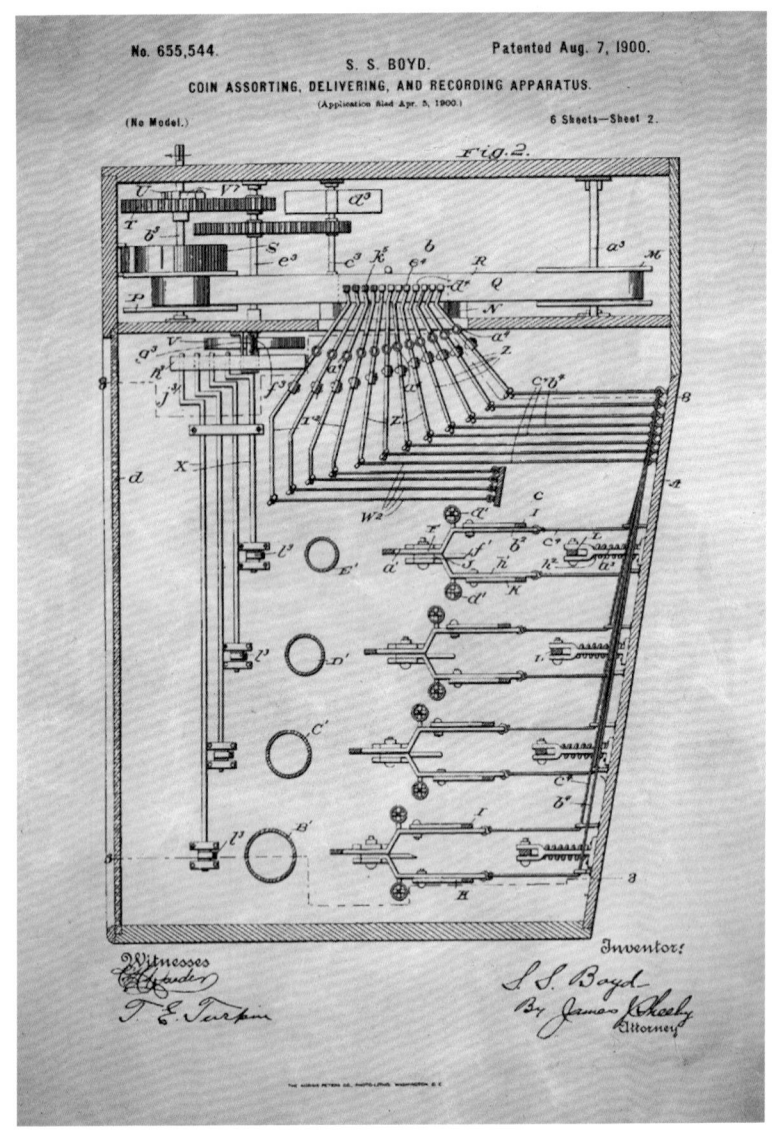

硬币分类装置专利,1900年

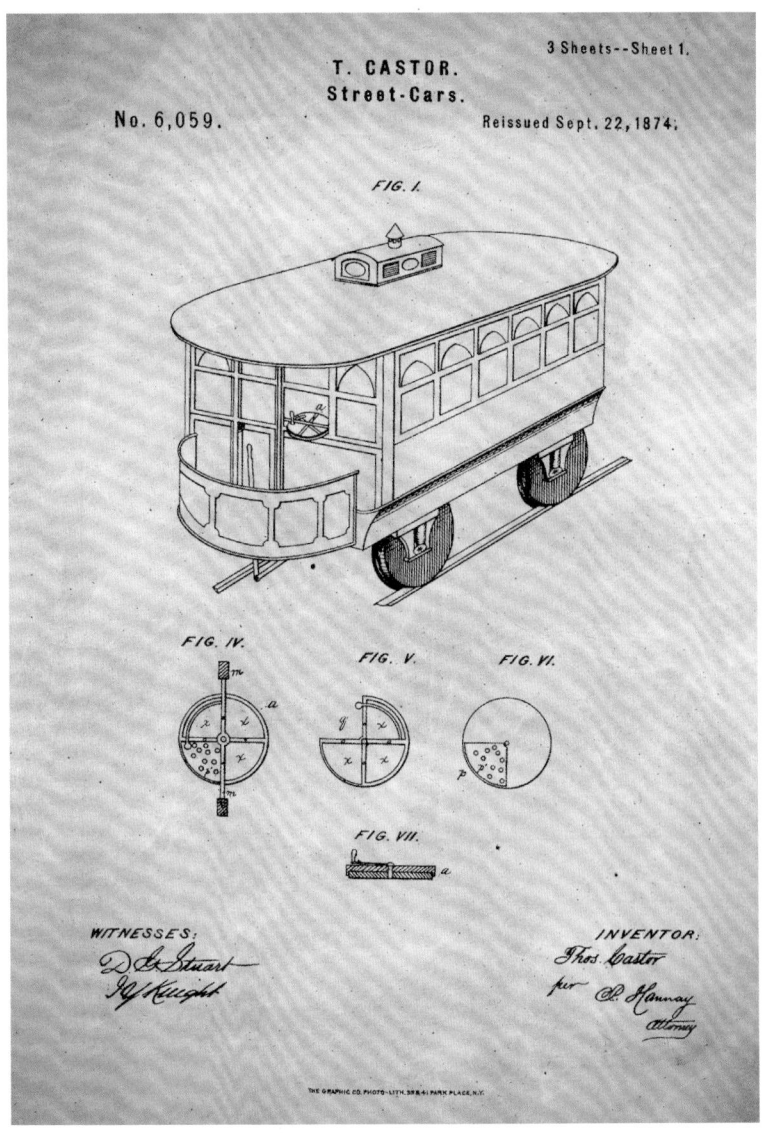

有轨电车货币处理机制专利，1874 年

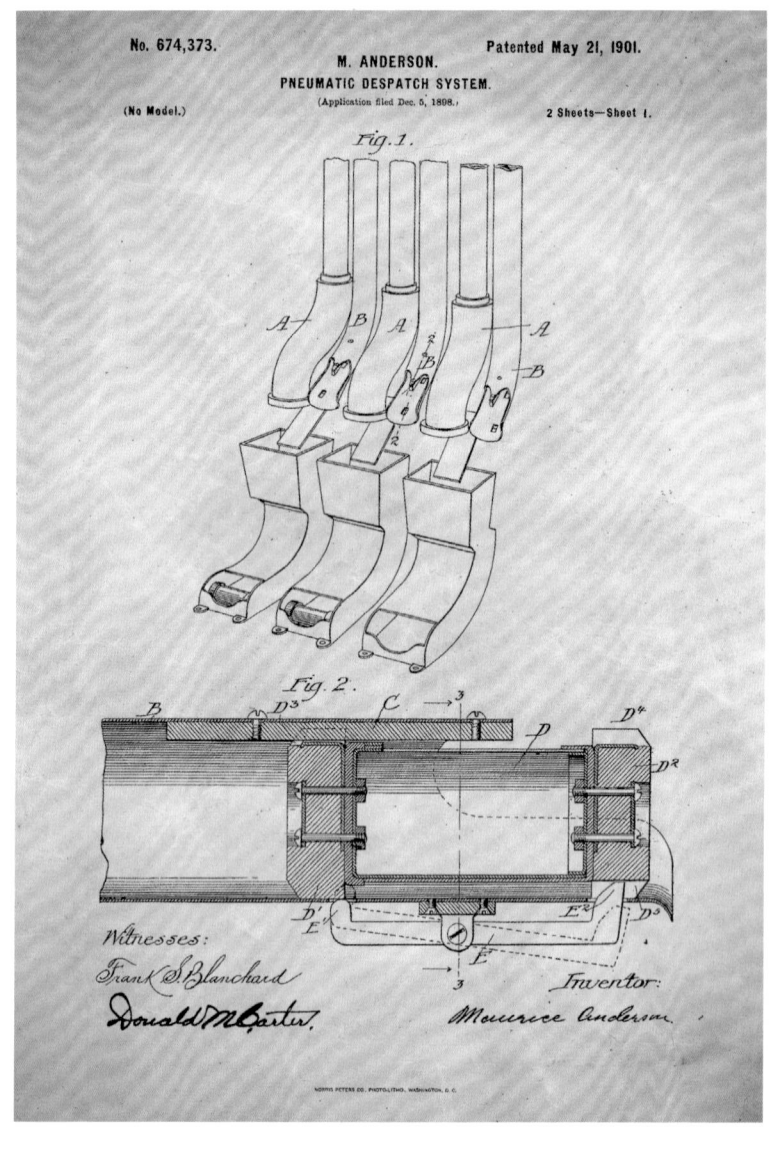

气动管传送系统专利，1901年

目 录
Contents

丛书序言 ……………………………………………………………… I

概　述　19世纪的货币景观 ……………………………………… 1

第一章　货币及其技术：用货币发明未来——19世纪美国专利的
　　　　货币化图景 …………………………………………… 19

第二章　货币及其理念：殖民时期的货币和货币幻觉 ………… 45

第三章　货币、仪式与宗教：理性、种族和世界的返魅 ……… 74

第四章　货币与日常生活：美国内战前的纸币、社群和民族主义
　　　　…………………………………………………………… 95

第五章　货币、艺术与表现形式："这仅是一个气球"——
　　　　货币文化史中的见闻和讽刺 ……………………… 127

第六章　货币及其阐释：流动性及加速度的世纪及其货币 … 156

第七章　货币与时代：形式、本质与货币实验 ………………… 187

插图目录 ………………………………………………………… 211
注　释 …………………………………………………………… 213
参考文献 ………………………………………………………… 219
译名对照表 ……………………………………………………… 237
关于各章作者 …………………………………………………… 244

丛书序言

Series Preface

2012年，大英博物馆决定重新设计陈列硬币和奖章的68号展厅。当时，其策展人大胆摒弃了传统的钱币陈列方式，决定另辟蹊径。以往，古代欧洲的金币、银币和铜币一排排地陈列在展柜中；而在新的展厅中，不仅有硬币和纸币，而且从贝壳到手机，所有的展品都有自己的展柜，呈现了用于交易的古器物和设备的历史沿革。每个展柜都有一个主题：展厅中，一侧的展柜陈列突出了货币的制度基础和发行机构，另一侧展柜则展示了人们使用货币的多种方式——不仅用于交换或付款，还可用于典礼或宗教仪式、政治竞争、装饰和故事叙述。

编写这六卷《货币文化史》的目的是给读者提供一种类似的体验，邀请他们参观这些神奇的货币展柜，走近形形色色、错综复杂、色彩缤纷的货币，看到货币不可化简的多元性，聆听货币讲述的多重故事。货币也让我们得以窥见多元经济和道德世界，以及估值与评价、财富与价值体系。货币绝不仅仅是狭义的经济术语中的硬币、现金或信贷，它的含义远远超过"货币拥有四大职能：支付手段、价值尺度、流通手段、贮藏手段"这个耳熟能详、朗朗上口的定义。货币同时也是一种交流的媒介、一组工具——人们以此交换信息：不仅仅是价格信息，还有政治信仰、权威、忠诚、欲望和轻蔑。货币还是纪念过去的一种方式，它使人、制度、神灵和祖先之间建立的关系超越现在，迈向临近的、遥远的，甚至想象中的未来。

从这个意义上说，货币不可避免地被赋予了"文化"和"历史"的色彩。因而，此六卷《货币文化史》主要聚焦于货币与宗教、技术、艺术和文学、日常生活、形而上学的阐释，以及与各种时代事件的关系。前几卷的编者是钱币学家和考古学家，他们在钱币、金银的实体史料中爬梳。此外，很多数字基础设施（digital infrastructures）研究者、文学史和法律史学家、科幻小说研究者、社会学家、人类学家、经济学家和艺术家也为本系列作品的编撰作出了贡献。

绝大部分博物馆或私人收藏的古钱币，在被发掘出来时，考古学家都没有收集到有关其周围环境的任何数据。这使许多古代甚至近代历史成为谜团，长期以来，考古学家对此无不扼腕叹息。即使某个考古发现只在特定环境中存在，对其解释也往往模棱两可。在当代社会，货币处在诸多环境之中——电缆和无线信号、数据协议和计算机服务器、游说团体和立法者卷帙浩繁的文字材料、肥皂剧和在线社交媒体。然而，如同在阐释古代窖藏的钱币时那样，我们自身很难摆脱什么是货币、人们用货币做什么，以及如何使用货币等对货币的一些假设。

以实体收银机前一笔简单的信用卡交易为例，对于这种日常付款设备而言，有多少用户可以解释其工作原理？博物馆又该如何组织策划类似的技术性展览？除了简单的付款行为之外，我们再来看一看更加复杂的货币互动。例如，在某些中亚穆斯林移民社区中的"伊玛目·扎明"（Imam Zamin），移民们用一块布将一枚硬币包裹起来，绑在上臂，希望以此保护旅行者。又比如，2005—2009年，在韩国首尔，人们用丙酮溶解塑料交通支付卡，取出射频识别天线

（RFID）和芯片，然后创造性地缝入自己的皮夹、手链或夹克肘部的贴布内，这样就可以轻而易举地穿过（地铁）旋转栅门，人们称之为"调优"（튜닝하다 / doing tuning）。那么，未来的考古学家将如何演绎推断诸如此类的行为呢？

深陷于我们自身的"硬币意识"中，我们认为货币应该是一种有形之物，或者其价值应蕴含于此，即使在网络世界中，我们与货币的互动已日益脱离物质形态；我们一直坚守金银通货主义的观念，即使我们不断见证货币的价值随着政治动荡而波动；我们认为货币是抽象的，即使我们在具体的人际关系中使用实体钱币；我们认为货币可与价值相称，商品和服务可以用同一种价值尺度衡量，即使我们用货币来界定差异——民族差异、宗教差异、代际差异、阶级差异、种族差异和性别差异。

此六卷的时期断代或有武断，但地理上基本以欧洲为中心。本系列作品对作者和主题的选择旨在打破这种西方主导的历史叙述，着力展现一种全球化视野，将政治、帝国和种族动态纳入研究框架。

分卷内的各章从实质和形式上体现了货币的复杂性。实质上，对货币技术和文化的跨文化、跨历史研究，揭示了货币的多样性和复杂性。形式上，虽每卷选取的主题相同，但若通读各卷，读者会发现这些主题本身是复杂的，因为不同时代的人对同一主题的理解往往很不一致，但又常常被置于一起。如分类账簿——货币记录工具最基本的表现形式之一，本系列书可以"纵向"阅读，即通读一个历史时期的各个章节；也可以"横向"阅读，即阅读各卷中相同主题的章节。相信读者最终会发现：货币本身就是一部文化史。

比尔·莫勒（Bill Maurer）
加州大学尔湾分校

概 述
Introduction

19世纪的货币景观

费德里科·奈堡（Federico Neiburg）、奈杰尔·多德（Nigel Dodd）

帝国时代不是指一种稳定的状态，而是指一个全球都在发生巨大变革的时代。新兴世界体系经历了新的调整，也得到了新的强化。帝国在很久以前就已存在，但是19世纪的帝国主义却集合了前所未有的世界性元素，它包罗了新的权力地理学、新的统治术和新的殖民主义形态。与此同时，从最早美洲和加勒比地区的古代殖民地，到后来的欧洲和亚洲，再到后来的非洲（这是丛书下一卷所讨论的内容），民族国家这一全新的政治单位几乎在全球各地发展起来。因此，新疆域、新波动、新格局，以及格奥尔格·齐美尔（Georg Simmel）在该时代末期提出的"社交性界限"这一新概念（Simmel, 1910 [1945]）也随之出现。

与大规模的地缘政治变革一样，技术革新也十分重要，其中就包括能够管理货币流动、存储货币并识别货币真伪的新技术。这些技术使统一市场和全球货币交易成为可能，并最终实现了"善意商业"

（doux-commerce）①所倡导的"启蒙乌托邦"（Hirschman, 1982）和单一的全球性计量体系（Darnton, 1989）。人们借此构想出一种普遍的货币标准：金本位制。19世纪三四十年代到第一次世界大战期间，各大城市及殖民地都在实行金本位制，尽管金本位制只覆盖了其中的部分货币标准。对19世纪货币发展起到重要作用的技术变革包括电力和石油、摄影和电影、电报、电话、自行车、汽车、火车、热气球和飞机，以及"世界博览会"。与之相伴而生的是一种知识基础架构，包括崭新且合理的测量尺度，以及新颖——且日益同质化——的时空感知[1]。技术革新也使货币标准化成为可能，更重要的是，历史上首次以一种通用的形式印刷货币：纯粹建立在信用的基础之上且没有任何内在金属价值的纸币。探究货币制造和交易的原则日益成为经济学这门新兴"科学"的技术性课题，"货币之于经济学，就如同'化圆为方'②之于几何学，或是永动机之于机械学"，杰文斯（Jevons）在其巨著《货币与交换机制》（*Money and the Mechanism of Exchange*）中这样写道（Jevons, 1896: vi）。

就"进步"而言，这些巨大变革所带来的众多结果之间必然存在矛盾。一方面，加速度、流动性和传播性为自由乌托邦这个以自由贸易的"自然"节奏为特征的自由放任主义世界提供了新的动力和意义。在英国，约翰·斯图亚特·密尔（John Stuart Mill）在其著作《论自由》（*On Liberty*, 1859）中倡导个体动机，反对"政治统治

---

① 善意商业的概念起源于"启蒙时代"，它指出商业倾向于使人们变得文明，让人们不太可能诉诸暴力或非理性行为。该理论也被称为商业共和主义。——译者注（如无特殊说明，本书注释均为译者注。）
② "化圆为方"是古代三大几何难题之一，是指用直尺和圆规作出一个面积与一已知圆相等的正方形。1882年，林德曼（F. Lindemann）证明圆周率是一个超越数，由此否定了"化圆为方"的可能性。

者的暴政"（Mill, 2015: 5），并指出"令生产者和销售者完全自由才是使其供应物美价廉的商品的最有效方法，而针对他们的唯一制约是购买者也享有随意选购的自由"①（Mill, 2015: 92）。另一方面，这些巨大的变化也塑造了一个没有魔法的世界、一个超理性铁笼的反乌托邦形象（Weber, 1905 [2001]）。"我们这个时代，因为它所独有的理性化和理智化，最主要的是因为世界已被祛魅……"② 马克斯·韦伯（Max Weber）在《以学术为业》（*Science as a Vocation*, 1917）（Weber, 1917 [1991]: 155）一文中写道。同样，齐美尔认为这种理性货币交换的新兴世界秩序——后来被戴维·弗里斯比（David Frisby）称作"成熟的货币经济"（Simmel, 1908 [2011]: xx）——表现为个人主义的新形式，新形式兼具赋权性与彼此之间深刻的疏离性，并以"客体文化的过度发展"为标志，即个体"成为一个单独的齿轮，与压倒性的事物和力量构成的庞大组织相抗衡，而后者正逐渐从个人手中夺走与进步、精神和价值有关的一切"（Simmel, 1903 [2002]: 18）。

19世纪末，在德国、奥地利、英国、法国和美国的大学里萌芽的社会科学，尤其是经济学，创造了对货币和社会世界思考和行动的概念。因此，现代货币的起源神话既获得了科学的形式，又具备了合法性（Menger, 1892 *apud* Dodd, 2014: 17; Graeber, 2011; Maurer, 2006）。现代货币被认为是健康的货币，是优良、强势的文明货币（参见 Neiburg, 2010）。它是一种从头开始的货币，在过去无迹可寻，它自发地从受空间限制的"原始的"以物易物演变为本质上抽

---

① 该译文引自《论自由》，译林出版社，顾肃译。
② 该译文引自《学术与政治》，商务印书馆，冯克利译，略有改动。

象、流动且空洞的货币形式。这种抽象的货币实际上混合了当下的观察与投射到未来的理想——齐美尔称之为"纯粹概念"下的货币（参见 Dodd, 2014: 317）。与此同时，它还充当了支付手段、计量单位和储值工具；一种用以实现多种目的的货币、通用的交换媒介、纯粹的抽象概念和纯粹的数量：一种进化论和双面宇宙论（Sahlins, 1996）。这些关于"帝国时代"货币景观的意识形态表征不仅形成了鲜明、清晰的对比，而且直击有关货币本质及社会影响的两幅截然不同的景象的核心：一方面是在法定货币和可兑换货币助力下的和平且流动的自由市场；另一方面是在金钱腐蚀下人性泯灭的堕落人类，由此创造出可互换的纯粹个体，"仅"用金钱来衡量生命的价值。[2]

正如齐美尔在《大都市与精神生活》（*The Metropolis and Mental Life*, 1903）中令人信服的论述所言，19 世纪中后期"成熟的货币经济"的出现与城市化进程的集中铺开紧密相连。现代、抽象的货币形式——纸币所占的比重越来越大——对城市的商业活力起到了巨大的刺激作用。其结果既有智识性的——或文化性的——也有结构性的。城市生活使市民采取日益精打细算的态度：城市的货币经济"使日常交往中持续的数学运算成为必要。许多人的生活中充斥了这样的事情：对价值进行确定、衡量、计算，将质的价值化约为量的价值"[①]（Simmel, 1903 [2002]: 13）。市场和火车站等钢铁和玻璃结构的新基础设施开始与宏伟的古代宫殿交相竞争，在此基础之上，城市集中化发展到一个新的规模。这些大都市的居民越来越多地通

[①] 该译文引自《金钱、性别、现代生活风格》，华东师范大学出版社，顾仁明译，第 13 页。

过（也仅能通过）货币（通过购买）获得商品，他们通过出卖自己的劳动换取工资以获得（也仅能获得）货币（参见 Marx, 1849, 第二章; Ellison, 1983）。[3] 从大都市的角度来看，货币无处不在——即使在金钱缺失的情况下也是如此，由那些没有工资的失业者所构成的城市新贫困景象足以说明这一点（Castel, 2017）。

虽然 19 世纪以诸多同质化和稳定性势力和理念为特征，但没有什么东西是同质或稳定的。帝国时代也是一个充满剧变和动荡、充斥着不稳定性和不确定性的变幻莫测的时代。正如马克思和恩格斯在 1848 年所写的那样："一切坚固的东西都烟消云散了。"[4] 货币是造成这种压倒一切的动荡且混乱的氛围不可或缺的一部分。这一点从遍布各地且复杂、多元的货币景观中可窥见一斑，不仅在全球体系的边缘（即所谓现代性的"边缘"），而且在新、旧大都市以及新的地缘政治单位（如民族国家）之中——现实总是与"每个国家市场都有自己的专属货币"的理想存在一定差距。事实上，情况恰恰相反：我们到处都可以观察到（独特、复杂、集中、等级分明的）各种货币安排：国家货币、帝国货币、殖民地货币、货币联盟、货币间的固定汇率制度（货币局制度）、特定商业流通的专用货币、商家发行的货币〔胫骨贴膏（shinplaster）、宝贝螺①、玻璃珠以及许多其他形式的货币〕、从支付手段中分离出来的记账单位，样式、材料和规模不计其数的货币。尽管在整个 19 世纪，"现代化力量"具有巨大的力量和同质化的影响力，但货币却始终呈现出多元化及多样性——事实上，时至今日，情况仍是如此（Dodd, 2014; Zelizer, 1994）。

---

① 宝贝螺（cowrie）为旧时亚非部分地区被用作货币的小贝壳。

因此，各种现代主义所宣称的"新"（或者纯粹的"新"）并不存在。回顾历史，我们依然必须处理这些独特而复杂的组合，它们有其自身的多重历史性，不同的时间层并存其中，它们阐明过去在现在的不同含义，明确时间和历史的不同概念。货币本身就是一个记忆库（Hart, 2001），并且是一个高度多元化的记忆库：每种货币，就像计量单位，在每个特定的相互作用环境中，构成了某个单一的历史综合体（Mintz, 1961）。

本卷各章展现了19世纪货币文化史的图景，与前几卷略有不同的是，它以双重视角对各式主题展开探索。一重视角聚焦于庞杂的与流行的货币实践、观念和理想的复杂纠葛；另一重视角则关注结构性（结构化）的紧张关系，19世纪所有的货币空间均以此为特征。这种紧张关系存在于两种力量和机构之间：第一种是统一的力量和机构，如民族国家和帝国国家的力量和机构，或者掌控大型商业板块的公司（这些公司迫切希望看到货币同质化，这样一来其承担的税赋便会减少，交易也会更便利）；而第二种力量和机构则希望货币分散化和多样化，并且希望上述提及的货币功能愈加差异化：纯记账单位增加、支付手段自动化、发明（并再创造）新型价值储存工具。

这些紧张关系具有内在的政治性。就中央集权而言，国家机构在19世纪所采用的主要模式为中央银行（其中包括1800年成立的法国银行和1913年成立的美国联邦储备局），以及大型跨国公司、全球化私人银行和罗斯柴尔德家族等"家族"（Kuper, 2001）。在此期间，国家机构逐渐转变为全球化金融的新参与者模式。就货币分散化和多样化而言，机构和利润分布在看似不计其数的经纪人、构建网络碎片的行动者，以及不同规模的交易之中（每一个限定范围的形容词都被另一个形容词打破稳定,暴露了它们之间的连续性和断裂性:地方的,全国性的,帝国的,州的,全球的,等等)。[5]

本卷各章从去中心化视角研究这些运动中的紧张世界,开启了(日常货币理论和实践的)细节之窗,并将其置于大规模的进程之中。这不是伴随"货币理论"而生的问题,更不是提出"货币理论"的问题,而是激发一种归纳和比较的视角,以便通过识别连续性和断裂性来甄别社会形态和货币敏感性的独特之处。跨学科和跨国界的特征丰富了本书的研究方法:身处多样化制度环境(当代中心和边缘)之中的社会学家、人类学家、货币历史学家、艺术家和文学家被汇集起来,共同致力于揭示(货币)景观细微的奇异之处,为出人意料的结果提供了线索——通过避免任何形式的时代错误,他们展现出19世纪货币世界的诸多方面(其概念、实践、敏感性和基础设施)与"我们自己的"当代景观之间的极端相似之处。

同质化和多样性

19世纪形成的进化宇宙论描述的是一种持续的文明同质化运动,而货币景观却与之不同——货币景观是多样的、不稳定且模糊的。货币的历史形式非但没有进化,反而逐渐分层和交融。正如G.巴拉钱德兰(G. Balachandran)在第二章中向我们展示的那样,古老的帝国货币仍旧存续着,而且表现出强大的文化适应力,即使在失去官方货币地位,甚至停止铸造之后,仍然不断跻身流通市场并进行自我重塑。西班牙的达布隆币(doubloon)[①]就是一例,它于

[①] 达布隆币,西班牙旧时的金币,因这种金币的币值为普通金币币值的两倍而得名。

1849年停止发行，但在此后的几十年间依然在美洲的旧殖民地流通，尽管当时这些殖民地已经有了自己的国家货币。玛丽亚·特蕾莎塔勒（Maria Theresa thaler）[①]也是如此，虽然自1858年起它就不再是奥地利官方货币，却一直在流通，甚至在一个世纪后，仍然在远至非洲东北部和南亚的商圈中流通（Kuroda, 2007）。

即使在新、旧大都市中占主导地位的货币理论假定了一种理想情况，即每个（国家或帝国）货币空间都仅有一种专属货币（Helleiner, 2003a），但在19世纪，人们其实可以在地球的各个角落观察到各种货币的共存，这一事实证明，正如奈杰尔·多德（Nigel Dodd）在第七章所阐述的那样，国家、社会和货币之间的关系远不是自然而然的，而是偶然的，并且总是存在争议。多德表示，在政治上，19世纪的货币总是夹在主要理论和观点（如金本位制、金银复本位制、货币联盟和无争议纸币的想法）在意识形态上的"推力"与"现实政治"务实的"拉力"之间。

多德还指出，货币对陆地和海洋起到了不同的调节作用。海洋是一个充满冲突和竞争的空间，这种冲突和竞争存在于合并或衰落的帝国货币和新兴势力货币之间。美元就是新兴势力货币的一个代表，它在成为美国统一的全国性货币的同时，也在全球扩大了自身的影响力。通常，1898年的美西战争被认为是美元作为参考货币兴起的主要标志。从此，美元开始在加勒比地区、中美洲和南美洲与欧洲货币展开竞争；不久之后，美元又在南太平洋与印度卢比，特别是与日元——于1871年开始发行，并于甲午战争之后在太

[①] 玛丽亚·特蕾莎塔勒，18世纪德意志地区流通的一种银币，在阿拉伯半岛、印度和埃塞俄比亚流通广泛。

平洋地区获得了一定的霸权——一争高下。1898 年，古巴开始美元化；1901 年，菲律宾建立了介于比索与美元之间的货币局制度。19 世纪末，货币景观因新人物、新机构的出现而发生改变，这些人物和机构开始设计并使用新殖民主义工具：传播好消息、建议并推行市场自由化和货币稳定统一化政策（以美元和之后即将实行的金本位制为参照）的"货币医生"和"货币代表团"（Rosenberg, 2003; Drake, 1994; Helleiner, 2003b）。

当我们离开潮汐和海岸，深入内陆时，货币景观又一次发生改变。我们遇到其他货币、其他度量单位和其他交换方式："黑色美元"（玛丽亚·特蕾莎塔勒的旧称）、宝贝螺、玻璃珠等（Leer Weiss, 2005; Mwangi, 2001; Pallaver, 2009, 2015），正如利文斯顿（Livingston）和斯坦利（Stanley）的探险队（Pallaver, 2009: 22），或者非洲东部的商队等新殖民主义英雄所描述的那样。政府和商人都在发行货币。因此，货币在多维和差异化的空间中流通，阐明了社会等级和价值：精英阶层使用强势、高面额的货币，普通穷人则使用弱势、低面额的货币（Helleiner, 2003a: 27）。货币的流通还标记出内部和外部市场之间，以及不同货币、计量单位和规模之间的界限和门槛（Guyer, 2004）。这些货币流通空间与生产力相关，并且能够增加和分配利润。

正如迈克尔·奥马利（Michael O'Malley）在第四章中所论证的那样，这种等级分明的多元化并不仅限于外围货币景观。奥马利描述了整个 19 世纪中，各种私人印刷的小面额纸币是如何在一系列禁令之下仍在美国流通的：这些俗称"胫骨贴膏"的纸币由店主、商人、酒馆、餐馆和各种各样的企业发行。到 1850 年，有 9000 多种私发纸币在流通，塑造了穷人参与其中的货币景观，促进了贸易和信贷。不同的货币并行流通，表现出并强化了社会的不平等性：强势货币，在白人中流通；"胫骨贴膏"，在黑人中流通。事实上，正如奥马利所展示的那样，大量"胫骨贴膏"使穷人、妇女、有色人种、"底层阶级"得以参与经济生活，并获得身份认同（同样参见 O'Malley, 2012）。

为促进这些多元化的货币在世界范围内的同质化，人们采用了各种方法。上文提到的一种尝试是禁止非官方货币的发行与流通，以利于官方（或国家）货币的发展。另一种做法是建立（并实施）国家或超国家的共同货币空间，如意大利、比利时、法国和瑞士于 1865 年组成的拉丁货币联盟，再如，于 1873 年成立的斯堪的纳维亚货币联盟（关于 19 世纪货币联盟的政治讨论，参见第七章《货币与时代》）；或者是建立（并实施）银行业改革中出现的货币空间：例如，1901 年，前塞内加尔银行（Banque du Sénégal）转型为法属西非银行（Banque de l'afrique Occidental），再如，1894 年，首家英属西非银行成立，并在尼日利亚、黄金海岸、塞拉利昂和利比里亚等殖民地拥有管辖权。第三种做法是实施已经提到的货币局制度，这种制度在 19 世纪末出现于非洲（例如，东方和西方货币局制度，分别以英国英镑和法国法郎为参考货币；Fuller, 2009）和中美洲及加勒比地区（如前所述，美元在这些地区逐渐得以推广）。

货币景观的世界性特征在 19 世纪世界体系（新旧）的交点处得到了最为鲜明的体现（Mintz, 1984）。例如，海地就是这些"复杂的地方"之一（Geertz, 2004）。在整个种植园和后种植园时代（Mintz, 1964），海地是一个多元化的货币空间，各种帝国时期的货币（重或硬）与许多其他货币（轻或软）一同流通，其中包括海地独立革命（1804 年）后首次发行的国家货币古德（gourde）。在整个 19 世纪，古德的价值都是通过一种固定的等价体系来计算的（这种体系虽然不享有任何官方法律地位，但事实上，我们可以说，它存在于文化和市场中）。根据这个体系，1 法国法郎等于 5 古德。[6] 1915 年，美国军事占领海地后，这种等价体系被保留下来，以新都市的货币为基准，并且被纳入货币局的法律框架，规定 1 美元等于 5 古德。直到今天，我们依然可以在海地元（Haitian dollar）中看到在此过程中形成的货币文化的复杂性，5 古德的平价等于 1 海地元——海地元在克里奥尔语中叫多拉（dolà），它是一个概念，一种虚拟货币，一个纯粹的记账单位，用于计算大多数交易，并将教会财产、市场和远超出国家领土范围的商圈连接起来（Neiburg, 2016）。

中央银行、货币联盟和货币之间的固定平价只是用来管理（福柯意义上的）货币以及随之而来的流动与人口的一些不同手段。如本卷各章所示，围绕19 世纪货币的性质和管理所展开的讨论层出不穷。这里我们仅提出其中三个方面。第一方面讨论的是新国家和新货币的生存能力。基于领土的货币标准化（Helleiner, 2003a）是民族主义的原则之一（Hobsbawm, 1989: 30—44）：从经济和货币角度来看，威尔士、爱尔兰或苏格兰是能够独立发展的国家吗？如何恰当地定义能独立发展的货币区？[7]第二方面讨论的是所谓金银复本位制（允许同等使用黄金和白银）拥护者和金本位制拥护者之间的争论。金本位制诞生于英国（1821 年），后来推广到加拿大联合省（1853 年）、纽芬兰省（1865 年），还有德国（1871 年）、美国（1879 年）及日本（1895 年）等国。第三方面的讨论再现了现代货币的起源神话，反对强势和弱势货币，正如19 世纪中叶提出的所谓"格雷欣法则"（Gresham's law，"劣币驱逐良币"）所揭示的那样。这条法则是这个时代的象征，它是由苏格兰商人及律师亨利·邓宁·麦克劳德（Henry Dunning Macleod）提出的。据说他为该法则命名时借鉴了三个世纪前关于英国先令金属纯度和英国硬币质量的争论。16世纪英国王室的财务代理人和顾问托马斯·格雷欣爵士（Sir Thomas Gresham）是这场争论的主角之一（Macleod, 1855–56）。[8]

概念和工具

19世纪，关于货币思考的概念表述和货币管理工具的设计均在不断发展，关于货币本质的争论愈演愈烈，货币化对人际关系和人类的影响也愈来愈深，这种影响不仅涉及科学领域，还涉及人文与艺术领域。如前一节末尾所述，一些工具是为国家、帝国或殖民地等大型集体而设计的。另一些工具则侧重于开展针对公众，尤其是穷人的货币教育。这些教育的目的是教会人们如何在日常生活中应对货币（或其稀缺性）、制订预算、管理工资和债务、计算货币数量，并越来越多地以货币价值计算一切（包括物品、服务和人力）。[9]政府、公司和工会就工资进行协商，计算以百分比和货币量化的"生活成本"变化，专门研究数字，进行并接受经济学教育。在美国，"家庭经济"运动的传播同时伴随着女性参政和理财的兴起（Skocpol, 1995）。"家政学"得以创立，旨在教育农妇们如何持家。美国家政学协会也于1889年成立。

利奥波多·怀兹波特（Leopoldo Waizbort）在第六章中描绘了德语世界中这些争论的全景，并揭示出为何其载体之一是知识分子对于捕捉令人眼花缭乱的变化速度的需求。时间的加速度和关系的流动性结合在一起，促进了货币在日常生活中的普及，扩展了人类经验的范围，一些新领域的专家应运而生：历史、文化、政治、经济、科学、社会和心理（心灵或灵魂等词语在当时广为流传）。

在当时兴起的人文科学中，货币景观随着包括经济学在内的社会科学的诞生而发生了改变。促成现代经济学诞生的关键争论之一就是 1880 年至 1890 年间出现于德国的方法论之争（Methodenstreit），它对经济学和其他社会科学对于货币和经济的思考与行为方式产生了深远的影响。简言之，争论的一方是德国经济学家古斯塔夫·施穆勒（Gustav Schmöller），他是当时"文化历史学派"（cultural historical school）的领军人物，主张用归纳法来理解社会事实。另一方是卡尔·门格尔（Carl Menger），奥地利经济学派的主要人物之一，也是边际主义理论的三位开创者之一——另两位是英国经济学家威廉·斯坦利·杰文斯（William Stanley Jevons）和法裔瑞士经济学家瓦尔拉斯（Walras Marie-Esprit-Leon，关于这场争论对货币理论的意义，参见 Ingham, 2004）。

怀兹波特揭示了这一图景的核心人物——格奥尔格·齐美尔：尽管他是 1909 年德国第一家社会学学会创立过程中的核心人物，但他却始终与这些争论保持着一定距离，是个局外人。第六章集中讨论了这一时期从多个视角研究货币的巨著《货币哲学》（*The Philosophy of Money*，Simmel, 1900 [2005]）。此书包罗万象，描述了处于欧洲现代性经验和主要大都市生活背景之下（其中的一切似乎都在运动）的复杂的货币现象学。怀兹波特回忆说，对于生活在货币景观之中的人而言，货币实现了世界语的理念，即创造一种人人都会说能懂的语言，一种由人类（或是上帝？抑或是魔鬼？）创造的通用语言。作为一种同质化的、可通约的纯数量，每种货币都应等同于与其等价值相等的其他货币（"1 美元就是 1 美元"）。当然，这种形成于 19 世纪的意识形态所波及的范围已远远超出了德国的边界。

正如比尔·莫勒（Bill Maurer）在第三章向我们展示的那样，上帝与魔鬼，这种在19世纪得以巩固的双面宇宙论体现了宗教的衰落与冷酷、不道德却日益超然的实体——市场——的崛起之间的紧张关系。在此期间，宗教、政治秩序和货币以多种方式混合在一起：从法国的世俗主义和奥斯曼帝国融合了现代金融与伊斯兰教的现代化改革，到日本明治时期特有的世俗化神道教、日趋统一的印度教，以及卫理公会或摩门教等新形式的新教。这些教派不断扩大着自身的影响力，特别是在工人阶级中的影响力。它们首先出现在英国和美国，后来通过传教活动和浸透在宗教体验中的复兴主义情绪逐渐遍布地球的各个角落（与倡导终结宗教的自由主义信条相悖）。莫勒还从概念层面上表明，当时一些主要的货币辩论受到了宗教末世论与教义的深刻影响。法定货币（如绿钞这样的纸质货币）的诞生，一般等价物的建立（如金本位），都要求接纳货币的本体论"现实"及其代表性或指称性（Neiburg and Guyer, 2017; Neiburg and Guyer, 2018）。毕竟，正如莫勒所述，货币和宗教在历史上一直（并将继续）是相互建构的，而不是两个相互"敌对的世界"（Zelizer, 1994）。

在19世纪的社会图景中，货币既是符号、语言、概念和媒介，又不止于此。它也是一个引擎，一个充满创新和投机的领域，一个不断扩展的前沿，既"真实"又虚幻。信贷和金融的新领域以及虚拟货币，与幻觉、流动性和连续时间（即"货币"）存在着内在的联系。在本卷第五章，尼基·马什（Nicky Marsh）聚焦于气球和泡沫的意象，这是对该时期与信贷和货币相关的现象的批判及讽刺。乔纳森·斯威夫特（Jonathan Swift）、埃德加·爱伦·坡（Edgar Allan Poe）以及《绿野仙踪》（*The Wonderful Wizard of Oz*）的作者弗兰克·鲍姆（Frank Baum）等英语作家纷纷描述了货币易变的本质，强调了货币快速流通和金融扩张的空虚感，而泡沫在描述货币的过程中也获得了理论上和隐喻上的地位——按照尼基的说法，这是货币被放大的、持久的虚构现实感，既完全真实（一种物理标记），又高度抽象（一种想法，一个值得信赖的对象）。

气球也是一种技术手段。这种讽刺也是对正在进行的技术革命的批判：交通和通信工具，连接不同地域的大型工程（1869 年通航的苏伊士运河、1881—1914 年间修筑的巴拿马运河），黄金开采和储存的各种方式——离开了这些方式，一般等价物（金本位）的理想就不可能实现。事实上，19 世纪也是"淘金热"的时代。"淘金热"最盛行的地区是美国（加利福尼亚州和阿拉斯加州）、澳大利亚（维多利亚淘金热）和南非（威特沃特斯兰德淘金热）。成千上万的人四处寻找黄金这种货币，城市、铁路、基础设施随之兴建，以供应食物并为开采、存储和分配成千上万吨的黄金提供便利（Limebeer, 1935），新颁布的法律文书规定了矿山的所有权、缴税方案及贵金属品质度量的方式。

正如胡安·巴勃罗·帕尔多-格拉（Juan Pablo Pardo-Guerra）在本卷第一章中所述，货币促使人们发明了一系列技术设备以达成不同的目的：校准货币所用金属的质量，识别货币真假，区分真假货币，禁止制造假币，铸造硬币和印刷纸币，在新建的银行和家庭中存钱（比如家庭中的玩具储蓄罐，它同时也是培养良好用钱习惯的教育和道德工具），在新开的百货公司中提款（提款机于 1879 年首次获得专利），[10] 把钱币从殖民地的土地上转移到大都市，从而促使其融入全球资本流动和跨国货币市场。帕尔多-格拉发现，在货币、创新和时间观念的关联中存在着一个关键而令人惊讶的连接点：专利。自19世纪30年代起，尤其是在美国内战之后，专利开始广泛兴起。实体的梦想，储蓄的梦想，控制的梦想——专利成了连接货币景观中的政府、货币的实体性和个人及家庭对未来的预期的工具。

多样的过去和现在

卡尔·波兰尼（Karl Polanyi）的经典著作《大转型》（*The Great Transformation*）写于第二次世界大战期间。他在书中表示，1815年到1914年这一时期可以称得上是"和平世纪"，但他也强调了，相对其他时期而言，该时期的特点是新帝国、民族国家、对于殖民关系的重新定义、奴隶制（1888年，巴西废除了奴隶制，宣告全球奴隶制灭亡）和无处不在的"大屠杀"：

> 奥斯曼帝国、埃及帝国和谢里夫帝国或解体或被瓜分；入侵的外国军队撬开了中国的国门；非洲大陆在一次大型劫掠中遭到瓜分。与此同时，美国和俄罗斯这两个大国逐渐在国际舞台上变得举足轻重。德国和意大利实现了国家统一；比利时、希腊、罗马尼亚、保加利亚、塞尔维亚和匈牙利在欧洲版图上确立或重新确立了其作为主权国家的地位。在工业文明进入古老的文化领域的过程中，一系列连续不断的公开战争几乎如影随形。俄国靠军事力量征服了中亚，英国在印度和非洲发动了无数次战争，法国不断压榨埃及、阿尔及利亚、突尼斯、叙利亚、马达加斯加、印度支那和暹罗。（Polanyi, 1941 [2001]: 5–6）

因此，这更像是一种依靠秩序与进步、金本位、自我调节的市场和自由国家的理念维持的"务实的和平"。波兰尼认为，这是一个由金钱喂养的真正的"撒旦磨坊"（Polanyi, 1941[2001]: 35），尽管"社会反抗"存在，但它仅为了减缓变革转变的步伐并减轻其带来的痛苦。

在资本主义的大都市（如伦敦、柏林、莫斯科或芝加哥），时间和劳动力的价格是可以协商的（工资和延长工作时间）。工会、政党和其他集体组织转化为空间，在那里，人们呼吸着金钱，计算并确定"生活成本"的价格，讨论数字和货币，想象其他可能的世界。正如莫勒在第三章中所述，越来越多的人试图用其他道德观、其他对于公共的定义以及其他货币来"重新美化"这个世界。也正如多德在第七章中所论述的那样，其结果是引爆了有关货币的性质和价值的新理论、新思想以及组织和调节货币生产和交换的新方法。批判性思想和自由主义乌托邦思想激增，与自我调节的市场思想相互竞争（有时却表现出惊人的统一），集中在（例如）英国作家约翰·拉斯金（John Ruskin）倡导的"劳动货币"、法国理论家皮埃尔·约瑟夫（Pierre Joseph）提议的人民银行，以及德国经济学家、活动家西尔维奥·格塞尔（Silvio Gesell）支持的"'腐朽'的金钱"等观点。他们的所有作品都贯穿着关于社会主义的辩论，其中当然少不了卡尔·马克思（Karl Marx）和新生的社会民主主义的身影，后者在欧洲和美洲不断发展，但在东方却仍未发展起来。

本卷《货币文化史》并不打算涵盖19世纪全球货币体系的"全貌"，短短七章的内容根本无法描绘出如此辽阔无限的景观。比如，书中就未曾提及对远东或东欧货币动态的深入分析等话题。然而，我们显然不可能按照一比一的比例绘制任何地图，而且正如我们试图在书中展示的那样，货币景观的范畴远超国界，因此本书有限的篇幅就更不可能展现其全貌了。尽管在19世纪，领土货币的理想十分普遍，但它们却有着不同的货币规模、机构、代理人和视角。在探索这种多重标量形式的过程中（并且尽量避免欧洲中心主义或盎格鲁中心主义视角），本卷各章展示出一种令人惊讶的统一：它们均展现出19世纪货币景观在当代所产生的共鸣，这场世界盛宴似乎也属于我们。流动性和加速度（见怀兹波特所著的第六章），非物质化（见马什所著的第五章），支持当今现状及未来承诺的科技（见帕尔多-格拉所著的第一章），在持续的异质性和统一性之间延展的多重分级景观（见巴拉钱德兰所著的第二章、奥马利所著的第四章及多德所著的第七章）。

金钱的腐蚀性使人匿名化和个体化，关系生产力则将个人转化为关系中的人，同时也使人类集体的存在成为可能，而帝国时代使人们挣扎于两者之间。政治与道德之间的紧张关系和矛盾不但波及我们19世纪的祖先与货币相关的社会文化生活，也影响了我们今天的生活，塑造了多重过去和多重现在。

致谢

特别感谢凯瑟琳·伊格尔顿（Catherine Eagleton）在本项目初期的慷慨投入，以及比尔·莫勒在本卷漫长的制作过程中所给予的鼓励。

第一章
Chapter 1

货币及其技术：
用货币发明未来——19世纪美国专利的货币化图景

胡安·巴勃罗·帕尔多-格拉（Juan Pablo Pardo-Guerra）

马克斯·韦伯笔下的新教徒教给我们一些我们在某种程度上已经知道的东西：金钱能够唤起人们对未来的想象与对当下道德弱点的认知（Weber, 2002）。今天省下的一枚硬币代表着暂时压制的一股冲动——但它也是人们在深思熟虑后决定为一件更为重要的事情所付出的努力：可能是一个节俭的孩子于一个下雨的周末在 FAO 施瓦兹玩具商店（FAO Schwartz）[①]里购买的一款玩具，也可能是一张通往灵魂救赎的单程票。货币是一种承诺，一种期望，一种可能性，一种也许在未来才能得到的礼物。从这个极其具体的意义上来说，货币就是你口袋里的未来。

在这一章中，我想通过与货币的存储、使用和制造相关的设备和用具，而非通过货币本身，对货币的时间定向进行思考。货币与

[①] FAO 施瓦兹玩具商店是美国历史最悠久的玩具店之一。

技术密切相关，这对当代读者而言是显而易见的。工资通常以电磁形式进行支付，通过电路和处理器进行读取和修改，并以塑料、纸张和金属为载体。货币即技术——不论在形式上还是实质上——它通过不同的（而绝非单一的）估值形式框定了我们的现代实践（Zelizer, 1994）。

不过，在这里，相较"货币即技术"这个主题〔相关文献为数众多（参见 Maurer, 2015; Coeckelbergh, 2015）〕，我更关心19世纪由货币催生的技术。如果说货币是一项技术，那么它需要获得能够稳定其使用和流通的货币化基础设施的支持。正如21世纪初期，数字支付系统和全球交易网络使电子货币成为可能（Bátiz-Lazo *et al*, 2014; Stearns, 2007）一样，19世纪的货币也离不开由对象、设计和事物组成的不断发展的网络，而这些对象、设计和事物共同浓缩着货币的意义与人们对货币的未来预期。这些设备生动地表达了随着资本主义与货币化在日常生活中的迅速扩张，人们对货币及其地位的理解、担忧与承诺。因此，它们即是本文准备简要讨论的对象。

在思考技术如何与货币的意义相交融时，我将进一步关注想象中而非现实里的事物。有鉴于此，我想加倍强调货币所具有的承诺属性——我将先探讨货币如何指示特定的未来导向，而后分析货币如何引出关于未来的设计及其如何就做出和信守承诺而做出承诺。因此，虽然本章的主题是货币技术，但是下文讨论的内容会相当具体。我没有去研究那些实际存在的技术或设备，而是通过研究与货币有关的专利的曲折历史，来剖析技术和货币所做的双重承诺是如何阐述货币、社会及其相互关联的意义的。

专利及其（未）实现的未来

作为现代知识产权制度的核心特征，专利既代表了层出不穷的创新，也代表了无数次发明的失败。专利起源于中世纪晚期和文艺复兴早期，是当时君主授予发明者对其发明成果的垄断权。在 17 世纪和 18 世纪，专利成为依法保护财产的主要工具。当对知识产品的控制在现代欧洲新兴的资本主义经济中变得举足轻重之后，专利便无可争议地成为界定和争夺设计所有权的领域，而在理论上，这些设计能够让具备企业家头脑的人有利可图。

并不是说所有专利都能够转化为创新。计量经济史学家可能会将申请专利的频率作为衡量创新（Streb, 2016）、评判行业和企业创造力的标准。然而，很多证据表明，专利往往无法直接应用于实践〔例如，据安永（Ernst & Young）咨询公司估计，只有不到 10% 的生物技术专利进入了市场〕。在某些情况下，专利的目的只是宣示申请人对于一项可能有用的创新的所有权，从而令潜在的竞争对手望而却步（Heller and Eisenberg, 1998）；在大多数其他情况下，专利显然是不切实际的想象（19 世纪有一项旨在保护鸡免受同类攻击的鸡用眼镜专利，这就是一个显著的例子）。

不管能否给世界带来实质性的贡献，专利都能清楚地反映发明人的梦想和思考。例如，在专利制度几乎与其国家本身一样历史悠久的美国，可专利性以实用性为前提：专利不能仅仅是一种假设，还必须能够解决某种问题，让"有用的工艺、机器、制品、物质组成或任何新颖而实用的改进"（United States Patent Office, 2017）得以流通。确认实用性的前提是明确区分什么是问题、什么不是问题，什么是发明人该关注的、什么不是发明人该关注的。实际上，一项设计若要获得专利，就须证明其实现了某种形式的改进，具有新原理、新逻辑和新贡献；需要通过所呈现的解决方案来改进前沿技术。

虽然专利和大多数其他形式的财产一样都是个体化的，但它必然与更庞大的创造知识的基础架构息息相关。例如，在确认与"前沿技术"相关的"新颖性"时，专利将发明人记录、权利要求和限定了可专利性边界的既往发明联系在一起并进行比较。从许多方面来看，专利与个体，而不是与其产生的大语境相关联，这是由法律程序所致的。正如人类学家玛丽莲·斯特拉森（Marilyn Strathern）所警示的那样，专利截短了发现问题、竞争所有权和发展知识的社会网络（Strathern, 2001）。这种形式的知识产权"既指可为知识所用且由知识授权其使用和流通的物品或技术，同时也指已提出权利要求且因此成为一种物品或技术的知识"（Strathern, 2001: 20）。因此，专利记录不仅是理顺人们断断续续的创新轨迹的指示器，更是透过古往今来的知识去洞见可能存在的共同未来的望远镜。在本章中，我对专利的理解如下：与其说专利是指示个人发明时点的信号，不如说它是浓缩了不同社会对可能存在的货币未来的想象的节点。

基于撰写本章的初衷，我仅对1860年前后到1915年的美国专利进行分析。之所以如此，主要有三重考量。第一重考量是历史方面的。可以说，与其他地方的专利相比，美国的专利更接近于全国性企业家精神项目的建构。现代专利制度可能起源于欧洲〔如在英国，亨利六世名义上在1449年就授权了第一个专利，尽管这种做法直到1624年《垄断法规》（*Statue of Monopolies*）颁布之后才得以正式化〕，然而在欧洲申请专利的成本通常很高昂（1860年，英国的专利费用大约是其人均年收入的4倍）。在英国，阶级制度使得人们有了创造发明的理由。当然，在美国，这一点并不明显，因为知识产权保护已载入宪法，而且宪法赋予国会"为促进科学和实用技艺的进步，对作者和发明家的著作和发明，在一定期限内给予专利权的保障"的权力。如果要说有什么区别，那就是美国专利制度设计的准入门槛没有欧洲那么高：1860 年，欧洲平均每项专利的申请费用约为 400 美元，而美国的申请费用低得多，仅为 30 美元。正如佐里纳·卡恩（Zorina Khan, 2005）所述，美国的专利制度经过精心调整，其目的是改善社会和经济福利，并且与这个年轻国家的鼓励创造、功绩和民主形象密不可分。

第二重考量是货币相关的。美国早期货币史的显著特征是与金银复本位制有关的货币所遭遇的政治溃败：从 18 世纪的殖民地时期的货币和大陆币（Continental Currency）到 19 世纪 30 年代各州立银行自由发行的银行券，美国公众可选择的通用货币多种多样，并且可以将其兑换成黄金或白银。① 然而，迫于美国内战带来的限制和压力，美国政府在 1861 年推出了一项新的货币标准，最初是将 5000 万美元债务转换成可按需兑换的中期国债，这成为美国的法定货币，也奠定了国家特许银行发行国民银行券的基础。② 这些所谓"绿钞"标志着货币和货币政策的重要转变：也许巩固了以一种略带当代资本主义色彩的特殊视角来思考经济与国家和社会之间关系的思

---

① 美国早期没有统一的货币，18 世纪同时使用殖民券和大陆币，19 世纪各州银行都可以发行银行券，这些种类不同的银行券都可以作为货币流通。除大陆币发行时就规定不能兑换成金银外，殖民券和州银行券起初都可以兑换成金银，但后来由于滥发和伪造现象严重而贬值，以致无法兑换。

② 据美国国会于 1863 年通过的《国民通货法案》，经过联邦财政部授权的州立银行与私立银行会成为国家特许银行，即国民银行。国民银行可以自行发行银行券，这些银行券也与私立银行被允许用作法定货币。国民银行若想发行银行券需要用法定货币（金银或可兑换成金银的代用券、绿钞等）购买联邦政府债券作为担保，并将债券存放于联邦政府财政部，为防止货币超发，发行银行券的数额不得高于债券担保的数额。

维方式。不同于重金主义者，绿钞的支持者认为纸币的价值不在于它能否兑换黄金，而在于它"作为信用基础的可兑换性"（Carruthers and Babb, 1996）。货币的价值源于政府的制度地位；货币是"法律的产物"，其价值并非源于稀缺性和自然的内在价值。在我的分析中，这一点至关重要，因为本文研究的是美钞（United States Note）和金币并存的时期。重金主义者对货币地位的担忧并未随着绿钞的使用而消失——如今比特币的发展正是这种担忧始终存在的一个显著标志，尽管这可能仅是一种隐喻。因此，我们应该寄希望于既能从那个时代的发明家的想象中看到其对体制的关注，也能从中发现一些有关稀缺物品内在价值的参考信息。货币主义者的历史也预示了这一时期的终结：1915年，美国联邦储备系统（Federal Reserve System）被创建，自此界定了货币的构成。

第三重考量非常实际。美国自1791年起就有专利，但是1836年前的专利记录大多已不复存在，因为当年的一场大火烧毁了美国专利局（United States Patent Office）的记录。和大多数历史记录一样，专利文件作为一种法律文书与其物理属性密不可分，而美国的部分专利文件由于历经劫波而散佚。尽管美国早期的专利记录已化为灰烬，但鉴于本文所研究的历史时期，选择尚存的专利文件进行研究应该不会影响研究结果的质量：虽然这些遗失的美国早期专利文件具有很重要的历史意义，但美国货币和专利制度交缠的历史相关的关键拐点却与之鲜有重叠。

我在下文中探讨的专利均受到了上述三个考量的制约。然而，当时的人们夹在重金主义者和绿钞支持者之间，这些专利表达了他们对于怎样衡量、处理、存储和制造货币的想象。这些专利是19世纪美国发明家天马行空的想象，也许还在其工作室里被制造成形，并成为货币基础设施的一部分——而且,作为一个更庞大的社会网络中被截短了的问题,它们展现了美国社会对货币的本质和未来的焦虑、欲望、希望和苦恼。专利和货币由梦想联系在一起,我们可以通过研究专利来了解社会围绕货币所建立的世界。

19世纪美国专利的货币维度

专利如何看待货币呢?纵观所有资料,货币无疑是创新发明的一个明确理由。无论是旨在减少先前的屠宰方法造成的"大量金钱"损失的杀猪台(US712579A; Nicholson and Blanchard, 1902),还是意在减少"沿着海岸线进行疏浚……所需的巨额支出"的修筑沙滩之法(US715557A; Cushing, 1902),在确认发明的新颖性时,金钱方面的考量都是重要的论据。我对这类问题并不是很感兴趣,我感兴趣的是确定一些有关货币共同想象的更为广泛的主题。第一个主题必然与货币本身有关,即货币作为一种交易对象的稳定性。

实体的梦想

货币无疑是一种抽象概念(Ingham, 2004),然而实体货币却为其日常经验提供了基础。货币的实体性非常重要,即便是在数字电子支付系统领域也是如此。让我们来看看信用卡。美国银行界最近流行一种趋势,即推出在触感上与竞争对手有明显区别的高端信用卡。例如,2016年,美国摩根大通银行(JP Morgan Chase & Co.)发行了一种高费用的新型高端信用卡。与其竞争对手所提供的以塑料为基材来承载芯片和磁条的信用卡不同,摩根大通选择了一种未公开成分的合金。"卡片的金属材质,"一家热门网站上写道,"显然是其吸引人的原因之一。只有少数其他信用卡也采用了金属质地，例如美国运通（American Express）的百夫长卡（Centurion Card），也就是人们通常所说的美国运通'黑卡'，这种卡片通常只对百万富翁、亿万富翁以及社会名流开放。"摩根大通的高端卡在技术上与普通塑料卡片相同（对于数字字节而言，不同的卡板材质别无二致），其材质却独一无二。

当然，其他形式的货币也不能摆脱实物的约束。1美元纸币平均每年换手110次（或大约每3天换手1次），很容易受到钱包、手袋、收银机、捆扎带等的挤压和摩擦，还可能被遗忘在抽屉里（Leibbrandt, 2009）。由于货币的流通率如此之高，因此其材质至关重要。美国国家研究委员会（United State's National Research Council，以下简称NRC）在关于未来纸币的一份报告中指出，货币的基材、形状、颜色和手感均至关重要（NRC, 1993）。NRC还指出，这不仅是印刷和设计的问题，还是如何利用财政部所掌握的现有最先进的技术的问题："在跟进微电子学、纳米技术、分子电子学、材料学、光子学和磁学发展的同时，支持鼓励将这些领域的新技术应用于开发复杂、低廉、可靠、准确且低调的设备来帮助视障人士识别货币及其面额，也许还能帮助他们检验纸钞的真伪。"（NRC, 1993）

现存资料中的一些专利旨在保证货币的真实性，这不足为奇。可以说，它们是试图区分真币和假币的工具：人们希望可以利用一些专利设备来检测货币的真伪。这种做法在19世纪尤为重要，如今的小商贩往往也都会在收银台上放置紫外线灯以确认大额钞票的真伪。例如，虽然绿钞提供了一些稳定性的保证，但货币领域总是充斥着大量的各式国民银行券。在早期的美国历史中，保证纸币的真实性是一个政治问题。例如，大陆会议（Continental Congress）①发行大陆币后，英国采取的一项策略是制造高仿假币，通过提高供给使美国这种新式货币贬值。在19世纪后期，尽管货币造假——无论是硬币还是纸币——仍然是一个严峻的问题，但情况却与之前大不相同。

一组专利通过基材来解决这个问题（与上述NRC的方法非常相似）。通过用特别"值钱"的材料来印刷和铸造货币，可以解决货币价值的问题。对于硬币，鉴别办法显而易见。由于当时的硬币主要由黄金和镍铸成，所以辨别硬币真伪的关键就在于区分不同的合金。根据物理学，人们可以通过特定硬币的重量和尺寸来验证其真伪。正如1900年的一项专利所述，"真币与假币在重量上通常会有明显的差别，在直径和厚度相同的情况下，铸造真币的金属的比重和铸造假币的廉价金属的比重通常是不同的"（US688839A; Evard, 1901）。因此，可以设计出一种相当精巧的仪器来自动鉴别硬币的真伪。

纸币的鉴别略为复杂。一些专利中就包含专门鉴别纸币真伪的方法或设备。伊莎贝拉·科恩（Isabella Cohen）在1909年发明了一种相当简单的装置，该装置可以方便地将纸币置于高倍放大镜下进行鉴别。然而，这项装置和一些与之类似的装置把鉴别纸币真伪的重担交给了相对外行的操作人员。另一些专利则从纸币的制造过程入手，来解决这一问题。当时的许多专利技术都与针对纸币的印刷和雕刻技术有关，而其他专利技术则涉及能够增大纸币伪造难度的设计。例如，一位英国发明家于1911年在美国申请了一项专利，其

---

① 大陆会议，英属北美13个殖民地的代表会议，美国独立战争期间的领导机构。

中包括：

> （以后能够以任何合适的方法套印的）线纹底板，其上印有字母、数字或者其他可区别标识，后者的线纹与底板线纹成一定角度，但色调相同，所以这种独特的字母或类似标识在底板上几乎不可见，并且在套印时也完全不可见。①在套印过程中，只有当底板与同样印有线纹的盖板结合使用，且底板的图案或标识线纹与盖板的线纹平行时，上述特别标识会才处于可见状态。（US1002600A）

早在1895年便有了类似的通过几何图形来防伪的专利（USD248090）。还有一些专利则专注于纸币基材：例如，1910年的一项专利提出了通过添加足够多且具有足够一致性的"裁成各式形状的小纸片或纤维材料"（US964014A）来生产特殊纸张的方法，这类方法也可以解决货币稳定性的问题。

储蓄的梦想

专利资料中还有一些关于"玩具钱箱"的专利。钱箱、存钱罐和一些其他存放货币的装置显然都是古老的发明。考古证据表明，用容器存放货币的历史和货币本身一样久远。然而，这些不起眼的装置却是更广泛的社会模式的重要指示器。存储可以有多种形式，而存储使用的模式揭示了所存储的物品及其文化意义和价值观念之间的关系。须德杜因（Zuijderduijn）和奥斯藤（Oosten, 2015）通过

---

① 此句中的"不可见"是指对肉眼不可见。——编者注

研究存放在荷兰埃丹污水坑里的中世纪钱箱揭示了储蓄的模式，体现了新教的兴起及其特有的关于货币和积累的哲学，以及在手工业行会引入和广泛传播的强制性保险计划。在罗马天主教会的统治下，储蓄可能是一种合适的策略，但随着荷兰逐渐过渡到与新教逻辑相关且风险共担的社会组织形式，这种做法失去了一些可信度。

须德杜因和奥斯藤（Oosten, 2015）通过研究储蓄实践，强调钱箱能够使人自律的特性：这些技术旨在引发以特定形式使用（和提取）钱币的行为和倾向，对责任、不确定性和权利的道德关注可以强化这些行为和倾向。我们在19世纪的美国专利中看到的发明在这方面与上述情况也别无二致。这些"玩具"钱箱有一个具体的目标，即帮助那些年少的使用者养成特定的存钱理念。它们教育人们要节俭，围绕货币的行为方式要符合道德伦理。让我们来看一看其中最简单的专利之一——由马萨诸塞州剑桥港（Cambridgeport）的罗伯特·凯恩（Robert Kane）于1876年申请：

> 本发明本质上是一个中空的方尖碑，其中一面有一个投币口（见图1.1），可作为供儿童使用的储蓄罐或存钱罐，以锡制为佳。该装置设有底座或基座，四个侧面是独立的部件，其中两面稍宽，用于在四角处做搭接，如图所示。各部件通过焊接的方式连接。（USD9231S）

这个简单的装置是为儿童而非成年人设计的，是为培养美国年轻一代养成储蓄习惯而设计的一系列装置和机制中的一项。在当时关于金钱的（显然是道德方面的）讨论中，人们普遍提倡节俭（Zook, 1920），其中许多往往与特定的教育项目有关。1920年，经

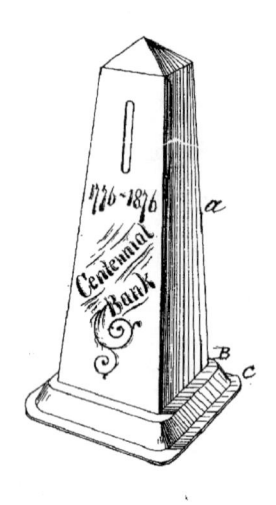

图 1.1 储蓄罐专利，1876 年
来源：美国专利局

济学家阿尔文·约翰逊（Alvin Johnson）在《美国政治与社会科学院年鉴》（Annals of the American Academy of Political and Social Science）上撰文强调，节俭是通过实践获得的"公共事业和个人美德"。"大多数学会践行节俭的人很少是被理论规训影响的，而是深受环境条件的影响，在这些环境中他们觉得储蓄和投资就像消费一样容易和自然"（Johnson, 1920: 233–4）。凯恩的锡制小储蓄罐正是通过将其中一些条件具体化来培养这种习惯的一种方式。

将钱箱作为培养存钱习惯的工具这一想象或许在另一项专利中体现得更为清晰。同样来自马萨诸塞州的约翰·霍尔（John Hall）在1877年申请的专利既可以用于存钱，也可以培养人们对储蓄机构的信任感。钱箱的体积一般较小，这在所难免。尽管钱箱不一定专属个人使用（毕竟，一个家庭或社群的几个成员可以为某些集体目的使用同一个钱箱），但该设计并不适用于更大规模的积累形式。存钱罐本就不是银行。储蓄经济需要的不仅是（将钱塞入）床垫和空心泥塑——它需要的是能够使货币流通和增值的银行，而不是仅仅将货币贮存起来。在19世纪末，银行信用储蓄是一项充满风险的投资。银行危机在当时十分常见——在1857年和1873年的恐慌中，有几百家银行倒闭，并且它们没有为客户的存款投保——因此人们并不相信银行能够存续下去。霍尔的发明将货币和信用融为一体。他改进了一个玩具钱箱的设计，将其装饰成微型银行，顶部有"代表出纳员的机械人物，经操作后可以接收钱币并将其存入'银行'，形成了一个供儿童娱乐的玩具，同时还能安全地存储少量硬币"（USRE7614E，见图1.2）。

为促进储蓄文化的发展，纽约的莫里斯·门吉斯（Morris Mengis）在1899年设计了一个机械保管库，这一设计遵循了与霍尔

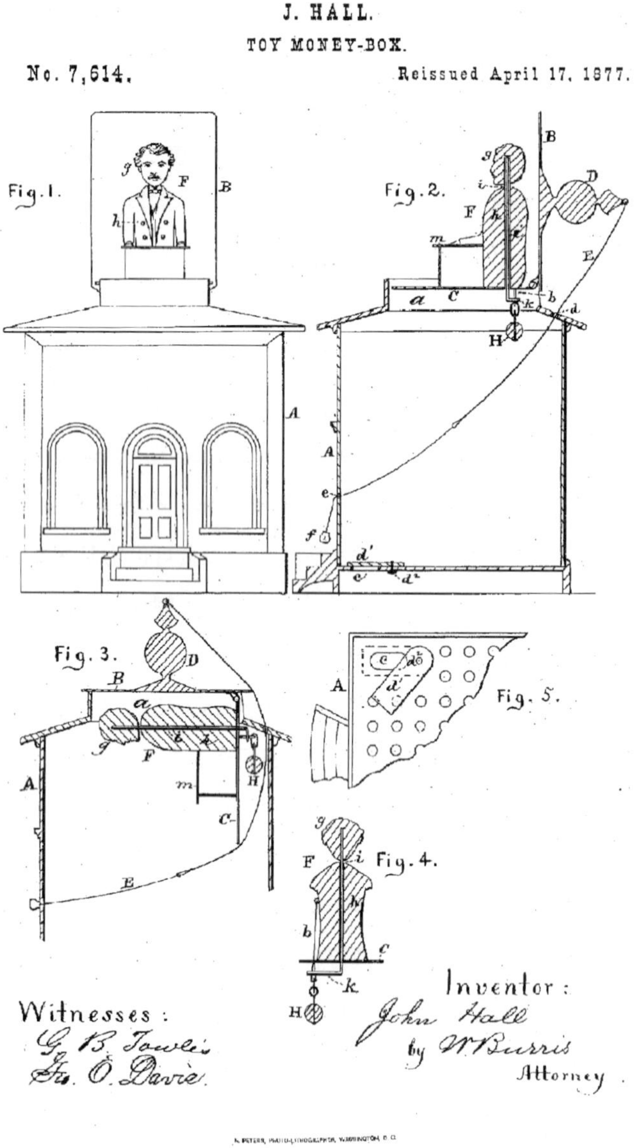

图 1.2　机械钱箱专利，1877 年
来源：美国专利局

类似的逻辑，但不那么花哨。他的发明：

> 主要为与储蓄银行的合作而设计，用于接收儿童小额存款或服务于其他人在银行的零存整取，它能将存款人的存款金额转移到机构的账簿上。尽管该设备主要用于银行，但它在被改进后显然也可以用于慈善机构和其他机构的合作之中，以助其收取捐款或其他款项。本发明旨在为上述目的提供或制造一个简单、可靠、便利的机械保管库。除接收待存的款项外，该设备还能自动向存款人返还一张收据或其他凭证，用以确认其捐赠、支付或所存储款项的确切数额。（US631024A; Mengis, 1889）

门吉斯的装置是更为庞大的点钞技术家族的一员，其目的是促进积累，尤其是硬币的积累。不过，这些技术的重要之处在于，它们反映了新生的关于货币和储蓄的道德化愿景。与霍尔、凯恩以及许多其他专利权人一样，门吉斯也认为货币的分散式积累符合更广泛的体制性行为模式。储蓄依赖习惯，习惯重在培养；储蓄需要引导，从儿童的玩具钱箱到银行提供的自动存款和清点设备不等；储蓄为那些依赖信用的银行机构提供了资金。这些设备无论多么简陋，都是日益增长的日常货币流通基础设施多样纷繁的呈现。它们是通往人们想象中经济繁荣发展的未来的入口、连接器和通道。

从其图解中可以看出，这些储蓄技术有着更为宏大的目标。国家货币是构建国家认同的关键——就如同结合国内市场与政治方案，以便在现代国家的范围内建立交易经济的边界一样，国家货币的设计是为了构建理想化国家的特殊象征（Helleiner, 1998; Polanyi, 1957）。这种象征性质也与货币技术有关。尽管专利主要以实用为目的，但它常常被赋予国家意象。例如，在美国独立战争一百周年前后几年出现的专利就体现了爱国主题：凯恩的钱箱上刻有"百年银行1776—1876"的字样；1875年，康迪德·克罗托（Candide Croteau）发明了一种"玩具钱箱，其外观形状是费城独立厅（Independence Hall）[1]的塔楼"（USD8655）。这些小设计与纸币和铸币上的符号一同造就了国民经济。

控制的梦想

为积累财富而进行发明创造是19世纪货币使用环境的重要特征。但是，货币的流动能力就如积累一样，也是一个反复出现的主题。我们经常借用"液体"和"流动"来暗喻货币，由此我们想到的是资本的流动，货币从银行流入钱包，在消费者与生产者之间流动，或是跨国、跨政府流动。"泄漏"这一概念始终与这种隐喻联系在一起。就像难以守恒的菲利普入渗模型[2]，货币转移系统也会受到漏洞、连接不紧密和破损点的困扰——无论是物理上的（如用于跨空间转移资金和货币的系统），还是社会性的（如以意料之外的方式转移货币的腐败和盗窃行为）。

有一类发明与点钞技术有关。例如，从1879年俄亥俄州的詹姆斯·里蒂（James Ritty）获得第一项相关专利开始，整个19世纪末和20世纪初，关于收银机的新颖设计就层出不穷。这些技术复杂的

---

[1] 费城独立厅是美国国会和高级法院所在地，也是签署《独立宣言》和批准美国宪法的地方。
[2] 菲利普入渗模型是衡量土壤入渗能力的经验公式，任意时刻的土壤入渗率与土壤吸水系数和稳定下渗率有关。——编者注

设备把杠杆、齿轮、铃铛和弹簧（如 US817725A、US678218A 和 US754961A; Osborn, 1906; Bassett, 1901; Baynes, 1904）组合在一起，集分类、存储和报告功能于一身。与这些设备相关的专利还揭示出，旨在根据货币面额自动整理货币的设计的数量出现了增长。例如，1900 年，桑福德·博伊德（Sanford Boyd）为一个用于硬币分类、递送和记录的装置申请了专利，该装置的目的是：

> 管理货币，并且其目标之一是提供一种简单、便宜并高度可靠的装置，以用于对各种面额的硬币和其他货币进行快速分类和递送。该装置还能自动记录每枚硬币或其他货币的接收或支取情况，从而便于营业场所的所有者在每个营业日结束之前或在其他期望的期限内明确放入该装置及从该装置中取出的款项的数目。（US655544A; Boyd, 1900）（见图 1.3）

1902 年，一项类似的检查仪器专利申请：

> 该设备让（餐厅老板）有机会在（服务员）将所收钱款放入收银箱之前对其数额进行检查，因此，餐厅所有者或经理能够在任何时候明确知悉服务员或其他员工放入收银箱的钱款总额。该装置成本低廉、安装简单，并且不易发生故障。（US715122A; Nelson, 1902）

存储货币的含义远不止将货币放入钱箱那么简单：还需要对货币在不同时期的流动和变化进行核算。

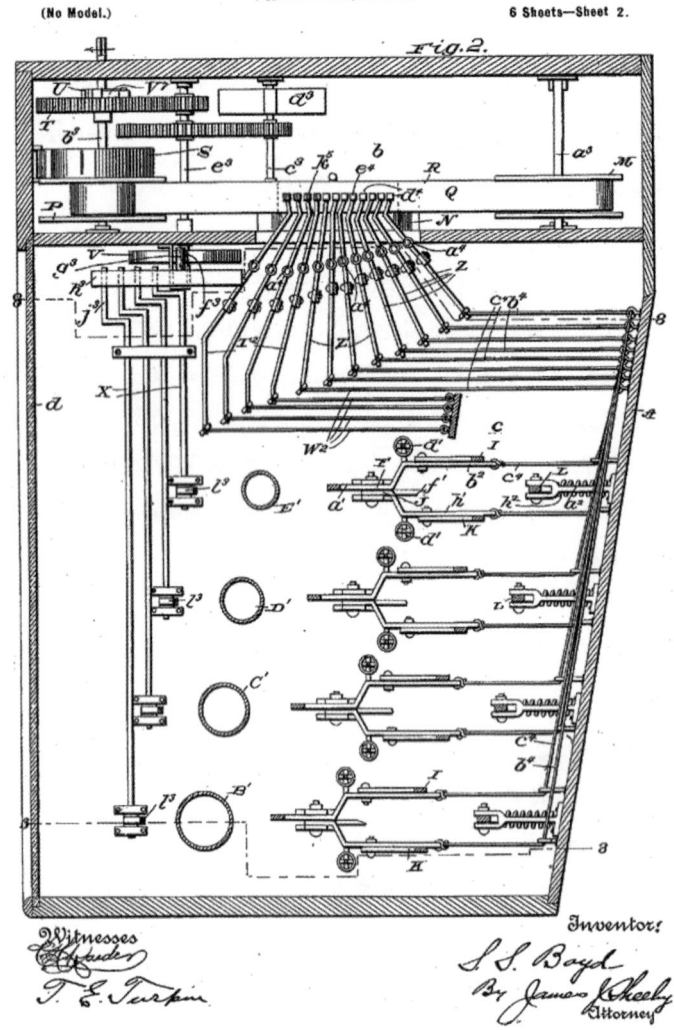

图 1.3　硬币分类装置专利，1900 年
来源：美国专利局

专利库的一个显著特征是，有一些发明试图避免资金在传输过程中发生泄漏。其中有一系列专利显然是为限制人和货币的接触而设计的，这样一来能够避免消费者故意少付商家零钱，二来可以避免雇员在使用收银机的过程中揩油而损害商店所有者的利益。例如，虽然有轨电车不是一项货币技术，但在有轨电车设计之初却已将收费考虑在内。来自纽约的约翰·斯蒂芬森（John Stephenson）在1861年申请的一项专利就很好地说明了这一点。他引入了一种装置，对有轨电车的设计加以改进，这种装置使列车员无须接触硬币或移动位置就能收取车费（USRE6059E; Oastoe, 1874）（见图1.4）。斯蒂芬森的专利给了司机从投币箱中非法偷钱的可乘之机，但是其他专利很快就解决了这个问题——那些专利采用了略微密封的设计，使司机很难甚至不可能继续偷钱。同样是在1861年，霍勒斯·塔珀（Horace Tupper）和约翰·斯劳森（John Slawson）申请了一项投币箱发明专利。这项专利不但能够更有效、更不容易出错地清点乘客投入的硬币，还设计了一个两侧装有"防护片……以防止车费被非法窃取"的钱匣（USRE6689E; Ttjppee, 1875）。这也是其他类似专利背后的逻辑：包括1901年发明的一个系统，能够使"钱袋有效地关闭和密封，以保存里面的货币，防止钱袋在未经授权的情况下被开启"（US657672A; Petternel, 1900）；一种受压激活的电子防盗报警器，能够用于"任何类型的封闭空间，如公寓、钱柜及其他类似的地方"（US688671A; Nason, 1901）；一种旅行者"宝带"，是专为"携带钱币、钻石或其他贵重物品"而设计的（US297268A; Kepley, 1884）。

有些发明与损失这一隐喻之间的关系更为明显。其中有一项尤为突出：19世纪30年代，英国人发明了气动管，并且早在1856年，

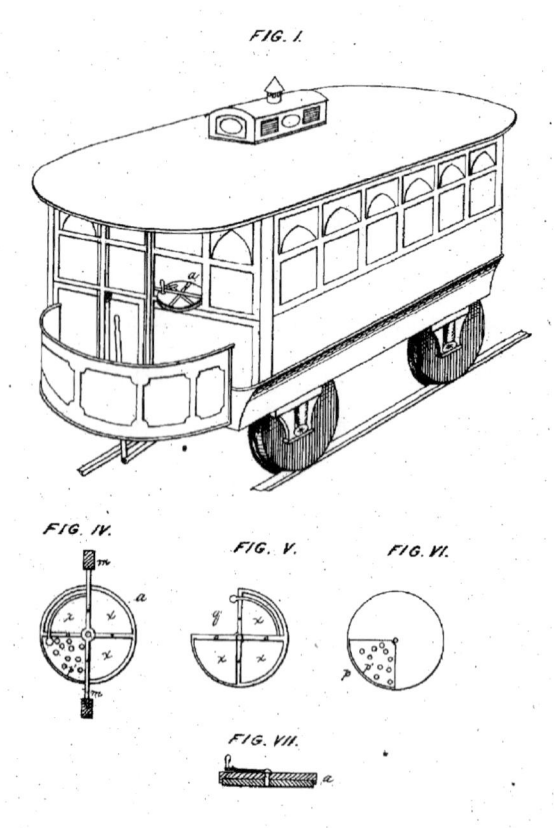

图 1.4　有轨电车货币处理机制专利，1874 年
来源：美国专利局

伦敦证券交易所就开始应用气动管。伊利诺伊州芝加哥市的莫里斯·安德森（Maurice Anderson）在 1901 年发明的一项专利就是一例。安德森的发明对当时的气动管设计作出了贡献，其目的是：

> 这些系统被商店用来有效管理现金等物。例如，在这样的系统中，一系列管道从商店的不同位置通向一个中央控制台，通常是收银台，由一名专员或收银员负责管理这些管道，从现金箱中取出现金找零后再返回管道。经验表明，出纳员经常把错误的现金箱塞进错误的返回管道里，因此，它们可能被退回到与发送点完全不同的地方。这就会造成混乱和延误，并且往往还会给店主造成损失。本发明的目的之一就是确保把现金箱正确地送回接收点，从而避免上述问题。

与其他基于气动管原始设计的发明一样，安德森的发明也展示了专利对于 19 世纪的货币和社会基础设施的想象（见图 1.5）。气动管不仅能用于在出纳员和后勤部门之间移送货币，并且还可以轻松地在建筑物内和建筑物间分发便条、备忘录和小重量的物品。气动管属于基础设施，它使货币和信息具有了可比性，并且预示了一种即将到来的经济——在这种经济中，对数据流、文件组织和信息设计的控制与生产消费品一样重要。

货币，无处不在

当然，这种可比性在一定程度上与货币在美国人生活中的日益普及和使用有关。到 19 世纪末，货币已经广泛流通，使得与货币相

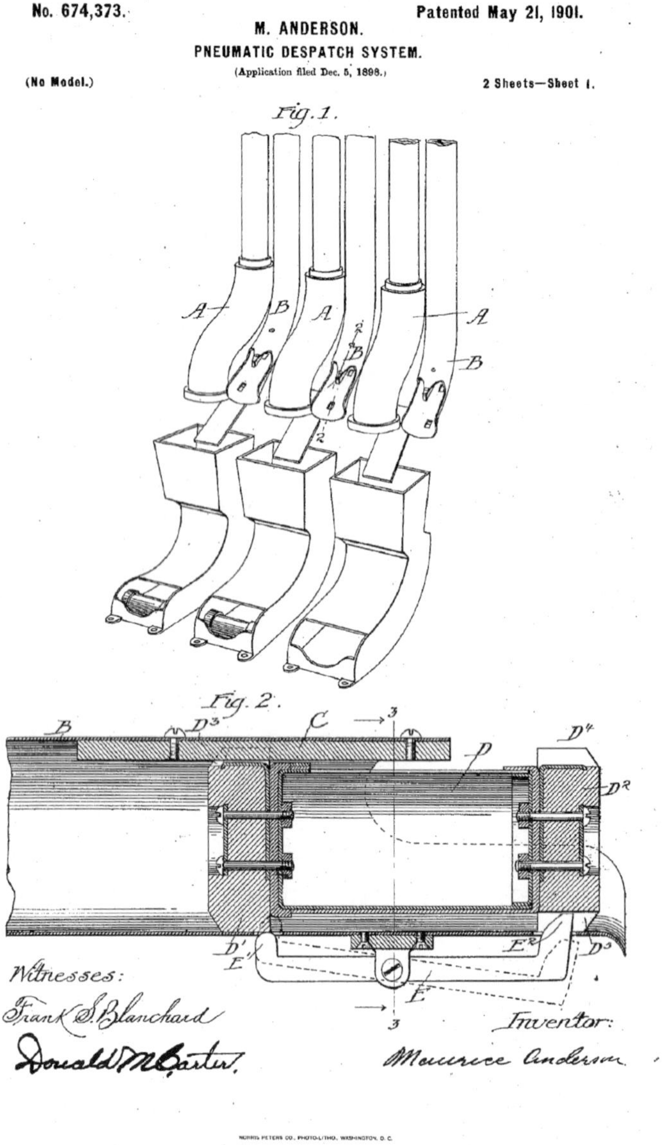

图 1.5　气动管传送系统专利，1901 年
来源：美国专利局

关的设备的使用和应用骤增。本章对于专利的分析很清楚地体现了这一点。除了旨在保证货币的价值、积累和流通的装置以外，专利库中还有大量投币式阀门、旋钮、取款机以及将非常具体的行为货币化的物品。例如，1900 年，英国发明家弗雷德里克·约翰·博蒙特（Frederick John Beaumont）在美国申请了一项投币式卫生间锁的专利（US656082A; Beaumont, 1900）。早在 1899 年，康涅狄格州纽黑文的查尔斯·伯顿（Charles Burton）就提交了关于煤气表预付费机制设计的专利申请（US647803A; Burton, 1900）。同年，芝加哥的阿道夫·利尼克（Adolph Linick）获得了一项投币式医用电池专利（US641309; Linick 1900）。

货币文化，开启未来

过去具有令人难以置信的超前性，美国专利局的记录证实了这种历史直觉。在货币的激励下，人们发明了众多专利——托盘、匣子、印刷机械、小工具和诸多其他设备——尽管它们很少能够转化为现实产品，却揭示出公众对硬币、纸币和其他形式的货币的迷恋。

然而，这些专利也表明货币的意义就如同货币本身一样无处不在，并且会在发明家及其想象力中成倍增长。货币远非一个单一、稳定的实体。对一些人来说，货币可以是国族构建的一部分，即使那些认为只有金银铸币才具有真正价值的重金主义者也对此表示赞同。就是这些钱箱试图通过爱国主义意象和具体化的教育方法建立起人们对私人机构（银行）的信任，旨在让这些机构在公共领域发挥更大的作用。对另一些人来说，货币是一个关于设计和稳定性的问题——它的价值问题不是由绿钞及其对国家的债权造成的，而是由其可再生性造成的，即有人可以相对容易地伪造钞票，从而干扰货币的真实价值。对这些发明家而言，问题的解决方案是变更设计而不是应用化学方法，以复杂的方式凸显国家及其特许国民银行在促进货币流通方面的重要象征意义。而对更多的人来说，货币是一个关于流通、贮存和泄漏的问题。对于这些企业家而言，问题在于建立起一个以货币为中心的社会——无论是通过有助于收取车费的有轨电车装置，还是增大偷窃难度的钱箱，抑或是能够实现在空间中移送实物货币的管道和设备。

有趣的是，没有人真正质疑过货币的必然性。货币化不仅发生在家庭中和街道上，甚至也存在于未来事物创造者的头脑中。这种货币化倾向在使世界匹配货币的特定设备中表现得尤为明显。让我们来看一看那些试图将工作任务转换为非连续、可量化劳动时间的设备。正如 E. P. 汤普森（E.P. Thompson）[1] 的时钟理论一样，这些设备将资本主义的工作纪律具体化了。富兰克林·吉尔森（Franklin Gilson）就曾在 1900 年为一款此类设备申请过专利，具体内容如下：

> 在工厂和其他工业机构中，当需要或必须确定每位操作员在某项工作或某项任务上所花费的时间成本时，这一设备可用于确定相应的工资成本。这样的机构会雇用具有不同技能水平的操作员去完成各种工作，支付给他们的工资也相应地有所不同，所以在计算某项工作的成本时，有必要确定每位操作员在该工作上所花的时长，然后根据每

---

[1] E. P. 汤普森（1924—1993），英国历史学家、作家，其 1967 年发表的《时间、工作纪律和工业资本主义》（*Time, work-discipline, and industrial capitalism*）是探讨物质时钟时间、时间意识和资本主义的最有影响力的论文。——编者注

位操作员的时间价值来计算工资成本。在任何颇具规模的工厂或车间，这项统计都需要大量行政人员来完成，并大大增加了生产成本。（US689301A; Gilson, 1901）

这项专利浓缩了资本主义的逻辑及其走向货币化的动力。正如促使工作方式从计件重定位为计时，从而推动 E. P. 汤普森（Thompson, 1967）对新兴资本主义展开讨论的时钟一样，这个小小的设备将时间分割成基本不需要计算就能换算成费用的碎片，同时约束着资本家和工人。然而，这恰恰正是专利中体现出的人们对货币的想象：随着货币在 19 世纪后期的蓬勃发展，从保险箱和卫生间到金库和自动投币式贩卖机，专利为人们打开了一扇扇新的大门，并以不可思议且不可预测的方式改变了时间、工作和经验的价值（参见 Zelizer, 1994）。

这正是这些专利非常重要的原因：它们向我们展现了一段畅想出的并缔造了当今经济形式的过去。吉尔森的时钟在功能上与当今那些将简单的任务货币化的系统并无太大不同〔例如，用户可以通过一款名为"跑腿兔"（TaskRabbit）的热门应用程序雇用当地的勤杂工来完成一些零散的工作，并通过匹配算法将他们的劳动货币化〕；它也与旨在促进使用者节约时间的设备相似〔"拯救时间"（RescueTime）这个应用程序就是一个例子，它能自动记录用户全天的工作时间利用情况〕。在这一点上，专利揭示出资本主义是想象力的产物（Beckert, 2016）。当然，钱箱、自动投币式贩卖机和其他各类设备的设计，都与由创新者、已有的专利和试图从市场中获利的公司所组成的密网紧密地联系在一起。然而，认为是这些网络决定了未来的想法是错误的。这些专利并没有显示出过去的技术沿着未来社会的轨迹前进,原因很简单——专利并不是技术,而是承诺。它们是思考对于可能发生而非必然发生的事情的方式。因此,我们从专利中学到的东西很简单:人们对于货币是如何存储、移动和使用的想象承载了其对于未来社会的想象——通过改变行动、推出新机构建立起的新社会(在本章涉及的大部分专利进行申请时,加州的圣何塞还不知硅谷在何方)。一个世纪后出现的资本主义的形式其实早已出现在人们的想象之中。它们以材料的形式,即便不是通过成功的发明创造来实现,这些专利至少也呈现了如今被遗忘已久的那些发明家的焦虑和抱负。

第二章
Chapter 2

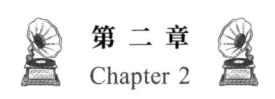

货币及其理念：
殖民时期的货币和货币幻觉

G. 巴拉钱德兰（G. Balachandran）

与货币相关的理念仍然与金融专业化及发展等主要源自19世纪的现代化和进步概念紧密相连。尽管人们对于"金融化"的定义可能不尽相同，但是"金融化"规模的扩大往往与资本主义的深化有关，因此，在某种程度上，它与"进步"边界的推进有关。"金融化"是一个相对较新的流行术语，在经济相对多元化的富裕国家，"金融化"所指涉的已不再仅仅是证券市场的相对规模或其深度和流动性。自过去20年以来，它已跃升为表示金融创新能力的标志，通常体现为从事金融化交易的个人和机构参与者的出现；金融交易的分解、商品化和证券化；市场及其他跨时间、空间、资产类别或风险等级的套利解决方案的创建；以及有利于这些活动的法律、法规和监管环境（Krippner, 2005）。2008年的金融危机及其所造成的后果似乎已经遏制了这一趋势。毫无疑问，这样的时刻意义重大。然而，没有迹象表明强大的市场主体和金融机构已经无力否决任何可能出现的前瞻性替代轨道，或筛选和塑造其可能的增长模式，也没有明显迹象表明"深度金融化"带来的"分割"效应及其社会影响会被削弱（Appadurai, 2016）。

"金融化"遵循的轨迹通常是以所谓货币的推行及其不可抗拒的普遍化逻辑的显现为起点的。正如莫勒（Maurer, 2006）所述，即使提出了新的见解或挑战了现代社会和非现代社会中货币之间的传统区别，关于货币的社会科学研究似乎也能符合"关于货币对'传统'社会的影响以及货币入侵带来的去人性化和同质化效应……对我们的社会生活所产生的影响的令人欣慰的情节"。因此，"社会调查提供了关于西方资本主义世界中货币的分析和通俗理论"（Maurer, 2006: 17）。从历史方法的角度来看，通俗理论的研究似乎更为深入。它将货币视为古代重叠的语义场中的一种普遍隐喻，能够对哲学思想产生影响。人类学家，甚至是历史学家，都有可能在世界其他地方、在"西方与其他国家"之间的关系中、在追溯其过去时，"发现"它们。因此，在探索 19 世纪和 20 世纪与货币有关的课题时，我们会面临一个挑战：要对其连续性和间断性保持警觉，同时又不能预测金融资本主义的当前时刻。有没有一种方法可以让我们无须重复有关"现代货币的发明和影响的经典叙事"就能思考过去的货币？我们如何才能抵制"兜了一圈又回到"经典叙事的"冲动"？抑或如何避免将这样的叙事视为货币形式本身的一个特征（Maurer, 2006: 17）？

大约 25 年前，一本关于货币政治地理学的具有开创性的论文集的编辑们哀叹，包括经济学在内的社会科学均鲜少提及货币。他们将这种忽视归咎于"持续关注……静态和有形的事物"，在学术上"受制于……'生产主义'"，并且不愿与新兴的权力和政治经济形式打交道。这些编辑自己也并非懵然不知，他们否认任何关于他们和撰稿人均"认同货币……至关重要"或是针对货币的分析应该"独立于……生产型经济及其治理机制"的说法（Corbridge and Thrift, 1994: 1–3）。自那以后，关于货币的研究已经扩展到各个学科，尽管可能并未如科布里奇（Corbridge）和思里夫特（Thrift）所期望的那样采取综合、统一的研究方式，但是在大多数情况下，经典叙事都未受干扰。

虽然概括过于简单化，但一些大的趋势似乎还是值得注意的。总的来说，历史上人们对货币的兴趣往往源自相关的经济学研究，但也有一些例外，尤其是研究非洲问题的专家。在政治史、社会史和文化史中，也许是由于对有关货币的普遍化逻辑、其所谓"被动性"或"中立性"（这个术语有多种用法，有时可与"被动性"互换），甚至其技术本质的假设，货币以及银行业和金融业往往被理所当然地视为某种背景。这一背景可能偶尔会被推到舞台中央，但其中的变化很快就会消退，使其再度沦为背景。正如科布里奇和思里夫特指出的，货币和政治并不是相互外生的。正如大量以货币为研究对象的研究非洲问题的学术成果所揭示的那样，货币在各个社会中的历史和路径往往是截然不同的。它们还阐明，货币的历史不仅与货币本身有关。否则，在历史上将货币与其使用、调整、管理、"改革"（或者换用一个更恰当的术语，"操纵"）的方式分割开来，或是参照一些假定的标准把它与政治和社会之间的关系程式化，就仅仅意味着是在强调货币显然被重新定位到一个以其自身的内部逻辑和规律为特征的、抽象而客观的空间。这样对于货币史（尤其是19世纪末和20世纪的货币史）而言存在一种可能的危险，那就是仅仅放大了当代的主流声音，特别是有影响力的西方银行家的声音，他们或是需要应对日益增长的与国家相关的要求，而其中一些要求就来自资本的其他强大的声音，或是需要竭力遏制民主潮流，尤其是在第一次世界大战之后，将货币与信贷世界与不断扩大的特许经营所带来的压力和需求隔绝开来（Balachandran, 1994）。按照恩格斯的说法，货币是一种"魔法手段"，它可以"任意变为任何随心所欲的东西"，这为我们开启了两种可能的视角。在一种视角下，货币作为一种商品可以反映所有商品的价值；而在另一种视角（"货币拜物教"）下，商品仅仅是货币的反映（Goux, 1990: 94）。商品如此，在本章中，货币也是如此：就货币而言，通用货币的规范可能预示着对知识、垄断和权力的要求。

即使是在西方，围绕货币、货币标准、货币政策、货币挂钩、汇率等问题产生的冲突也在提醒人们，要警惕货币传播理论通常预设的扁平的政治和物质关系。有一个有趣但基本未引起注意的巧合，几乎就在各国都主张和维护其国家货币主权，而相互竞争的帝国也开始关注并建立自己的货币疆域的同时，普遍和唯意志论的货币理念开始在社会理论中凸显出来。尽管货币的普遍形式享有特权，但在具体说明货币或解释其关系时，无论是功能学研究途径还是社会学研究途径都不能完全无视语境。但语境往往具有局限性，它与规范和关系一道，程式化地复制出一个相当狭隘的货币终极目标。货币和货币供应量（从 M1 到 M4）的功用定义可能看似富有弹性——尽管弹性范围较窄——而且具有模块化的垂直伸缩形式。然而，它们很难脱离其短期运行环境或提高货币政策"有效性"等目标所带来的制度性影响。从功能主义的角度来说，从 M1 到 M3 或 M4，货币供应量的运行效用勾勒出一条"进步"曲线，尽管社会学解释容易受其影响，但在寻求功能属性范畴之外的解释时，它们已敏锐地延伸到可能会定期更新且更广泛的工具和资产的"流动性"范围（例如，Bryan and Rafferty, 2007; 2016）。但是，隐含在货币的所谓桥梁作用、通约作用和去人格化作用中的决定论，取决于其改变形式的能力，它很容易模糊这一范围的条件性和偶然性，甚至"实质性"。这一直是金融市场研究中的一个不足，有时会体现在涉及交易对手风险、会计程序、或有负债条款和银行资本充足性规范等有关运行的讨论中，也会在"流氓交易员"因未采取套期保值交易而导致公司损失数百万美元的头条新闻中被简要提及。正如 2008 年的金融危机所显示的，甚至就连大众电影也在提醒我们，即使是在金融市场（更不用说金融市场和其他市场之间模糊的边缘和阈限空间了）中，权力（包括知识和监管等同源领域）也会影响不同投资者在同一资产上的收益，更别提净收益分配了。简而言之，主体—代理人—逻辑的关系并不稳定或以某种方式固定，相比我们对于货币、证券市场和交易的经济学或社会学理解，它更灵活、更多变，也更依赖于权力（Maurer, 1999）。尽管诸如有效市场假说之类的公理信念助长了理想化的直觉，但我们也不能低估信息成本和投资者阶层的存在，因为他们获得信息的渠道和根据信息采取行动的能力是卓绝的。

一般来说，货币关系可以是横向关系（如卖方和买方之间的关系），也可以是相当简单的纵向关系（如殖民地国家和纳税主体之间的关系）。哈特（Hart）曾把货币比喻成硬币，一面代表国家，另一面代表市场（Hart, 1986），这一著名的比喻就反映出了这种分裂。但是货币带有特定的时间、地点、空间、权力和政治机构的印记（Gilbert, 2005）。虽然这些属性可能在流通中发生改变和倍增，具有相当大的发挥空间，但货币可能与具有其他地点、空间、权力和机构属性的事物共存或取而代之，并有可能颠覆现有的流通、分配和积累模式。此外，货币还与国家和市场的建立有关，并有可能与它们结成能够在很长一段时间内保持不稳定平衡的类似于三维结构的形状。国家建设和帝国建设的大业很少能够摆脱不同层次、不同观念的主权之间的争端的影响，也很少能免于持有相互竞争的主权主张或在其缝隙中蓬勃发展的实体之间的分歧的影响。货币媒介的性质、使用和流通可以反映出这些动态，第二次世界大战前，玛丽亚·特蕾莎塔勒在红海地区的某些贸易中经久不衰的流行程度足以说明这一点（Kuroda, 2007）。即使是在印度那样的前殖民地国家——内部贸易发达，商业银行网络密集（至少在主要城市如此），由中央银行主导的货币体系已历史悠久，并且还有着一个相对发达并受欢迎的合法继任政府——对继承自直接和间接殖民统治措施的货币、财政和汇兑机制、银行以及公共债务的有序改革，也被列为国家建设的一个重要里程碑（Balachandran, 1998）。在这里，现代主义的货币概念构成了国家建设技术的一部分，同时这种改革也是公认具有反叛性意义的教育项目，对殖民能力提出了批判。

因此，要超越倾向于对其过程和效果进行抽象的短暂的通用货币史，一条可能的途径是将货币视为一种政治项目，让具有不同动机和目的的多方行动者参与其中，经历不同的路径，并能够产生一系列可能的结果。这些行动者可能包括不同层次的国家，批发商和代理商，雇主，有着不同收入来源、财富、社会地位及动机等的家庭。因此，关注通用货币形式的传播和普及过程及影响，不仅能更好地解决货币带来的不同的实质影响，或许我们还得以探索货币思想和理论所处的更广泛的政治和社会背景，而这些思想和理论的相互关系和相互作用尚未得到应有的重视。因此，如果将货币以及关于货币的理念和理论还原到其各自的时间和地点，我们或许能够试着去讲述一些未经展开的关于货币的故事。

本章旨在将 19 世纪末和 20 世纪初关于货币的主流情感、主张和实践置于殖民主义和全球性积累扩张的当代政治经济语境下加以研究。本章侧重于其纲领性和教学法方面。由于英国的金融实力在两次世界大战期间逐渐减弱，国际联盟（League of Nations）[①] 开始成为实施上述教学法的主体，而且从 20 世纪 50 年代开始，随着殖民势力的衰落，布雷顿森林体系也逐渐加入其中。作为这项规划的一部分，各个殖民地或国家纷纷建立起中央银行。但是，由于全球范围内放松管制的强化效应与金融积累的加剧暴露出不足之处，20 世纪 90 年代，人们曾试图恢复殖民时代的货币局制度。值得庆幸的是，这些尝试只是昙花一现。与此同时，人们日益认识到（特别是在 1997 年的东亚金融危机之后），跨境金融交易的指数级增长可能需要在加强某些壁垒的同时降低另一些壁垒。2008 年的金融危机在金融、经济和政治上造成的严重后果仍未消散，它不仅凸显了这一深刻的教训，而且引起了人们对国内金融问题的关注。在此背景下，从小额贷款到移动支付，"金融普惠"的意识形态和技术将如何发展还有待观察。后者的发展不在本章讨论之列。因此，有必要在这里先提及，20 世纪货币经济学和货币实践的专业化和制度化是一种由来已久的货币去政治化尝试，货币在社会中更为广泛的流通以及在各种政治项目中的应用都有助于加强货币本体的吸引力，即使同时这也以崭新的方式打破了其原有的价值格局。然而，

[①] 国际联盟，简称"国联"，为《凡尔赛条约》签订后组成的国际组织，成立于 1920 年 1 月 10 日，解散于 1946 年 4 月，旨在减少武器数量、平息国际纠纷、提高民众的生活水平以及促进国际合作和国际贸易。

有一点很明确，即从货币边界的角度出发的研究是对从内部来研究货币（包括货币的历史）这一实践的有益补充。这也是本章的主要动机之一。

货币幻觉

关于货币的普遍性和干预的"非自然性"，或是关于货币凌驾于政治之上的主张交织在一起，反映出或强化了政治计划从货币中的抽离，并使货币管理免受19世纪和20世纪不断扩大的代表性政治力量的压制。然而，货币一直是一个备受争议的主题，关于货币超越政治的观点实则重复了一个更为古老的观点，即认为货币属于普遍自然法则的范畴，因此不受人类控制。19世纪，英国关于货币的主流观点反映出自然法则包含社会关系的强大信念。有趣的是，乔伊斯·阿普尔比（Joyce Appleby, 1976）认为这种信念可以追溯到以约翰·洛克（John Loke）[①]为首的地主和食利者利益集团反对"货币贬值论者"针对17世纪末英国货币危机的解决方案一事。

这场危机的直接诱因是，17世纪90年代银先令对金几尼（guinea）[②]升值，而当时金几尼的价格并未因铸币干预而稳定下来。先令逐渐从流通中消失，因为它们或是以银条的形式出口到法国以赚取更多利润，或是在流通中变得残缺不全，其边缘会被截去以显示其金属价值。1695年，受枢密院委托所作的一份专家报告建议减

[①] 约翰·洛克（1632—1704），英国哲学家、医生，最具影响力的启蒙思想家之一，被誉为"自由主义"之父。
[②] 几尼，旧时英国的一种金币，最早用从西非进口的黄金于1633年铸成，是英国第一代由机器生产的货币。

少先令中的银含量，这种做法也已在市场中践行，但问题是，是否应该这样做？这样做等同于承认先令的国内购买力并不依赖于其金属含量，而且意味着货币可能会成为合理社会干预的对象。然而，显赫的法官和持"通货紧缩论"的食利者利益集团却反对这样做。洛克支持他们的观点，认为"货币的价值根植于天然"（Appleby, 1976: 45）。黄金和白银受到"独一无二的推崇"，因此是"天然"的货币，又是人类财欲的焦点。商品的价值也是根据"白银的数量"来衡量和交换的。由于先令只是"另一种形式的白银"，用现代术语来说，改变其金属含量会使其成为"伪造的能指"（Goux, 1990: 102）。

正如阿普尔比指出的那样，洛克的干预是不合逻辑的，别的暂且不说，至少他既未能解释为何残缺的先令能够自由流通，又未能区分货币在国内和国外交易中的价值。不仅如此，洛克的观点还基于"已经过时的"前提（Appleby, 1976: 52），无视英国商业社会愈加看重货币用途（即将货币视为一种交易媒介）的倾向。按照"货币贬值论者"多尔比·托马斯（Dalby Thomas）的说法，货币只是"衡量一种事物相对于另一种事物的标尺"。根据另一种说法，货币甚至可以是"政府或自治领（Dominion）[①]设立了标记和规定了价值的任何东西"。然而，洛克的观点为"保留先令的银含量，拒绝将残缺的先令作为法定货币"这一最终政治决定提供了借口。正如预期的那样，该决定导致了严重的通货紧缩，并且将财富从农民、工匠、商人手中转移到地主和债券持有者手中，其中甚至包括一种

[①] 自治领是大英帝国殖民地制度下的一种特殊的国家体制，实行自治或半自治，甚至具有自身宪政体制。——编者注

诡异的特例——允许以其面值使用残缺的先令纳税和偿还皇家贷款，并且鼓励地主和食利者以低成本将这些先令全部收入囊中。

在接下来的两个世纪里，17世纪英国货币争议的阵线和战果愈加为人熟知。然而，人们对争议结果的兴趣始终不减，其原因是货币从未完全脱离17世纪90年代所争论的将其归入的自然法则范畴。柏拉图主义者认为，"法定货币"这一理念已经引入了一种"社会价值标准……（将货币）作为一种理性的产物"，实现了"对不同实体的统一衡量"，从而催生了自然和法律之间的对立，并标志着"从神话到哲学的过渡"（Goux, 1990: 91-92）。然而，阿普尔比认为，事实证明，英国的货币争议是这一哲学传统的"转折点"（也许这同样是一种假象），因为它揭示了"西方的自然观和上帝所创造的宇宙的本质"中潜藏的基本原理——"用客观的市场力量法则取代人类法则"（Appleby, 1976: 44）。简而言之，在遵循自然法则的过程中，货币成为在社会关系中维系自然法则首要地位的一种典型媒介。

到了19世纪末，随着银价的下跌，黄金日益被视为价值的卓越保证，还开始体现出通用货币的概念——由于欧洲开辟出新的殖民疆土，美国和日本也紧随其后，金本位制随之成为世界范围内金融积累的杠杆。人们假定黄金具有"稳定"的价格，而金本位制则具有"自律性"和自我修正能力，从而加强了其与自然法则之间的联系，使市场成为一种自然力量。除了作为使通用货币概念归化的载体之外，黄金与包括套套逻辑（tautology）在内的其他自由普遍主义思想一样，也构造了其自身的目的论之弧。

与此同时，关于金属价值和标准的争议使经济学家们无法忽略货币的重要性。例如，正统新古典经济学之父阿尔弗雷德·马歇尔

（Alfred Marshall）便已开始更加关注货币的短期实际影响，同时也越来越关心欧洲列强积累军费所造成的货币影响（Walker, 1896）。对白银及金银复本位制的支持重新引发或加剧了由19世纪80年代商品价格，尤其是农产品价格暴跌所引发的货币争议，并为一系列国家调查委员会和国际会议奠定了基础。这也是弗兰克·鲍姆于1900年创作的儿童文学经典《绿野仙踪》的灵感来源（Ritter, 1999）。马歇尔本人也是金银复本位制的支持者，而即便是在实行金本位制的英国，也出现了一场声势浩大的反对黄金、支持金银复本位制的运动。1893年，英国政府关停印度铸币厂并放开银币铸造，此举对银价造成了不可逆转的冲击，这场运动随之宣告失败（Green, 1988; 1990）。在此之前，印度卢比一直以白银制成，印度是白银的进口大国，也是白银市场的中流砥柱。不难预见，印度放弃银本位制之后，白银价格进一步暴跌，并让19世纪70年代以来通过国际合作稳定白银价格的些许尝试画上句号。在接下来的几年里，许多工业化国家和印度等大型殖民地都采用了金本位制，然而几乎就在不久之后，南非战争和1907年的金融危机再次引发了人们对全球流动性的担忧（De Cecco, 1975; Burke, 2002）。

简而言之，到20世纪初，将货币标准作为公开的政治项目并将新兴的货币概念作为政策变量的观点，与更为根深蒂固的通用货币的理念、黄金的魅力（黄金作为通用媒介，一度成为西方货币的稳定基础）以及理应支配货币的自然法则相冲突。尽管黄金的倡导者之间不乏争论，也不乏分歧和前后不一之处，但到19世纪末，这些观点已重新组合成一个强有力的意识形态和政治组合，并延伸到新的领域，为全球积累创造或重组经济、货币和金融关系。相互竞争的金融大国对资本外流保持警惕，并且竞相扩大各自以黄金为基础的国家货币的使用，但同时又串通起来推广黄金支持型货币的使用，美元和日元迅速紧随英镑的脚步（Conant, 1909; Rosenberg, 2003; Metzler, 2006）。许多国家精英和殖民地的精英在这一推广过程中展开合作或串通一气，但他们也遇到过阻力、危机、退缩和崩溃。

与那些有关货币普遍化的简单、归化的套套逻辑所传达的信息相比，这些历史证据相当没有条理，它们能够帮助人们探究看似永恒的有关货币普遍性的理念并对其构成进行推测。即使在商业领域或与贸易和交换相重叠的领域，货币也仅仅是表达价值的一种形式。将流通中的货币与货币区分开来或许为将后者作为一种普遍而独特的价值表达手段来研究提供了一个有趣的视角。货币和流通中的货币之间的区别在文献中得到了强有力的直观展现，尤其是区分定性和定量价值的多货币研究（Weiss, 2005）。正如下文会进一步讨论的那样，学者们强调了研究不同的流通中的货币和价值制度之间的"冲突"以及关注能够实现或代表可公度性的条件的重要性（Guyer, 1995; Gregory, 1996）。然而，流通中的货币与货币之间的区别很少能维系，因为在某种程度上，前者在概念上会瓦解为后者（尽管两者往往并不一致）。由此产生的对货币"制度起源"的"抹杀"促进了将流通中的货币作为"一般等价物"的相对形式的观点的形成，并加强了此种"抹杀"中所隐含的关于权力和特权的观点（Goux, 1990: 94-95）。货币从来不像人们所宣称的那样单一，即使在其现代日常使用的空间中也能对其进行不同的解释（Zelizer, 1994）。然而，从流通中的货币到货币的转变却隐含着一种微妙的转换，通过这种转换，与货币相关的现代本体论和意义将流通中的货币的世界变成了它的殖民地，并在历史上对其进行了重构。"社会探究"是这种转换和重构的同谋，其源头可以追溯到民间理论——发挥有限功能的流通中的货币代表了货币作为一种功能完备的普适媒介以及其后的本地表达的演变阶段；或者用马克思的话来说，假定在"定量"和其他方面，流通中的货币对于货币"无限"定性形式的表达是有限的（Marx, 1867: 150）。因此，试图根据流通中的货币自身的情况及其转化为通用货币的条件对其进行解读可能具有指导意义，并有助于加深我们对19世纪和20世纪的货币的理解。

19世纪，将普遍主义视为抽象概念，而将货币视为其在交易领域内的表现形式的观点得到了辩证肯定。具有讽刺意味的是，这些辩证观点反过来也成立，借用迈克尔·奥马利（1994b）关于自由和身份的说法则是，一项从"本质化"普遍主义到"理想化"普遍主义的"历史运动"。就与此相似的货币的例子而言，前者是指基于历史上对贵金属（尤其是黄金）的使用，将其作为一种具体的通用媒介。在许多地方，白银比黄金具有更高的认可度。虽然除了能够用作货币之外，人们重视、接受或获取金银的原因还有很多，但白银的用途却比黄金更为多样化。无论是如黑田（Kuroda, 2009）所指出的，"自然而然"地使黄金而非白银成为19世纪后期通用的货币形式，还是这种"自然"的观念折射出西方国家对积累和现代国家建设的焦虑——因为当时各个帝国均面临着管控更为分散化的白银市场的难题，这些问题似乎都毫无讨论的意义。最终，就连黄金的"非货币"用途也成了普遍标准的代表，或者说体现了它在遏制贸易和积累扩张方面的潜力，这些意外的插曲提供了一种新的视角，让人们在将"货币"设想为抽象的通用媒介的同时，为其与贵金属之间的联系松绑。马歇尔的学生约翰·梅纳德·凯恩斯（John Maynard Keynes）——他的第一份职业是印度政府的公务员——试图在他1913年出版的关于印度货币的专著中为前同事们自19世纪

90年代以来所建立的殖民货币体系做辩护,并对其批评者进行谴责(Keynes, 1971)。凯恩斯在强调松绑黄金与货币关联的必要性时,使其结果及影响在英国和印度显得对称。但是,殖民统治的政治和文化遗产使这种对称无法实现,这是不可避免的,甚至带有一些强制性(De Cecco, 1975)。这种不对称性愈演愈烈,并在第一次世界大战期间和之后变得更为明显,其诱因是包括英国在内的几个国家均以信贷推动货币扩张。由于这种扩张对战间期国际货币体系的主要参与者造成了不同影响,因此上述不对称性也变得更加复杂难懂(Brown, 1929; Balachandran, 1996)。然而,其结果之一是在两次世界大战期间,货币与黄金之间的国内兑换义务被取消。从20世纪60年代末开始,美国的境外债权在长达10年的时间里无情扩张,这也导致美元——1945年后一度作为兑换黄金的锚定货币——的外部可兑换性逐渐告终。

通用货币的想法并不新鲜,借鉴于希腊思想的泉源,19世纪时已有足够多与之相关的史料。根据古(Goux)对马克思关于货币的思考所产生的哲学影响的解读,通用货币在"与神灵一体"的过程中被神圣化,货币和上帝分别被视为商品和臣民的"一般等价物",两者具有"相同的统一和超验的价值"(Goux, 1990: 91)。这里,让我们来思考一下这种理念与黑格尔关于国家、普遍精神以及神意的思想之间的相似之处(Dodd, 2014: 51)。甚至不需要通过任何金融创新来规范这一理念,只需要一个合适的政治经济环境即可。相反,除了金银,代币、存单或包括票据在内的其他可转让债权、公共和私人债务的货币化等也都不是19世纪才出现的新生事物。然而,与此同时,非洲问题专家对20世纪60年代"货币革命"思想的批评再次有力地表明,无论是贵金属还是通用货币的抽象概念,都没能排除万难，为世界范围内的积累扫清道路（Guyer, 1995）。贵金属在各地价值不一。正如许多历史学和人类学研究所表明的那样（下一节将会对此进行阐述），地方价值规范和货币形式——多种货币、特定交易货币、具有不同仪式地位或用途的货币等等——广为流传，而且直到20世纪才被永久禁止。它们身上所蕴含的想象力一直强有力地持续到了今天。

因此，尽管既有套套逻辑又有技术，但关于通用货币的抽象理念及其实现仍有赖大量工作，而其中大部分工作是持续进行的。此处还有一个人们往往心照不宣的问题，即谁关于货币的普遍主张、主观性和能动性的抽象概念及其具体表现形式被体现和确认？他们的批判之中也隐含着一种固有的共同信念和假设，即19世纪的欧洲或西方具有普遍精神，然而即使在西方国家内部，这个问题也可能造成冲突。这种冲突不但出现在德国于1871年采用金本位制后欧洲和美国持续了三十余载的传统"标准之争"中，还出现在同期在经济、金融和道德上对金单本位制、银单本位制或金银复本位制优点的争论中。例如，在美国重建时期（Reconstruction-era）[①]，关于非裔美国人享有自由权和政治公民权的主张和反主张的基础（即"内在"素质还是法律法令）与关于适当的货币形式（即黄金还是绿钞）的主张和反主张相互呼应。南方的白人既不承认解放后的奴隶拥有自由公民的身份，也不认可许诺了他们"市场自由"的绿钞和"铸币"，认为它们都是"伪造的"（O'Malley, 1994a）。将"普遍"主体或客体概念民主化的课题也引发了人们对价值观转变、标准不稳定和"伪

[①] 美国重建时期，是指北方取得了内战的决定性有利形势后，对南方政治、经济和社会生活进行改造与重新建设的过程，从1863年到1877年，历时14年。——编者注

币"索赔（者）的恐惧和焦虑，有关自由和权利（参见 Holt, 1991）的课题是如此，有关货币的课题亦是如此。为稳定标准和相对价值而进行的谈判就是围绕着此种恐惧和焦虑而展开的。尽管并非所有倡导者都将其论点建立在自然法则的基础之上，或是认为货币不受政治辩论的影响，但这种谈判仍然强化了将货币作为绝对、普遍的媒介的理念。

在这种认知的影响下，关于货币和与之相关的有组织的政府实践的技术讨论开始兴起，并且可以说助推了这种认知。这些讨论强化了不从政治角度谈论货币的禁忌，并通过现代货币思想史和社会学知识及专业技能再现了这些禁忌。与货币相关的"政治"语境的易变含义，维系着超越政治范畴看待货币的倾向。因此，无论是过去还是现在，货币和政治的脱离依然是不平衡、不对称、不彻底的。例如，近年来欧元的例子就表明，货币一直为政治项目所用，从未停止。1913 年，凯恩斯在其专著中所隐含的政治观点在此后三十年间成为印度的有效政策（Balachandran, 1996）。6 年后的 1919 年，正当第一次世界大战后英国金融危机最严重的时刻，凯恩斯率先详细阐述了其关于卢比的论文所具有的政策意义，以及在类似的机制中实践这些观点的政治优势（Balachandran, 1993）。20 世纪 20 年代末，法国人反对英镑本位；20 世纪 60 年代中期，他们又反对美元的全球地位，这些做法是具有启发性的例外，也很好地诠释了这一观点，尤其是因为几乎没有人会质疑法国人的反对是出于政治目的（Balachandran, 2008）。然而，将货币用于政治目的似乎并没有妨碍人们务实地看待其管理。因此，即使货币的本质并未超越政治，至少货币也与政治受共同的准则、原则或利益的引导。原因之一可能是，有关货币、市场、货币政策及其有效性等方面的正统技术和技术官僚观点与务实的银行家们所持有的规范性信念有着不小的亲缘关系。无独有偶,这些观点也让那些既依赖民众支持又倚仗银行家来管理、营销或持有其贷款的政府感到满意,并在总体上维系一个稳定的货币和财政环境。尽管建议不同,但许多非正统观点都与主流正统观点有着共同的前提。在该背景下,我们不需要丰富的想象力或跳跃性思维就能够想象出货币的普遍性和普适性特征,及其无休止的传播。

殖民时期的货币和视角

在小心对待权力的过程中,货币理论和相关历史将货币与更广泛的过程(包括更广泛的经济过程)分离开来,同时通过这种方式将我们对货币运作方式的理解程式化,并掩盖了货币使用和流通的途径和轨迹。根据这种程式化的狭隘观点,在货币以某种方式出现之后,人们的注意力很快就转移到"现代"国家发行的"现代"货币的传播上。这里的"现代"通常是指国家发行的货币,特别是幸存下来的国家发行的货币,因为货币和国家地位的终极目标通过主权者的形象迅速交织在一起并相互同化,而主权者的权力、货币——其发行、流通、价值及可用性等——代表着一种象征、考验和衡量。世界上有一种货币由国家发行或授权,它一旦建立就可以逐渐覆盖货币应有的一切功能。从历史上看,像民族国家这样的宏大项目为在以多种货币形式、价值尺度和实践为特征的社会中建立单一货币提供了理想环境和合法性。正如奈杰尔·多德指出的那样,货币和语言经常引发比较(Dodd, 2014: 35)。这种比较通常是抽象的,例如把货币和语言均作为"其各自交换领域的……符号中介……"(Shell,

2005：85）。卢梭曾对一条习语中所体现的货币和语言作为社会纽带的相似性做过一个评论，在这条习语中，货币和语言均以单数形式出现（Dodd, 2014: 31），但他还谈到了语言的具体形式或相对形式。通货的故事与主权联系在一起，变成了关于货币和国家的故事。货币还与地域性民族国家联系在一起，成为一种普遍形式的独特地域表达，就像民族国家或其假定的原生形式（殖民地）一样（Helleiner, 2003a）。

因此，引入新货币已成为"货币改革"项目的一部分也就不足为奇了，自19世纪晚期以来尤其如此。在非洲、亚洲、拉丁美洲、加勒比地区和太平洋地区的国家和殖民地，货币改革又是更广泛的国家和社会"改革"项目的一部分——即建立"现代"国家，包括创建银行和金融机构的雏形以促进国家商业的发展，并将其纳入新兴的国际分工和专业化格局，成为农产品和矿产的生产商和出口商。用今天的话来说，海外借贷代表了此类"治理改革"的一个方面，它对货币和银行机构的影响尤为深远。货币和治理改革项目的开展充分利用了外部专业知识和援助——外国顾问（"货币医生"）、海外银行、大都市政府或其他外国政府、自20世纪20年代以来兴起的国际组织（如国联），以及第二次世界大战后建立的布雷顿森林体系（Balachandran, 1996, 2008; Flandreau, 2003; Rosenberg, 2003; Clavin and Wessels, 2004）。这些都是保证改革行之有效的技术性解决方案；如果它们都失效了，通常不是因为当地的政治精英"腐败"，就是因为他们未能让民众认识到这些方案的优势。

货币和语言在民族或国家层面的相似性可以延伸到它们与各自的本土形式和用法之间的关系上。著名的古印度历史学家和钱币学家 D. D. 高善必（D.D. Kosambi）回忆，自己曾于"1916年或

1917年夏季","在果阿的一个村野小铺的收银台"看到了葡萄牙硬币、英属印度硬币、澳大利亚半克朗、英国先令和美分,"一言以蔽之,几乎世界各国的零钱都有"。它们"在外观和重量上和与其最接近的印度硬币相当",而且以硬币的形式流通,从而缓解了战时货币短缺的问题。1835年,东印度公司"统一"了卢比,但在19世纪的大部分时间里,这一举措仍然令人担忧且受到一些限制,因为许多本土统治者仍继续发行货币,在女王的整体主权之下申明其享有的权威(Siddiqi, 1981; Dreyell and Frykenberg, 1982)。然而,殖民地官员和新兴的印度知识分子却往往忽视它们的存在以及其他的当地货币实践,认为它们无关紧要或只是旧制度的残留。这不足为奇,高善必本人评论说(尽管不乏矛盾之处),这种多样性——他认为这是拜受雇于西方商船的果阿海员所赐——"对印度来说非同寻常",但"过程"却是"典型的印度式"的。他还回忆道,在第一次世界大战初期,"在浦那(Poona)这样重要的中心",宝贝螺同样被当作零钱使用(Kosambi, 1981: 41)。事实上,1901年的时候,它们似乎已被广泛使用,乌干达殖民官员甚至考虑要向印度出口宝贝螺,这与其为在殖民地推广印度铜币所做的努力有些自相矛盾(Pallaver, 2015: 484)。

到目前为止,我们对19世纪末和20世纪初的印度货币所知甚少。然而,直到半个世纪以前,高善必的村野小铺在世界许多地方的货币世界中依然十分典型(Hughes, 1978; Swanepoel, 2015)。针对当地货币及其与19世纪和20世纪各个殖民国家或其他贸易大国引入的货币之间的相互作用,以及随之而来的贸易、劳资关系和税收等方面的变化,有大量学术研究(参见Pallaver, 2015的导论)。这些文献大多研究殖民社会,这一背景与本文关注的19世纪和

20世纪的殖民项目以及其他旨在变革通用货币体系的项目之间的连续性有关。

货币的流通环境（文化、物质、政治、社会、仪式）极其密集和复杂，以至于没有任何一部著作可以将它解析透彻。此外，由于各研究在背景、视角和方法上存在差异，对其一概而论可能存在风险，或者读起来索然无味。不过，有几点似乎是十分清楚的。本科的经济学教材最多只对以货币与市场交换取代以物易物的思想做了概念性的解释；尽管简·盖耶（Jane Guyer）提出的以多样性视角重新思考"等价、差异和通约性问题"（2004: 20-21）的观点仍然适用，但如今研究多重货币的历史学家不太可能像以前那样通过简单的二元结构对它们进行描述。大多数社会使用多种货币，它们的相对重要性因其使用情境而异，如仪式（即在某一时刻，人们更偏向于在仪式中使用一种货币而不是另一种，尽管这种偏好不是一成不变的）；交易的性质（例如仪式或礼物交换）；买卖的货物种类；贸易的性质（距离、价值、数量，例如批发和零售，零售交易的规模和社会背景）以及主要参与者；工资结算、支付给政府部门的款项（如税款、海关支付）；所履行的职能的性质（例如交易媒介、价值储存手段或记账单位）等。多样性可以反映对诸如辅币等的实际需求。即便从表面上看起来多样性有所减少，但是这种减少可能极为缓慢或时断时续——就像上文所提及的那样，一旦出现货币短缺或货币危机，宝贝螺就有可能如两次世界大战期间大萧条时期那样再度兴起（Johnson, 1970: 352）。某些时间和空间特征（例如货币需求或交易关联的季节性）可能会产生一些以"互补的货币循环"（Kuroda, 2008）或重叠的"循环回路"为特征（Mwangi, 2001）的成对而有序的交叉区域多样性。多种货币和货币循环可能没有稳定的标尺可以锚定，企业和商人可能会用与政府发行的货币没有必然联系的虚拟货币记账（Kuroda，2008）。

如今，很少有人支持"货币革命"的理念，即"现代的"国家货币压制并取代了"原始的"惯用货币。尽管在现代人看来，多种货币并行有着许多"缺陷"，但并非在所有地方，其他货币都轻易屈服于领土主权者发行的货币。相反，后者可能仅成为几种并存的已有货币中的一种，实现某些用途或类似于记账单位的功能（Eagleton mimeo；Eagleton，2019，即将出版①）。就货币服务于"特殊目的"这一点而言，主权领土货币与其他货币一样，甚至更有可能成为"特殊目的货币"（Swanepoel，2015）。货币偏好也可能因性别和取决于其对家庭或市场关系的影响的主权领土货币的可接受性而异。

二三十年前，货币在殖民地还是一个行政管理问题，国家、殖民地官员和殖民者的利益是其历史的核心（Kaminsky，1980；Nelson，1987；Maxon，1989）。虽然不乏针对行政方面的研究，但最近的研究更多关注的是殖民地货币项目的运作过程或失败原因——有时，与货币有关的殖民令状甚至未能对其雇员生效——及其展现出的反抗、适应、谈判和妥协（Mwangi，2001；Pallaver，2015；Swanepoel 2015；Eagleton mimeo）。因此，在多货币环境下引入独特的主权领土货币的过程可能既复杂又漫长，其间需要经历几个中间阶段，每一步都需要与不同的受影响群体和利益相关方进行谈判，而这些群体和相关方不只是消极或被动地反应，还可能会推动这一进程。

尽管近来取得了一些显著进展（Pallaver，2015；Eagleton mimeo），我们对于殖民时期"货币转型"（Swanepoel，2015）（目前我还找

---

① 《货币文化史》原书出版时，该参考文献尚未出版，现已出版。——编者注

不到更好的说法）的了解仍然不够全面。然而，现有的文献还是凸显出一些有趣的难题，这些难题似乎证明人们对于在物质、话语和政治层面上实现通用货币方案的进一步推测是合理的。

货币的理念与推广市场关系的理念是密切相关的。正如旨在从内部和外部重构市场的自由主义、殖民主义和新自由主义项目所表明的那样，市场不是无限的，彼此也各不相同。货币也是一种重构市场的手段，欧元就是一例。货币"统一"可能会通过重新调整信贷并影响相对融资成本对竞争企业的规模和性质产生影响。东印度公司在1835年引入了统一的银卢比，同年，一些针对内部贸易的收费也被废除。这两项举措被认为是统一印度市场的一个重要里程碑，而在此之前，印度商行在外部贸易中就已开始相对衰落了（Siddiqi, 1981）。如上所述，卢比统一所经历的时间比根据量化指标得出的结论显示的要长得多。然而，有人认为，统一的卢比以及19世纪中叶建立的类似统一汇款系统的体系促进了欧洲贸易公司向印度内地的扩张，并导致了印度当地票据经纪业和银行业的相对衰落。这与中国的情况形成了有趣的对比，在中国，据说以私人管理的评估和相互竞争的"钱庄"为特征的分散化货币体系在限制欧洲公司参与内地贸易方面功不可没（Ray, 1995: 486）。

虽然统一货币和市场的计划往往齐头并进，由此产生的货币和市场的等级秩序也得到广泛承认，但人们仍把它们当作具有某些联系的平行结构来研究，而不认为它们之间存在值得进行相关历史研究的概念上的亲缘关系。就事物的本质而言，货币和市场都不可能是完全普遍或统一的。破裂、割裂和不连续仍然存在（金融市场就是个例子，人们一直在其中寻找套利机会），正如在"全球"这一背景下，关于规范、法律、制度及其相关知识和认知等领域的边界不断重新划分和变动。从货币历史的角度而言，在这些变动所处的特定背景下对它们以及它们所形成的边界和格局进行追踪和解释可能很有用。新的突破点和界限在哪里？它们因何而形成，又是怎么形成的？是什么让它们得以存续？它们是否稳定？它们是如何影响现有者和新进入者的？谁会受益？谁会受损？代理人要做怎样的调整？成本如何？其后果会怎样？代价有多大？被取代的规范、法律、实践、机制以及知识或技能会变成什么样？尽管这些问题与文化史学家和人类学家所关注的货币问题相近，但仍然可以有效地应对货币以及其他提出了宏大的全球性或普遍性要求的类似项目。在历史上，这些问题的答案取决于研究的详细程度、所使用的资料来源——例如，敌对的殖民列强和本土或现有商人群体的记录与殖民国家和殖民者或商业利益的记录对比——及其时间和空间背景，当然还有一些其他因素。

最近关于殖民地货币历史的研究对这些问题做出了有趣的回应。这里列举的两个主要例证具有一些共同的特点：东非殖民背景、多种货币并行使用且其中都包括同一种殖民地货币（即印度卢比），以及殖民者为实现货币和辅币标准化而做出的努力。然而，它们也提供了一些补充性的重点。帕拉弗（Pallaver, 2015）对作为殖民地的乌干达在1895年正式采用印度卢比这一举措的研究聚焦于现有货币和新货币的使用者，以及统治者和臣民之间的货币边界。多亏了印度商人，几十年来卢比才得以一直在不同地域流通并充当着价值尺度（Mwangi, 2001）。其官方地位使货币及相关价值制度进一步多元化，例如，宝贝螺依然是支付市场税的唯一合法货币，是聘礼的记账单位并被用于婚礼仪式之中（Pallaver, 2015: 487–90）——它们和其他"独立的非现金货币"都是殖民统治中的"自由经济岛屿"

（Mwangi, 2001: 777）。十进制的宝贝螺记账惯例也改变了卢比硬币的分法。最初 1 卢比等于 64 派斯（pice）①，但是乌干达无视殖民者的反对，将 1 卢比更改为 100 分（cent），1 分价值 10 个贝壳，即 1 个宝贝螺价值 1 厘（a tenth of a cent）。因此，新体系最终还是"照搬"了宝贝螺体系，并且宝贝螺在缺乏合适的小面额替代品的情况下得以继续流通（Pallaver, 2015: 497-98）。

伊格尔顿在对桑给巴尔引入卢比这一事件的开创性描述中，也对谈判的另一个层面以及乌干达的故事中所隐藏的一系列问题进行了详细阐述（Eagleton mimeo）。尽管在乌干达成为殖民地之前，卢比就在此地流通，但当卢比而非小面额埃及货币（这是地方官员的建议）成为官方货币之后，乌干达便冒着牺牲与北方和苏丹之间更成熟的贸易的风险，转向与印度洋产生贸易往来（Pallaver, 2015: 480-81）。后续对辅币的讨论揭示了印度商人、英国殖民者与殖民政府之间的紧张关系——印度商人希望能够继续使用印度铜币（可能是因为他们能从进口、运输和其与宝贝螺的交换中赚取利润）；英国殖民者更倾向于享有主权以及与祖国建立直接商业联系；而殖民政府通过将卢比改成十进制，有效地稳定了宝贝螺与分之间的兑换率，即便这意味着需要延长前者的使用时间（Pallaver, 2015: 494-6）。

在东非，印度卢比可能已经与殖民事业和印度商业利益交织在一起并促进了其发展（Mwangi, 2001）。然而，印度商人并未遍布该地区，也并非一直支持卢比的流通。尽管作为印度向东非渗透的桥头堡，桑给巴尔与印度的贸易有着密切的历史联系，但直到 19 世纪 60 年代，印度卢比才在那里出现（Eagleton mimeo）。在 19 世纪

---

① 派斯，即旧时印度铜币。——编者注

60 年代末之前，桑给巴尔的标准法定货币一直是玛丽亚·特蕾莎塔勒，法国的 5 法郎银币和西班牙银币等非法定货币与其一同流通。这些非法定货币相对于玛丽亚·特蕾莎塔勒的价值波动是印度商人所掌控的"货币兑换"业务的盈利支柱。因此，他们既不想在这些货币之间实行固定汇率，也不想引入任何新货币。直到美国内战导致往桑给巴尔的货币汇款与相关的贸易中断，他们才默许采用固定的汇率，并在不久之后引入了银卢比。银卢比的使用最初可能得益于其相对于塔勒币和英国的主权货币的价值被意外高估，1871 年后，由于白银价格下跌，银卢比的使用范围也随之扩大。随着印度贸易的迅速发展，到 1878 年前后，印度卢比已经成为桑给巴尔的主要货币，并开始在沿海地区流通（Eagleton mimeo）。

支持将卢比作为东非官方货币的理由之一是，卢比将在该地区与印度的贸易中起到自动货币稳定器的作用。如前所述，与英国有直接商业联系的白人殖民者对这种安排并不满意。第一次世界大战后，卢比相对于浮动的英镑升值，给殖民者带来了汇兑损失，也使战前殖民和种族等级制度的稳定性遭到质疑，尤其是在东非（Maxon, 1989; Mwangi, 2001），而这给白人殖民者带来了机会。与桑给巴尔首次引入印度卢比时有所不同，印度卢比在作为东非官方货币的大部分时间里只是一种象征性货币。从表面上看，乌干达和桑给巴尔有着近 50 年的货币"转型"史——从部分可兑换的当地商品货币到具有象征性且可兑换的印度卢比，最后到直接与英镑挂钩的货币，这似乎是个追溯货币"进步"历史的故事。但这实质上是一个由相互竞争的利益集团所驱动的故事，在美国内战、白银价格下跌、战时和战后英镑贬值等本身在性质和影响上均具有不确定性的挑战面前，这些利益集团仍试图保护或取代根深蒂固的地位。然而这段历史揭示了不同阶层之间的经济租①冲突。在桑给巴尔引入印度卢比的过程中，我们就能看到岛上的货币兑换商和欧洲贸易利益集团之间的这种冲突（参见 Eagleton, 2019）。我们也可以猜测，在战后英镑汇率不稳定的情况下，希望将资金汇回本国的英国殖民者利益集团与总部位于孟买的中介机构之间可能也会存在类似的冲突，因为前者可能不得不通过这些中介机构进行汇款业务。

在传统的新古典主义观点中，这种租代表效率障碍——是会导致不确定性、限制市场、减小规模并抬高价格的浪费性交易成本。但是，去除中间层可能无法削减租，而是对其进行了重新分配，通过重新划分中间层的布局，租被向上引导，垂直对齐和单一的价值概念替代了面向多元规范、价值和分配域的更为水平或分层的安排。或者简单地说，货币"转型"的结果之一可能并不是消除中间层，而是插入或替换新层，将租从小型的当地中介转移到大型的西方或其他"现代"银行和代理行，而后者不但更容易接受政治和官僚监管，而且不太可能使殖民国或继任国卷入与当地代理商和机构之间复杂的文化谈判。也许可以将其与近代哈瓦拉（hawala）②交易的历史做一个恰当但不太准确的类比。几十年来，在西亚打工的东非和亚洲移民均会通过哈瓦拉交易将其收入汇到家乡。长期以来，哈瓦拉交易顶住了该地区某些希望控制其外部交易的国家发起的不对等封锁。但在 2001 年 9 月之后，由于由美国牵头、联合国协调发起的跨境汇款监管行动，哈瓦拉网络被迫关闭或转入地下，很大一部分汇款业务落入西方企业之手。尽管这些西方企业结合了哈瓦拉

---

① 经济租是对一种生产要素给付的报酬超过该要素为执行其功能所必须获取的报酬的差额。这是由于要素的需求者相互竞争，以致抬高了要素价格，并产生了经济租。
② "哈瓦拉支付系统"是一种非正式的资金转账系统，无法追溯资金源头。

商业模式的某些方面（例如雇用非专业的零售代理），但并未取得明显的成本或效率收益，可能仅推动了针对利润率和收入再分配的重新谈判而已。（然而，这些变化所涉及的新技术可能会使这种比较变得毫无意义，同时对这种概括做出限定。）我们可以假设，在19世纪末和20世纪初重组货币和汇兑的项目中有着类似的流程，即以"现代"西方中介机构取代当地经纪机构和非正式套期保值机制，特别是多重货币市场的本土参与者可以利用这些机制发挥相对优势。因此，有关效率甚至合法性的规范性声明——例如，19世纪末印度就生黄麻期货（Birla, 2008）究竟属于合法"投机"还是非法"赌博"的辩论——实际上可能反映了商业竞争或佣金及租方面的冲突。就通货和货币而言，这种冲突可能会导致处于不同商业和盈利领域的上下游企业之间的竞争。传统的新古典主义对货币或银行"转型"的描述承认了其"非居间化"效应。但是，在有关货币进步的自由叙述中，"非居间化"这个词可能会将本土竞争者粉饰成灵活、适应性强的竞争对手，同时将他们重新定位为西方银行的次级借款人或贷款代理人。

结论（对前言的重申）

货币的故事本身就是一个关于进步的故事，尽管有大量研究质疑这一基本前提。货币也曾作为意识形态和政治上的"特洛伊木马"，在不同时期证明了并将继续证明独立于人类能动性的"自然法则"拥有所谓至高无上的地位——如果货币无法不受其影响的话。当然，经济政策的制定者们知道事实并非如此；否则，社会为"管理"货币所做的巨额投资很难站得住脚。然而，货币仍具有一种相当独特的能力，既能引发人们对"进步"和"自然法则"的焦虑，又能利用这两种焦虑（通常是将两者结合在一起）来削弱变革的进程，尤其是与其自身相关的变革。货币政策的力量经久不衰，同时包括财政政策在内（减税可能除外）的现代经济中的其他潜在干预手段又隶属于货币政策与债务市场的共生关系，这些也都说明货币转变为一个不断瓦解的神话，而历史和文化叙述也同样容易受其影响。

因此，除非是由于疏忽造成的反常，否则货币在很大程度上没有对与其相关的许多假定关系进行去中心化处理，这不足为奇。一旦涉及货币，往往会假设代理机构集中化，而且结构也十分单一：例如，无论是帝国时期的货币、殖民地时期的货币、全国性的货币还是全球货币，理想的货币循环总是始于且止于大都市。本章借鉴了大量的人类学和历史著作（有意思的是，其中大部分都是关于非洲的著作），试图对货币的故事以及19世纪和20世纪有关货币的理念进行更细致且结合更多背景信息的描述。即使仅选择部分文献进行阅读，读者也会发现殖民地和其他传统上属于现代货币描述的边缘地区为我们对现代货币的认识提供了一些颇具启发性的观点。

货币可以带来租，尽管我们可能并不认为这就是它的全部意义。货币和相关债务形式的传播得益于各个国家和企业家为扩大其流通而开展的通力合作以及为分配其收益而出现的相互竞争，并且在这样做的过程中进一步体现出关于价值和积累的争论。欧洲积累路径与殖民价值关系之间的冲突有助于揭示积累与现代货币传播之间的联系，以及19世纪和20世纪围绕货币理念所发生的意识形态和话语上的转变。把货币当作一种债务形式的理念并不新鲜，但是由于这种理念在19世纪日益普及，这就要求人们将货币从其他形式的债务中分离出来，使其自然成为价值载体。现代货币理论和金融理论的共同起源，以及使资本能够在不同市场和债务类型之间自由流动所需的内生类别、概念和制度结构也可以追溯至此。

因此，在某种程度上，追溯有关货币的理念涉及追溯有关债务、风险、债务人和债权人类别及其相应的权利和责任等更广泛概念的争论，其中债务人和债权人类别包括权力大小不一的国家、银行、包括"本土"中介机构在内的其他机构、"零售"贷款人、借款人、储户和其他类型的货币使用者。这种争论充满权力的争斗，并且与有关积累的冲突密不可分，即使在殖民地式的环境中，它们也可能被处于静态平衡（稳态）的经济假设所掩盖。

这种稳态依靠货币局式的安排来维系，有时还辅之以季节性发行信用货币以及在大都市积累殖民币余额等举措。这种表面上的二元论可能会掩盖围绕殖民贸易利润空间和利润的实际或潜在冲突。因此，虽然这种稳态可能令人惋惜，但无论多么短暂，也不能允许当地的商业和企业机构打破这种稳态，特别是当这种做法会对殖民贸易构成危险的时候。（这就是像战争和萧条这样的重大世界危机对殖民地的经济和政治历史而言如此关键的一个重要原因。）控制殖民地的"流动性"是应对此类冲突的关键。因此，这些冲突是有关货币的思想及话语，货币的形式、生命和意义，以及无须放弃对脱离稳态的途径进行殖民式控制的货币"改革"项目所固有的。

第三章 Chapter 3

货币、仪式与宗教：
理性、种族和世界的返魅

比尔·莫勒（Bill Maurer）

在研究帝国时代货币和宗教之间的关系时，我们完全能够体会米歇尔·福柯（Michel Foucault, 1978）的感受。他在试图理解英国维多利亚时代性压抑的过程中发现到处都是关于这一主题的大量论述。英国维多利亚时代的人并不是不能忍受性，而是他们实在忍不住想要谈论这个话题。他们对货币和宗教的态度也是如此——或者更准确地说，两者向不同领域的分离，19世纪社会理论中常见的主张是货币的价值已经篡夺宗教生活中的价值观，而工业化也已逐步走向世俗化。

19世纪的社会理论家们就货币和宗教之间的关系达成明确的共识。19世纪的政治经济学具有以下典型要素：首先，世界上某些地方的工业化农业建立在奴隶劳动基础之上，而在另一些地方则以契约为基础；其次，工业化和国际贸易开始发展；19世纪末消费市场逐渐兴起。这些特征将追求金钱利益置于其余一切之上。金钱的地位不断上升，而宗教的地位日益下降。"宗教活动越来越多地被限制到周日，后来是周日上午。对很多人来说，它更像是社交行为，而非令人感动的经历。"历史学家塞缪尔·P. 海斯（Samuel P. Hays）在谈及 1885 年至第一次世界大战期间的情况时这样写道（Hays, 1957: 72）。宗教改革之后的这个时期，新教工作伦理确立基础，启蒙革命运动中关于自由、平等和财产的宣言赋予了它新的政治生命。在新教工作伦理的推动下，资本主义计算充斥着社会生活。客观化、理性化、官僚化、工具理性、科学理性，以及卡尔·马克思所补充的雇佣劳动制度——所有这些共同重塑文明。正如马克斯·韦伯闻名于世的宣告所述，世界因此得以祛魅（disenchanted）——"终极而最崇高的价值观，"他写道，"已自公共生活中隐没。"（Weber, 2009 [1919]: 155）

从宗教或屈服于市场和世俗国家中解放出来

由此，我们可以审视马克思对犹太解放的思考——从 1839 年的奥斯曼帝国到 1858 年的英国，犹太解放运动在世界各地兴起，并且一直持续到 20 世纪。有一种观点认为，犹太人可以凭借犹太人身份获得政治解放，而非凭借自由主义理论中共有的原子化人类身份（该身份剥夺除公民地位之外的所有身份）获得政治解放。马克思对此质疑，并写道："因为你无须完全且无可争议地放弃犹太教便可获得政治解放，政治解放本身并不是人的解放。"（Marx, 1844）人的解放，即真正的自由，需要摆脱以私有财产关系为前提的国家和公民社会，而马克思认为这种国家和公民社会是在启蒙运动之后才发展起来的。犹太人以犹太人身份获得的政治解放仅仅是将这些关系延伸到犹太人身上——让他们和其他人一样屈服于资本主义、私有财产和国家。马克思在转述恶毒的欧洲反犹主义的同时对此进行辛辣的讽刺。有人认为少数宗教群体的政治解放能改变解放运动支持者所试图废除的不平等。马克思对此提出严厉的批评。他认为这只会把资本主义形式下新的不平等扩大到犹太人身上。马克思将犹太人视为贪婪的资本家,这预示他后来号召开展工人革命:

> 犹太教的世俗基础是什么呢?实际需要,自私自利。犹太人的尘世宗教是什么呢?经商牟利。他们尘世的神是什么呢?金钱。那好吧!从经商牟利和金钱中解放出来——因而从实际、实在的犹太教中解放出来——就是现代的自我解放了。[1]（Marx, 1844）

换句话说,只有将工人——犹太人和非犹太人——从金钱中解放出来,才能实现真正的解放。因此,如果无法实现这种更广泛的解放,即从马克思认为主宰其他一切的资本主义、自私且非道德的市场关系中解放出来,犹太人就不可能获得真正的解放。

社会学和宗教社会科学研究之父埃米尔·涂尔干（Emile Durkheim）同样认为,在非道德的市场面前,时代正在经历宗教式微:

> 我们正在经历一个转型和道德平庸的阶段。那些曾使我们的父辈充满热情的伟大事业已无法在我们心中激起同

---

[1] 该译文引自《马克思恩格斯文集》第 1 卷,人民出版社,2009 年,中共中央马克思恩格斯列宁斯大林作编译局译。

样的热情。这要么是因为它们已经成为习惯用语，以至于我们根本没有意识到其存在，要么是因为它们不再符合我们的实际愿望。但是，到目前为止，还没有任何东西可以取代它们。（Durkheim, 1912: 427）

除非这种热情存在于科学中，而社会也能够与科学本身保持一致并共同承托起这份热情。由于宗教思想是对自然、生存和社会秩序进行排序和分类的系统，涂尔干认为，"科学思想只是一种更完美的宗教思想"（Durkheim, 1912: 429）。"因此，"他写道，"宗教思想似乎很自然地应该在科学思想面前逐渐退场，因为这样才更适合执行任务。"（Durkheim, 1912: 429）他继续说道：

> 毫无疑问，这种倒退已在历史进程中发生。脱离宗教之后，科学往往在一切有关认知和理性功能的事情上都取代宗教。基督教已经明确地在物质事物的秩序中将这种替代神圣化了。

因此，涂尔干呼吁同时代的人承认宗教建立在人的实际经验之上且包含着真理。即便是这一观点也绝非为了论证宗教的超越性，而是为了证明其社会特征，从而为社会本身是道德发展场所的观点提供依据。然而，由于资本主义的干扰，这一切并未发生：足以取代宗教情感的社会情感尚未兴起。其结果是社会失范。涂尔干并不主张宗教回归，而是主张兴起一门能够理解和引导社会的科学。他认为这门科学是一个能够为个人和集体谋福祉且具备功能的完整整体。

1820—1920年的帝国时代是一个大规模扩张的世界：资本主义得到巩固，自我利益高于一切价值观的观念兴起，理性不断进步，查尔斯·达尔文（Charles Darwin）的著作给科学和社会带来了不可思议的影响。19世纪末，欧洲对世界大部分地区的殖民与征服意味着，对宗教和货币的学术讨论将既包含来自"文明"之地的例子，也涵盖来自"野蛮"地区的例子。例如，格奥尔格·齐美尔试图从"基督徒和南太平洋诸岛居民的宗教、佛教以及墨西哥偶像崇拜的共同特点"（Simmel, 1905: 359）中推导出宗教概念。再比如，威廉·斯坦利·杰文斯这样讲述所罗门群岛的一位法国歌剧演员：他收到的酬劳为"3头猪、23只火鸡、44只鸡、5000颗可可豆，以及相当数量的香蕉、柠檬和橙子"（Jevons, 1896: 1）。达尔文的进化论及其衍生出的社会达尔文主义试图把这种多样性置于等级制树形图中，有时甚至是不同的谱系中，从而既推动探索从婚姻到货币的各种社会形态和现象的起源，又佐证科学种族主义和殖民统治的正当性。

所有这些影响世界的事件和进程都是在全球走向宗教解体的过程中发生的——以政教分离的自由主义理想之名，从宗教机构和组织中撤出国家资金。尽管政教分离思想与18世纪后期的革命有关，但最早且可能最有效地确立这一思想的地方却是"新世界"。例如，在法国，直到19世纪70年代早期，"政教分离"（laïcité）一词才在关于学校世俗化的争论中出现（Ford, 2005: 6）；1859年，墨西哥通过《改革法》（Ley Lerdo），要求强制出售教会财产〔但主要还是在19、20世纪之交的波菲里奥·迪亚斯（Porfirio Diaz）统治后期才得以实施（Hamnett, 1999: 162–3）〕。自纽约市政治组织坦慕尼协会（Tammany Hall）于1861年为主要招收爱尔兰移民的天主教学校成功争取到市政基金之后（Golway, 2014），美国有34个州通过法律，禁止将公共资金用于宗教机构；美国立法者还试图修改宪法，禁止将公共资金用于教会学校，最终未获得成功（Green, 2010）。

政治漫画家托马斯·纳斯特（Thomas Nast）将天主教的红衣主教描绘成恒河上的鳄鱼，正准备对无助的学童大快朵颐（见图3.1）。政教分离连同其他旨在削弱宗教机构在政治生活中作用的尝试，进一步强化学术共识，即宗教正在衰落，被金钱和世俗国家支持的市场力量推到一边。

图3.1 托马斯·纳斯特,《美国恒河》(The American River Ganges)
来源：摘自《哈珀周刊》(Harper's Weekly)，1871年9月。公版，比尔·莫勒

在西方世界之外，宗教改革也在以服务新兴的世俗现代性的方式推进，这通常是对欧洲殖民扩张和战争的回应。在奥斯曼帝国，知识分子在奥斯曼民法典（Mejelle）中把西式的计息信贷和银行业务与伊斯兰教结合起来。在日本明治时期，神道教（Shintoism）被纳入国家机器，并一度获得财政支持。它也被部分地世俗化，在实践中融入民族-国家建设，并正式脱离佛教（Hardacre, 1989: 27–8）。不论是硬币，还是神道教的神社，都留有明治印章——这也证实货币和新民族主义仪式之间存在紧密的联系（见图3.2）。

图 3.2 日本明治天皇十六年（1883 年）的一厘硬币[①]
来源：图片由汤姆·贝尔斯托夫（Tom Boellstorff）友情提供

在印度，印度教的众多运动都试图将其各种传统与一神论结合起来，而改革家们则用 19 世纪欧洲社会理论家所熟悉的术语谴责金钱的作用。印度教改革家达耶难陀·娑罗室伐底（Dayananda Saraswati, 1824—1883）抨击宗教领袖从信徒那里榨取大量金钱来建造奢华寺庙的行为（Pruthi, 2004: 34）。罗宾德拉纳特·泰戈尔（Rabindranath Tagore, 1861—1941）对于金钱的评论基本呼应马克思提出的资本主义逐利欲望具有自我扩张本质的观点：

[①] 一厘硬币现已停止流通。1 日元 =100 钱 =1000 厘。

对利益的贪欲可以随时且无限地膨胀。其目标之一就是生产和消费。它既不怜惜美丽的大自然，也不怜惜活着的人类。它毫不犹豫、冷酷无情地从它们身上榨取美和生命，将这些塑造成金钱。（Tagore, 1917 [2011]: 35）

随着欧洲列强在全球范围内扩张，人种学家发现"原始"的货币形式，并将它们纳入一种进化机制。在这种机制下，共同财产让位于私有财产，而货币的兴起与人性从恩典中堕落同时发生。因此，W. H. R. 里弗斯（W.H.R. Rivers）在对美拉尼西亚社会的描述中指出，货币的出现表明"共产主义的消失"（Rivers, 1914: 385）。

金钱和市场腐蚀道德权威、团结和交流的传统形式。至少，这是博学的科学家和政治改革者达成的共识。

财富和信仰

然而，在这个越来越精于算计、越来越理性化的世界里，宗教依然无处不在。实际上，人们对金钱的意义及其在社会生活中日益重要的作用越来越感兴趣，这种兴趣往往与宗教融合在一起，而非与之对立。这是一个宗教复兴的时代，尽管此种复兴常常以通俗形式，甚至是我们博学的学者们可能认为的俗世形式出现——这主要是因为此种复兴充满铜臭味，甚至对金钱近乎痴迷。

此处有两个在世界范围内具有影响力的宗教运动范例：卫理公会（Methodism）和摩门教（Mormonism）。卫理公会在19世纪得到蓬勃发展，并与各种宗教运动融合在一起，如前美国废奴运动和形而上学思想运动等。虽然约翰·卫斯理（John Wesley）于18世纪开始布道，但是卫理公会直到19世纪中后期才兴起，尤其是在美国和英国的工人阶级以及随后的美国奴隶和世界各地的殖民地臣民中兴起。卫斯理在其第 50 篇布道稿《论使用金钱》（*The Use of Money*，1744）中劝诫信徒们，"尽你所能地去赚取""尽你所能地去积攒""尽你所能地去奉献"，因为"真正的基督徒审慎，只有与使用伟大的才能即货币联系起来，你才能看到它的本质和程度"（Wesley, 1744）。如果使用得当，金钱在此也是一种道德力量。

卫斯理援引按才受托的比喻（*Parable of the Talents,* Matthew 25: 14–30），耶稣基督后期圣徒教会①在其同名的基础教义中也引用寻珠比喻（*Parable of the Pearl of Great Price*, Matthew 13: 45–46）。其另一个核心文本——《摩门经》，也编排一个故事，讲述尼腓特（Nephite）社会在发展标准度量衡的过程中，从维护共同财产转变为追求个人利益，从而从恩典走上堕落之路。这些反过来促进货币标准化，并带来商业上的成功，同时也可导致贿赂风行、政治腐败和社会堕落（Welch, 1999: 45）。这是一个警世故事，它契合 19 世纪存在的对金钱成为反道德力量的担忧。然而，与此同时（也可能是因为更普遍的政教分离），摩门教开始实行著名的什一税（Tithing）②。有关这种新信仰的圣书被镌刻在贵金属片上，交给约瑟夫·史密斯（Joseph Smith）。摩门教信徒必须把这些贵金属片藏起来，因为害怕它们会唤起人们将其熔化成锭的贪念（Welch, 1999: 45）。我们将回到货币和贵金属之间这种密切的联系上，因为它和其他与宗教信仰、自然法则以及那个时代新兴的种族意识形态有关

---

① 耶稣基督后期圣徒教会（Church of Jesus Christ of Latter Day Saints）为摩门教的全称，"摩门教"系俗称，该教派称其根据《摩门经》（Book of Mormon）的启示而创立，故名。——编者注
② 什一税是教会向成年教徒征收的宗教捐税，税额为纳税人农作物收成的十分之一。

的联系相吻合。

尽管韦伯曾断言世俗化将日益严重，19世纪和20世纪初的宗教信仰和实践仍将信仰与金融、道德与金钱融合在了一起，"美国内战后的时代通常被称为镀金时代（Gilded Age）。这一时期见证宗教理想的洪流，浸润在热烈的个人主义和大胆的实用主义之中。自我掌控成为一门技艺和职业，因为人们试图通过改善自身生活来巩固时代的进步"（Bowler, 2013: 12）。

鲍乐（Bowler）写道，当时的技术和科学尤为促进"无形的因果力量"这一概念普及（Bowler, 2013: 12）。人们可以通过正确的方法、态度和行动对这种力量加以控制和利用。将这一理论应用于实践的宗教运动包括基督教科学派（Christian Science）、五旬节派（Pentecostalism）、新思想运动（New Thought movement）、基督复临派（Adventism）、斯维登堡派（Swedenborgians）、顺势疗法（homeopathy）①和其他各种形而上学流派。许多其他宗教领袖也都采纳卫斯理的"成圣"（sanctification）概念——通过接受上帝的恩典，信徒可以在今生而非来世获得祝福，并将其视为"可计算的时刻"（Bowler, 2013: 17）。从这个可计算的时刻到信奉信仰疗法（faith healing）和财富福音（prosperity gospel）只有一步之遥。如果说韦伯笔下的加尔文教派将物质上的成功视为上帝选民的标志，那么新财富宗教的信徒则积极寻求利用恩典中的因果力量而变得富有。这种富有代表的不是被上帝拣选，而是在这个世界上"战胜罪恶"（Bowler, 2013: 17）。如果说对于约翰·卫斯理和约瑟夫·史

---

① 顺势疗法是一种替代疗法，其理论基础是"同样的制剂治疗同类疾病"，即使用一种能够在健康人中产生相同症状的药剂以治疗某种疾病。

密斯而言，金钱可以被用来重新打造宗教——无论是用于敬献礼物以寻求多于物质回报的好处，还是仅用于通过什一税机制建立以金制法版为根基的宗教帝国——那么对于新的财富福音而言，宗教可以反过来用于赚取金钱，成为精神胜利的标志和实现途径。

建造在磐石之上

在 19 世纪初的英国，赞美诗作者詹姆斯·蒙哥马利（James Montgomery）同时谴责殖民征服和黄金狂热，并将两者与国家的毁灭联系在一起。蒙特祖玛（Montezuma）、科尔特斯（Cortez）和皮萨罗（Pizarro）都曾提及"黄金导致国家覆灭"——

> 黄金，让可怜的印第安人倒下了，
> 黄金，是地狱的陷阱和灾祸，
> 从此，公正的天堂注定会施加
> 纯粹的诅咒在破坏者的头上
>
> （Montgomery, 1861: 23）

但是在 19 世纪，黄金逐渐被神圣化，并且以一种与帝国征服、白人种族霸权和文学自然主义（literary naturalism）[①]相关联的方式被神圣化。

蒙哥马利担心对黄金的贪欲会导致毁灭，而耶稣基督后期圣徒教会的金制法版捕捉到一种日益增长的矛盾心理：黄金可能使

[①] 自然主义是文学艺术创作中的一种倾向。它既排斥浪漫主义又轻视现实主义，追求绝对的客观性，崇尚单纯地描摹自然，试图以自然规律解释人和人类社会。

人变得贪婪，但金制法版却能将上帝的话语和贵金属弥合在一起。在美国内战的余波中，关于货币的本质是商品还是承诺的争论呈现出明显的宗教色彩。托马斯·纳斯特在其政治漫画中再次挑衅似的抓住这种情绪。他抨击美国国会决定通过法币（别忘了他们参考《创世记》里上帝的第一句话）而非贵金属来建立货币制度的行为（见图 3.3）。期票看起来就像无足轻重的纸一样毫无价值，而政府为创造它们所做的工作更像是人类艺术家（在纳斯特看来，还是一个糟糕的艺术家）的工作，而不是神的。

图 3.3　托马斯·纳斯特，《替代牛奶的婴儿奶票》（*Milk Tickets for Babies in Place of Milk*）
来源：摘自《鲁宾逊·克鲁索的货币》（*Robinson Crusoe's Money*），1876 年。公版，比尔·莫勒

19世纪的硬通货支持者放弃约翰·洛克和其他启蒙运动人物的假设，即黄金是经大家同意才成为货币的；相反，他们坚称黄金具有道德优越性。因此，美国时任财政部长休·麦卡洛克（Hugh McCulloch）在1865年说道：

> 所有国家一致认为，黄金和白银是唯一真正的价值衡量标准。它们是必要的贸易监管者。我毫不怀疑，这些金属是万能的上帝为这一目的而准备的，正如我毫不怀疑，铁和煤是为其用途而准备的一样。（Ritter, 1999: 35）

美国马萨诸塞州参议员乔治·霍尔（George Hoar）在国会发表演讲时说："健全货币（sound money）之于今世生活事务，就像纯粹的宗教和健全的道德体系之于精神生活事务一样。"（引自 Ritter, 1999: 172）在1897年的一本教科书中也有相关描述："**健全**货币必须能在任何情况下，不借助任何外力，全凭借自身的力量在世界市场上确立自己至高无上的地位……因此，健全货币**只**包括黄金。"（引自 O'Malley, 2012: 152，未采用 O'Malley 标注的黑体字，现有的黑体字标注出自笔者）

因此，美国内战之后，健全货币的地位愈加稳固，黄金取代白银，成为真正和永恒的价值源泉。美国通过发行"绿钞"为战争提供资金，纸币获得的唯一支持是美国政府的兑现承诺。战后，不同的利益集团——农民与金融家，中西部农村与东部城市，民主党与共和党——就货币问题，以及如下问题达成共识：恢复贵金属本位制是否只对债权人有利从而导致财富进一步集中。民主党人威廉·詹宁斯·布莱恩（William Jennings Bryan）强烈主张采用金银复本位制，用金银来支持货币。然而，他的批评者认为，金银复本位制必定会导致通货膨胀和国家衰败。布莱恩从地区、阶级和平民党人的角度构建他的观点，但是，他是在宗教语境下进行论述的。1896 年，布莱恩在民主党全国代表大会上的演讲差点儿使他一举获得民主党总统候选人的提名。他在演讲的末尾说道：

> 我们身后有这个国家和世界的劳动群众，我们得到了商业利益、劳动利益和各地劳动者的支持，我们将就他们对金本位制的要求做出回应，我们对他们说："你们不能把这顶荆棘王冠强行戴到劳工的头顶；你们不能把人类钉在黄金十字架上。"（Bryan, in Cherny 1996: 28）

然后，他站在人群面前，伸开双臂，"仿佛被钉在十字架上"。听众惊愕地沉默了几秒。之后，他离开演讲台（Cherny, 1996: 11）。

布莱恩后来在选举中输给威廉·麦金利（William McKinley）。后者在接纳金本位制的同时接受美国的帝国扩张，这并非出于偶然。

历史学家格蕾琴·里特（Gretchen Ritter）总结道："白银是激进分子和无神论者的货币……良好的道德需要良好的货币，而唯一真正的货币只有黄金。"（Ritter, 1999: 172）

用于缔造帝国臣民的货币

再次强调，麦金利的帝国计划并不是黄金崛起的偶然产物。里特指出，金本位制的支持者经常用具有明显的种族主义色彩的词语严厉抨击其对手，称他们为"'苦工''苦力'和'农场主'"（Ritter, 1999: 171）。支持者们将黄金与文明和进步，以及他们认为的神通过天定命运（manifest destiny）授予的殖民主义权利联系在一起。正如威廉·麦金利在竞选海报中宣称的："我们之所以将美国国旗插在别国的土地之上，不是为了扩张领土，而是为了人类的利益。"黄金和帝国主义意味着神授予的进步，以及以道德提升为名的全球扩张。这张海报还体现出威廉·麦金利的政治宣传手段：在其健全货币的政策下，民众将迎来的是冒烟的开工工厂而不是闲置的厂房，是"挤向银行"而不是"挤兑银行"（见图 3.4）。

图 3.4 "政府信守承诺"（"The Administration's Promises Have Been Kept"），1900 年
来源：维基共享

绿钞支持者和金本位支持者之间的争论，以及后来关于金银复本位制和金本位制的争论，都围绕这样一个问题展开：货币是或能够是"真实的"，还是货币仅是一种"表征"？如果答案是后者，那它又是什么的表征？然而，黄金或白银既是真实的——它们就是其本身，先于任何表征而存在——也是一种表征，因为就其构成而言，"货币"这一身份使它们成为某种真实或抽象价值的代表。

在某种程度上，沃尔特·本·迈克尔斯（Walter Benn Michaels）将19世纪美国文学中的自然主义定义为"终结表征的需要和对表征的渴望"（Benn Michaels, 1987: 26）。他探讨文学中对现实主义与表征之间区别的焦虑，并将讨论的对象扩展到美国货币之争，将对黄金究竟是一种超验事物还是另一种事物的表征的焦虑，与19世纪心理学中关于人类认知本质以及"人"作为有灵魂的野兽的地位等类似争论联系在一起。关于文学本质的争论也面临同样问题：文学代表社会现实吗？抑或它是独立、无尽、永恒的？

这场关于真实和被表征之物的争论也关乎基督教末世论的核心，我再次述及的是基督的本性：人，神，两者兼而有之，或上帝的表征？这一难题不仅存在于我在此所关注的帝国时代，在当下一系列新兴宗教中也得到体现，但是后者完全规避这个问题，如一位论派。

殖民地人民对于货币和福音的接纳也体现出这一点。如果说19世纪欧裔美国人还在围绕"耶稣，硬币一样的圣体—神—人"以及货币的地位，争论"面值和实际价值之间令人难以忍受的差异"（Foster, 1999: 216-17），那么，部分新殖民地的臣民则根本不关心这些。于他们来说，这种区分并没有什么意义。首先，他们关于基督教的上帝和西式货币的经历都是暴力强加的。在很多情况下，他们受武力强迫，参与帝国强权下的宗教和金钱游戏——盲目的控制，超验和表征之间自相矛盾的含糊性，肯定不怎么具有吸引力；而其他游戏却能激活其想象力：例如，美拉尼西亚人关注价值流向以及关系的产生和解除，使抽象货币的"真正"价值不再是一个强制性的问题（Foster, 1999; Strathern, 1975）。

硬通货、白人至上主义、帝国主义和自然法则等一系列问题在美国内战期间和之后（甚至可以说直到今天）的美国愈加凸显。林肯的"死敌",俄亥俄州国会议员克莱门特·瓦兰迪加姆(Clement Vallandigham)提到林肯的"废除绿钞"举措,历史学家帕特·奥马利(Pat O'Malley)将其解释为"一种通过宣布碎纸即货币并实现黑白平等,由此废除自然本身的道德体系"(O'Malley, 2012: 88)。奥马利关注"硬币"(specie)和"物种"(species)这两个19世纪概念之间的一致性,以及支持硬通货和国家强制的种族不平等之间的一致性。"金本位支持者倾向于支持种族主义观点,因为他们想要阻止商品、族群和意义的混乱流通,阻止关于身份的谈判"(O'Malley, 2012: 135)。他还指出,金本位支持者和银本位支持者都相信自然法则。甚至连支持金银复本位制的民粹主义者威廉·詹宁斯·布莱恩也没能逃脱种族和货币系统的吸引。"布莱恩对民主的热情,"历史学家迈克尔·卡津(Michael Kazin)写道,"总是在涉及肤色问题时冷却。"(Kazin, 2006: 278)

19世纪的自然主义对宗教、货币和法律中的语言和事物之间,表征和现实之间的关系表示忧虑。难怪在殖民扩张过程中,欧美列强试图参与重新命名的语言项目,而不仅是推动再货币化。人类学家简·康莫罗夫(Jean Comaroff)和约翰·康莫罗夫(John Comaroff)介绍说,在殖民地时期的南非,传教士试图在本土语言中留下"基督教欧洲的永久性印记"。"新兴的殖民世界"出现一些来自荷兰语和英语的舶来词,其中就包括关于教堂、信徒、雇佣劳动、学校,当然还有货币本身的新术语(Comaroff and Comaroff, 1991: 218-19)。

殖民主义者还试图向当地人灌输精神价值和市场价值,而且这两种灌输往往同时进行。然而,在这一过程中,市场价值观可能具有潜在的"腐蚀性"(Comaroff and Comaroff, 1997: 8)。因此,必须将雇佣劳动作为一种纪律形式,将劳动作为一种美德:

在传教士的自由人文主义世界观中，这种追求涉及从低等物种到高等物种的价值转换，需要普遍、标准化、可互换的通货——就像货币和词语——所有这些最终都能以恩典和永生的形式得到救赎。这样来看，皈依和文明是同一枚硬币的两面，联系两者的途径是"以次换好"，以及积累功德和敬奉神的荣耀。这一见解并非毫无矛盾。除此之外，它还公开地与金钱调情。（Comaroff and Comaroff, 1997: 8）

值得注意的是，"从低等物种到高等物种"的转换在内部体现出与货币金属论（metallism）[①]相同的种族逻辑。

一如最初

正是在这个帝国时代，正统的货币起源故事开始注入政治经济学和新兴的独特学科——经济学之中。杰文斯笔下的法国歌剧演员的故事意在说明，货币的必要性不言而喻。由于需求的互相满足需要双向的巧合，以物易物在这个世界上根本行不通——我恰好拥有你所需要的东西的时候，你很难在同一时间和地点拥有我所需要的东西并可以与我交易。19 世纪，亚当·斯密（Adam Smith）在 1776 年提出的关于人性的独特观点得到巩固。他认为，定义我们的是我们对卡车、以物易物和交易的倾向。从以物易物到黄金，再到以黄金为支撑的纸币，货币起源的进化理论逐渐约定俗成，再结合宗

[①] 货币金属论，又称"金属主义"，是与货币名目论相对应的一种货币理论。重商主义是货币金属论的典型代表，它拥护稳定的金属货币，认为只有金银才是一个国家的真正财富，反对用货币符号来代替金属货币流通。

教皈依和帝国实践中所蕴含的种族优越感和进步理论,以物易物的货币起源故事已成为常识。它既支持对黄金的自然属性或上帝赋予的超验性的信念,又为以我们内在的交易本性之名进行殖民扩张提供理由。资本主义和天定命运结合在一起,使这种内在本性自我扩张,甚至无限制地自我扩张。

然而,在帝国时代的末期,关于货币起源的其他理论也流行起来。这些理论认为货币起源于有组织的古代国家兴起之时。随着近东考古新发现、民族志档案不断增多,以及核心资本主义国家政治经济环境不断变化,关于货币起源的货币国定说(chartalist)[1]和信用理论的支持者向正统观念发起挑战。1914 年,A. 米切尔·英尼斯(A. Mitchell Innes)提出货币信用理论,反对货币商品理论,也反对以物易物的货币起源说。他之所以如此,是考虑到不用代币而是通过记账法(如借助泥板或计数棒等记录设备)来结算债务的实践。英尼斯也不支持黄金和白银:"信用和债务与金银没有任何关系,也从来没有过任何关系。"(Innes, 1914: 32)相反,

> 信用的价值并不取决于其背后是否存在任何金银或其他财产,而完全取决于债务人的"偿债能力",而这又完全取决于债务到期时他在其他人处是否有足够的信用能够用以抵消他的债务。(Innes, 1914: 32)

英尼斯将货币的价值定位于人类相互关系的质量之上,而不是某种超验的商品或以物易物处境中假定的使用价值交换。"我们要证明

---

[1] 货币国定说是货币名目论的一种代表学说,认为货币是由国家政权所创造的,其价值由国家法律规定。

的不是一个奇怪的接受金银的普遍共识，而是一种关于神圣义务的普遍意识"（Innes, 1914: 30）。他认为，在世界各地，"所有人都很熟悉债务和信用，违背誓言或拒绝履行义务均会被视为可耻的行为"（Innes, 1914: 30）。

在考察古代国家更为正式的信用体系时，英尼斯发现宗教和政治权力是彻底交织在一起的。由于对神授统治者的义务具有神圣性，其臣民所欠的债务便具有一种准精神性质，可以用贡品来偿付。寺庙作为征收和记录贡品的场所，也成为商业交易场所。"宗教和金融之间的关系是很重要的。"英尼斯写道（Innes, 1914: 36）。

> 正是在巴比伦的神庙里，人们发现大部分甚至是全部的商业文件。在一定程度上，耶路撒冷圣殿就是一个金融或银行机构，德尔斐的阿波罗神庙也是如此。欧洲的交易会以圣徒的名字命名，并在与其相关的节日当天或前后在教堂前举行。在阿姆斯特丹，证券交易所就设在教堂前面，天气不好时交易会转入教堂里面。（Innes, 1914: 36–7）

把宗教放在货币起源的中心，与19世纪早期社会理论家将两者对立起来的观点相去甚远。那些早期理论家否认货币和宗教的共同构成，认为货币和宗教是对立的，货币玷污了信念或信仰。然而，在帝国时代的新宗教以及殖民和改变宗教信仰的过程中，信仰和金融融合在一起。这或许进一步佐证英尼斯的观点，即货币与国家和人类义务的神圣性牢牢结合在一起——只不过殖民帝国试图将这些义务的核心从传统权威和地方关系转变为他们自己的统治者和神灵。

致谢

我想向汤姆·贝尔斯托夫（Tom Boellstorff）、泰勒·C. 内尔姆斯（Taylor C. Nelms）和本卷的编辑们致以诚挚的谢意，感谢他们对本章早期草稿的评论和意见。

第四章
Chapter 4

货币与日常生活：
美国内战前的纸币、社群和民族主义

迈克尔·奥马利（Michael O'Malley）

1837年，田纳西州参议员、"金条"先生（"Bullion"）托马斯·哈特·本顿（Thomas Hart Benton）提出了一项法案，禁止在哥伦比亚特区使用"私营银行印发的小额纸币"。在内战之前，美国人可以自行印钱，只要人们认可这些货币，它们就可以在商业中被使用。尤其是在困难时期——1837年发生了一场金融危机——店主、商人，酒馆、餐馆，各种各样的企业，甚至私人，都会印刷小额纸币，这些纸币的面额通常不到1美元，被人们当作零钱使用。这些"辅币"有个绰号叫"胫骨贴膏"，我将在下文详细介绍这个说法。本顿认为它们是"肮脏""腐烂"的"垃圾"：他想让所有这些纸币彻底消失，并推出一种完全基于硬币，基于黄金或白银的货币。根据本顿提出的法案，"所有"在哥伦比亚特区使用胫骨贴膏的人"都是违法的"。

美国政治家曾经，并且仍然执着于纯硬币通货（specie money）

的概念。这里的"硬币"指的是"黄金或白银"。"硬币通货"可以仅指金币和银币本身,也可以指能够在银行兑换成金银的纸币。但是,如果银行印刷的货币多于其金库中的储备,那么,并不是所有流通中的纸币都能兑换成黄金。这就是所谓"部分准备金贷款",它是资本主义的核心。除了硬币通货,美国人也曾在不同的时期尝试仅以发行者的劳动为基础的纯粹的法定货币。早在1723 年,本杰明·富兰克林就提出了使用纸币的主张(Franklin, 1969: 1: 24)。美国革命的资金也是由法定纸币支付的。

像本顿这样的硬币通货支持者梦想着将纸币完全从流通中驱逐出去。本顿和他的盟友安德鲁·杰克逊(Andrew Jackson)总统联手关闭了第二合众国银行(Second United States Bank)。自 1816 年以来,这家银行一直致力于创建一种以黄金和白银为支撑且为人们普遍接受的、既可靠又标准的纸币。杰克逊在拒绝为第二合众国银行再次颁发特许证的演说中宣称,不受中央银行管理的纯硬币经济将消除"人为的差别",并使人与人之间"自然而公正的"差别发展起来。但是第二合众国银行倒闭后,各种形式的纸币却成倍增加了。本顿希望看到"肮脏的胫骨贴膏"从首都的流通中消失,并被硬币取而代之,所以他干脆提议禁止使用胫骨贴膏。

肯塔基州参议员亨利·克莱(Henry Clay)以一种看似奇怪的视角对本顿的胫骨贴膏法案提出了反对。他指出,"该法案的结果将是,如果一个黑人奉差遣到市场里去购买食物,并使用它(胫骨贴膏)支付,那么他就被置于与白人同等的地位,并受到同样的惩罚"。换言之,克莱警告说,该法案将白人和黑人公民视为市场中的平等参与者。

克莱的反对意见说明了几点:首先,它表明非裔美国人经常"使用胫骨贴膏支付"。其次,他们是仆人,是"奉差遣去购买食物"的。也就是说,他们是作为白人需求和欲望的代理人去做这件事的。最后,克莱认为,如果白人使用胫骨贴膏是违法的,那么对于黑人来说也是如此,因此,法律对他们就是一视同仁的,而克莱显然认为这令人无法接受。

本顿的回答则更加奇怪。"说到黑人,"他执意表示,"从来没有人认为国会的法案适用于他们。"也就是说,他提出的禁用胫骨贴膏的法律只适用于白人——虽然没有明说,但似乎可以认为他提出的法律不适用于非裔美国人,他似乎认为,非裔美国人仍然可以像从前那样使用胫骨贴膏。因此,本顿似乎是在支持一项授予非裔美国人特殊许可,允许他们使用白人不得使用的胫骨贴膏的法案。显然,本顿在这里设想了两种经济:一种是禁止使用胫骨贴膏的白人经济,另一种是只允许非裔美国人使用胫骨贴膏的另类经济。

克莱对该法案的抨击呼应了这种独立的另类经济的观点——他称该法案是"给(特区的)穷人、黑人和女乞丐带去痛苦和惩罚的法案"。[1] 胫骨贴膏在穷人中流通。"去攻击银行,"克莱接着说,"但不要攻击黑人和小孩,为了换取生活必需品,他们也许不得不把自己仅有的一切都换成胫骨贴膏。饶了他们吧!噢,饶了他们吧!那些小人物、穷人、弱者、无助的人、粗心的人、妇女、儿童以及小商小贩。他们必须接受以某种形式存在的货币;他们被迫出售其仅有的少量商品;他们不得不用冒着一些风险拿到的销售所得买些东西带回家。""除了接受这样的货币并用其支付,"他坚持说,"他们别无它法。去攻击那些更高贵的人物吧。"[2] 那时,胫骨贴膏是穷人的专用货币。克莱认为应该允许人们使用这种货币。

胫骨贴膏的现象表明,"多元经济"在美国的日常生活中极为盛行。现代读者可能觉得难以理解，但下面的解释也许能对这一点做出更为清晰的解释：因为正统经济学坚持"硬币"通货，实际的交易媒介往往具有稀缺性，可能周边根本就没有此类货币。胫骨贴膏允许边缘人——用克莱的话说，就是穷人、黑人和女乞丐——参与到经济交换之中。然而，受益者不仅是边缘人——正如货币史学家理查德·多蒂（Richard Doty）所写的那样，胫骨贴膏的发行者"'包括屠夫、杂货商、歌唱家、餐馆老板、旅馆老板、干货商、印刷商和药剂师'等各行业人士"（Doty, 1998: 107）。各种各样的小企业，当地公司，甚至个人都在发行胫骨贴膏。这些胫骨贴膏在愿意接受它们的人群中自由流通，代表了一种另类的、未经许可的经济交换模式。

胫骨贴膏戏剧化地表现了美国生活中的一些紧张情绪，将焦点集中在货币的本质、价值和社会地位等尚未解决的问题上。它们反映了标准化的失败，以及干扰和阻挠精英阶层目标的决心——这些精英阶层想要一种自己能够控制且有限的货币形式。胫骨贴膏几乎就是其使用者的真实写照：它们代表了对其持有者人格的一种信任。通过质疑价值来源本身，胫骨贴膏削弱了精英阶层的社会地位。胫骨贴膏进一步证明了美国民族主义的脆弱。美国人一贯拒绝使用有限的国家主权货币，他们喜欢使用自己创造的大杂烩式的地方货币组合。胫骨贴膏代表了个人主义、社会阶层和互惠义务的另一种形象。

什么是胫骨贴膏？

要想了解胫骨贴膏及其在日常生活中所扮演的角色，首先需要了解美国内战前美国国内极其混乱的货币体系。虽然官方认可的"真正的货币"只有金银,但在日常生活中,人们使用了各种各样正统和非正统的货币形式。例如,到19世纪50年代,美国流通的纸币超过9000种。有些纸币是由州立银行和地方银行发行的,其中一些充其量只能算是合法的假币,而另一些则以大量的黄金为基础并管理得当。此外,保险公司和其他企业还发行了非银行纸币。还有商人和奴隶主签发的信用证,如果签字转让给他人,也可以作为货币使用。大多数此类纸币一旦远离发行地便大大贬值,并且其价值也会在向外流通的过程中打折扣。在美国,假币猖獗,有时近一半的流通货币都是假币,这让情况变得更为复杂。商人们不得不订阅罗列各种钞票、描述其外观并对其可靠性进行评估的《假币检测器》(*Counterfeit Detectors*)周刊或双月刊。每一笔交易不仅涉及商品的价格,还涉及所使用的货币种类,以及对消费者明显特征的敏锐观察。[3]

更复杂的是,"商人、企业和市政当局还会发行一类单独的纸币,也叫胫骨贴膏、辅币、劣质纸币、私人货币、未记账货币,这种操作一直游走于法律的边缘"(Greenberg, 2015)。这些胫骨贴膏钞票从多个层面深深地困扰着精英们。

《德鲍评论》(*DeBow's Review*)哀叹道,只要有一丁点机会,"城镇里的企业、收费公路公司、桥梁公司、铁路公司,以及各行各业的个人就会立即开始发行纸币和小面额零钱"。[4] 1810年至1866年间,仅在佐治亚州一地,"此类流通货币就超过1500种"(Schweikart, 1987: 80)。"胫骨贴膏的面额从5美分到1美元不等,且流通数额惊人,因此在很大程度上,每个人都是银行家,都在分发自己的纸币。"在各地巡回演出的魔术师安东尼奥·布利茨

（Antonio Blitz）回忆说，"就这样，每个州都充斥着各种各样毫无价值的废纸。财产和商品均受其影响，从而创造出一种令人难以置信的人为价值。"（Blitz, 1872: 209）《芝加哥论坛报》（*Chicago Tribune*）对 1858 年在美国西部地区泛滥成灾的"胫骨贴膏"和纸币表示遗憾，并特别指出内布拉斯加州是罪魁祸首，要求逮捕"内布拉斯加人"。[5]"如果屠夫、面包师和杂货商能够站起来反对它，""一位公民"在 1848 年写道，"那些可恶的垃圾很快就会被逐出这座城市。""但他们没有"，他继续写道，因此公众不得不继续充当"'胫骨贴膏'伙伴的代理人"。[6]胫骨贴膏是底层阶级的工具，但对于上层阶级来说，却是一场危机。

"胫骨贴膏"一词的起源有些让人费解。如果有人在 1800 年擦破了小腿的皮，他们可能会用"橡皮膏"或是浸泡过偏方的纸质或布质"胫骨贴膏"来止血。《牛津英语词典》把该词在英语中的含义解释为"用醋等浸透的方形纸片，用作治疗腿痛的膏药"。把小额纸币称为"胫骨贴膏"，就是把它们与疾病和肮脏联系在一起，与偏方、体弱多病，以及垃圾联系在一起。事实上，批评家们总是用肮脏、油腻、难闻、带病、污秽、垃圾等词语来描述胫骨贴膏。1838 年，来自华盛顿特区的"一个紧张兮兮的人"写道，"我们这些生活在南方城市的人"如何才能"避开这些肮脏且令人厌恶的东西所引发的疾病？每个男人、女人和儿童都不得不与这些东西实际接触"。他建议制定公共法规，要求人们每天都将胫骨贴膏浸入"混有漂白粉"的盐水之中"浸泡"。[7]它们之所以"肮脏"，不仅是因为它们与"脏钱"本身一样，跨越了阶级、种族和性别的界限，随意地从一处流转到另一处，也是因为它们在流转过程中产生的联结玷污了中产阶级。

1838 年出版的《五便士胫骨贴膏自传》(The Autobiography of a Fip [five penny] Shinplaster) 描述了"公司"发行的胫骨贴膏辗转于屠夫、面包师、老姑娘、乞丐、酒馆老板、磨坊主和商人手中的一生。有些人会将它保存起来，甚至熨平；还有些人则把它和其他钱混装在油腻的钱包里，或者揉成一团塞进口袋。"胫骨贴膏在富裕和贫穷、干净和邋遢的男男女女之间来回传递，陪伴着形形色色的人们。"（Gamble, 2015: 42）后来，又脏又皱的胫骨贴膏落入"女佣贝蒂"的手里，最后变得残破不堪，几乎被人遗忘。"我们的命运生来便已注定。"胫骨贴膏说。[8] 它们之所以肮脏不堪，是因为它们流通于下层阶级聚集的场所，成为一个命运多舛的独立"种族"的一部分。

下面这段话选自 1837 年《巴尔的摩太阳报》(The Baltimore Sun, 以下简称《太阳报》)上的一篇文章，它描述了"胫骨贴膏银行业务"的操作流程，并说明了精英阶层厌恶它的原因。"发行私人纸币（胫骨贴膏）的业务，"编辑写道，"被以下人员垄断了……"

> 做小买卖的那类人……卖胸衬条和硬麻布的小商人或是卖鳕鱼和鲱鱼的小贩急于扩大贸易和资本，却苦于没有财产，也没人愿意相信他——他无法获得信贷，也没有那样的资格。不得已之下，他当然会依靠自身的智慧自行筹款。

这篇文章对小商贩——"卖鳕鱼和鲱鱼的小贩"——不屑一顾，他无法获得贷款，因为他"没有那样的资格"。谁给的资格？编辑吗？还是受人尊敬的上流社会？由于缺乏阶级所赋予的"资格"，而且也无法如《太阳报》所暗示的那样轻松地继承祖上的财富，他只能"依靠自身的智慧"筹集资金。

"他的第一站是哪里？"社论继续写道，"他会去印刷厂匠或雕刻工的办公室，弄一张私人票据，然后摆出一副私人银行家的样子。"[9] 印刷私人票据，如胫骨贴膏，可以让卖鳕鱼和鲱鱼的小贩通过发行以其名誉和能力为后盾的纸币来筹集资金。人们对这些纸币的接受程度取决于小贩是否具有良好的声誉，以及他们是否打算继续与他做生意。事实上，北卡罗来纳州参议员罗伯特·斯特兰奇（Robert Strange）认为"胫骨贴膏"比"公司票据"好，因为"它们没有任何秘密可言。如果个人信用不佳，它们就无法流通"。[10] 卖鳕鱼和鲱鱼的小贩凭自己的信誉来交易。但是《太阳报》却看不到这位有抱负的鳕鱼商人的任何信用。胫骨贴膏让他避开了上层阶级的指责，后者惊骇地发现："最后，那些毫无价值的东西（胫骨贴膏）像冒牌货一样跻身于上流社会，获得了一些有价值的东西才具有的信用和声誉。"

《太阳报》和斯特兰奇参议员都清楚地发现，人们将纸币和印刷纸币的人混为一谈：胫骨贴膏是个人或私人企业的代表。我们可以看到，它们是自我的延伸。《太阳报》的社论进一步将价值设想为不可伪造的真实事物，而不是来自夸夸其谈或推销技巧：它试图把价值想象成一种有形且必要的东西，而小商贩显然并不具备这种东西。令《太阳报》感到气愤的是，胫骨贴膏让普通人可以"像冒牌货一样"挤进"上流社会"，赢得有价值的声誉。

文章将"上流社会"中令人尊敬的人们描绘为受害者，随后又试图声称受害者是那些不识字的人："不识字的贫穷黑奴或白人妇女很可能会把一张旧国家彩票或旧银行公司纸质支票（原文如此）当作货币。"根据这种说法，胫骨贴膏不是什么好东西，因为它欺骗了妇女和黑人之流的文盲，正如在前文中克莱所说的那样。这篇社论继续写道，"然而恶行不止于此，纸币困扰着较为开明的社会阶层。很少有人会在接受一张纸币之前特别留意它，结果，假币会落入那些正直又有智慧的人手中，对其进行引导"。[11]

因此，问题不仅在于胫骨贴膏落入了生活在贫穷社群的文盲手中，更在于它落入了那些识字却不愿阅读的人手中。实际上，这就把"正直又有智慧的人"与贫穷的妇女和奴隶放在了同等地位，这与本章开头部分亨利·克莱针对托马斯·哈特·本顿提出的反对意见如出一辙。从上面所引句子的主体之混乱就能看出这一点："假币会落入那些正直又有智慧的人手中，对其进行引导。"这句话中的"其"是谁？引导的内容是什么？是可怜的黑人和妇女需要引导吗？还是正直又有智慧之人的双手？胫骨贴膏扼要说明了人们对社会地位和社会阶级稳定性的根本忧虑，它呼吁人们注意，日常商业活动模糊了这些差异的边界。

《纽约先驱晨报》（New York Morning Herald，以下简称《先驱报》）经常猛烈抨击胫骨贴膏。它派勇敢的记者进入胫骨贴膏印刷公司的办公室，对这些纸币和办公室进行了报道，其中包括位于曼哈顿格林威治街的"北河交易公司"（North River Exchange Company）。《先驱报》写道："他们看起来就像是普通的流浪汉，他们办公的简陋棚屋就像是流浪汉的总部。"在詹姆斯·戈登·本内特（James Gordon Bennett）的领导下，《先驱报》以本土主义和反爱尔兰情绪而著称：称办公室为"棚屋"就等同将其与那些属于底层阶级的天主教移民联系在一起。文章声称："就我们在这个机构中所看到的一切而言，我们连10美元都不愿意付。"记者采访了一名办事员，并将他描述为"看起来就像是跟在我们的消防车后面奔跑的粗人，打着为公众服务的旗号，把人行道上的体面人撞倒"。[12]

在 19 世纪 30 年代，纽约只有志愿消防公司，它们因职员都是一些工作起来容易热血沸腾的年轻人而臭名昭著。这些消防公司游走于市民俱乐部和街头帮派之间。与《太阳报》一样，《先驱报》把胫骨贴膏看作不光彩且声名狼藉的阶层的产物，这些人根本不值得信赖；与《太阳报》一样，《先驱报》觉得自己被这些无价值的人包围了，而这些人正在"挤进"上流社会。

胫骨贴膏显然是历史学家所界定的关于"流通"和商业无边界性的焦虑的一部分。[13] 当然，在一些胫骨贴膏的发行中确实存在欺诈。有些胫骨贴膏的发行人从未打算要承兑。但在正统经济中，也会发生同样的事情：合法的银行经常超发纸币。胫骨贴膏的"问题"进一步揭示了货币、社群和民族主义之间的复杂关系。胫骨贴膏是社群交易的一种形式，几乎不可能被摧毁。它代表了一种能够替代白人民族主义、精英统治，甚至可能是替代资本主义交易本身的选择。胫骨贴膏源于社群的、庶民的经验。试图消灭它的尝试，反映了一种要令这些社群服从于等级制度和秩序的民族主义冲动。

相互债务与社群

我们可以在人类学家大卫·格雷伯（David Graeber）的著作中找到这一论点的理论支持。在《债：5000 年债务史》（*Debt: The First 5000 Years*）一书中，格雷伯借鉴了关于礼物的人类学文献，将债务视为一种相互关系而非竞争关系，认为它是人类生活基本社会性的一部分（Graeber, 2011）。在日常生活中，所有人与其父母、配偶、朋友、邻居之间都存在债务关系：向邻居借割草机，你就欠了他的债；临时帮助邻居照顾小孩，他就欠了你的债。债务是社会生活的一部分。此外，格雷伯还指出，无论是历史学家还是经济学家，都没有找到传说中的"以物易物"经济——即人们不借助货币，完全以商品交换其他商品——的实际例子。相反，在前现代社会，人们的脑海中始终保留着复杂的相互负债意识：A 欠 B 数量为 X 的债，B 欠 C 数量为 Y 的债，C 又欠 A 数量为 Z 的债。我帮你修围墙，希望作为回报，你的妻子能够给我的孩子接生；你的女儿帮助我处理了家里的急事，希望我的儿子能够给你提供同样的帮助。格雷伯坚持认为，想要逃避这些债务的念头是反社会的，实际上是在回避社会。例如，想象一下，你的母亲打电话让你帮忙搬家具，有谁会说，"对不起，妈妈，我欠你的债十年前就还清了"？这样的对话可能真的会发生，但这是大事不妙的迹象。

对格雷伯来说，以货币的形式重塑社会性债务，并把它想象成你可以逃避，或是利用法律迫使某人偿还的东西，是一种深刻的道德转变。"将债务界定为刑事犯罪，"他写道，"就是将人类社会的基础界定为刑事犯罪：

> 通常，在一个小社团里，几乎所有人都既是贷方也是借方，这一点已经无须再强调。一旦人们发现，通过足够聪明的阴谋诡计，也许再加上一点策略上的贿赂，就可以将几乎所有自己憎恨的人送入监狱乃至送上绞架，那么便可以想象，社群中存在多大的紧张关系与诱惑——尽管社群以爱为基础，但事实上正因为如此，其中也总是充满了仇恨、竞争与激愤。"（Graeber, 2011: Kindle locations 7070–3）

从这些角度来描述交易关系，突出了交易本身在很大程度上始于互联性和互惠性：交易的基础始终带有相互性和社群主义，而不是竞争性和个人主义。礼物经济有其消极的一面：接受礼物会使收礼者陷入义务的循环，而礼物可以成为威胁的武器。但是格雷伯认为，试图"还清债务"并摆脱互惠循环，则成了一种与社群深度脱节的标志。

格雷伯进一步将标准货币形式的兴起和逃避债务的想法与民族主义侵略联系在一起。在标准的经济学文献中，货币的出现是因为以物易物太过笨拙：你想买布，而手中只有苹果可以用来交换，但布商并不想要苹果。格雷伯说，在前现代实践中，布商之所以给你布，是因为他知道日后他会要回苹果（或其他东西）。他的心里有一本账，你也一样。历史学家和经济学家都未曾发现经济学家所设想的那种以物易物经济的实例，相反，他们发现人们陷入了相互负债的复杂社会关系。"但是，'以物易物的神话'不会消失，"格雷伯总结道，"因为它是整个经济学话语体系的中心。"（Graeber, 2011: Kindle locations 871-2）。以物易物的神话将货币自然化，使它看起来像是一种必然的产物，就像火和轮子的发明一样：以物易物的故事将货币作为人类关系去人情化的方式这一身份合法化。但格雷伯仍坚持认为，重要的是要记住，"货币没有实质。它不是'真实的'东西；因此，它的本质一直是，也可能永远是一个政治争论"（Graeber, 2011: Kindle locations 7841-7842）。

格雷伯关于货币历史的观点遭到了批评和质疑，但其关于货币和社群交易的核心观点却完全适用于胫骨贴膏，因为它们在庶民社群中流通，这些社群有着一系列共同的问题和价值观，并且与民族主义目标的关系往往极端紧张。胫骨贴膏反映了民族国家的焦虑，特别是对其无力建立对交易条件的霸权控制的焦虑。

我们可以以马里兰州巴尔的摩的 T. W. 贝顿（T.W. Betton）为例，他的工厂生产衬衫、衣领和制作衬衫用的"库存"布料。1839 年，《太阳报》发表了一篇谴责贝顿的短文，标题是《害虫》。《太阳报》将他比作"虫子和爬行动物"，因为他"试图爬入政府的高级特权——货币管理——之中"。当时，贝顿正在印刷自己的胫骨贴膏。《太阳报》刊登了有关纸币的摹本，其发行价格为 6.25 美分（见图 4.1）。其上印有衬衫图案，这些衬衫摊在"一堆碎布上，持有签名凭证的人可以在他的工厂兑换 6.25 美分"，签名为"T. W. 贝顿，总裁"[14]，《太阳报》这般公开羞辱贝顿。

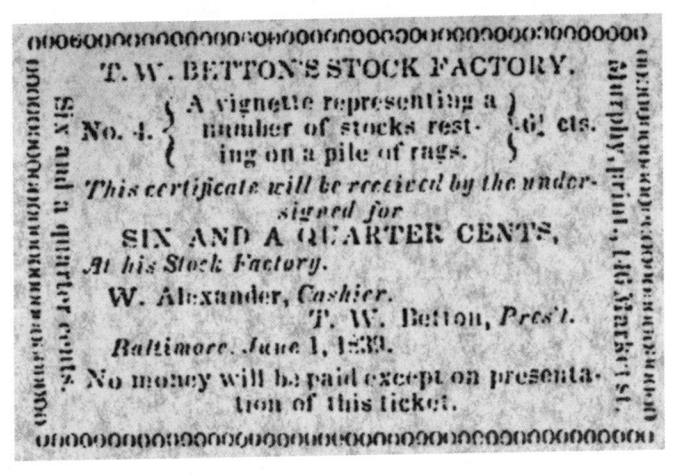

图 4.1　胫骨贴膏钞票复制品，《巴尔的摩太阳报》，1839 年 6 月 13 日
来源：美国华盛顿特区国会图书馆

次日，贝顿就写了一封回信。他解释说，这些凭证"不是作为法定货币而发行的"，也就是说，它们不是货币；"只是为我自己和那些为我工作的人行方便。"他接着说，四年多来，每一张凭证都是他亲手写的。"但是有三四百名女性为我工作，"他继续说道，

"每天都要开一百多张凭证,实在是不方便。"于是,他将它们印刷出来,他补充说,"作为'工作证明',以便在双方都方便的时候对其进行兑换"。[15] 贝顿认为这种胫骨贴膏是一种便利的工具,而不是货币的替代品,尽管它们显然履行了货币的大部分职能。

这封信并未说服《太阳报》。就在同一天,他们谴责贝顿是"'破布大王',不满足于从那些收入微薄的贫穷妇女所生产的存布中榨取可观的利润,他还当起了银行家,发行了大量胫骨贴膏,拿这些东西蒙骗那些女工"。纸币常被称为"破布钱"(rag money),也常被比作破布;但称贝顿为"破布大王"也让人们注意到他本人就是布料和衬衫制造商——他所从事的行业就是后来的"服装业"①。《太阳报》在无意中指出,贝顿的"破布钱"以能做成衬衫的真正的"破布"为支撑。就像上文提到的卖鳕鱼和鲱鱼的小贩所发行的胫骨贴膏一样,"破布钱"模糊了其所代表的人和所代表的物之间的界限。在此过程中,胫骨贴膏引发了一系列有关交易、价值和货币本质等令人不安的问题。

"他们不打算欺骗整个社会,"《太阳报》用嘲弄的口吻解读贝顿的话,"他们只打算欺骗三四百名贫穷的妇女。""监狱应该是他的住所,"文章接着写道,"而让他安睡的催眠曲,则是寡妇的眼泪,是孤儿吵着要面包的哭喊。"[16] 一段时间内,《太阳报》始终保持着这样的行文风格,认为自己是被压迫者的捍卫者。但对编辑们来说,贝顿的罪恶不在于这些妇女的收入有多微薄,而在于他付给她们的是胫骨贴膏,而在一个高度封闭的经济体中,破布被制成衬衫,而制作衬衫的劳动又转化成"破布钱"。

---

① 原文为"the rag trade",直译为"破布贸易"。

1839 年，贝顿拥有一家相当大的工厂，雇用了多达 400 名妇女。她们的工资很像 20 世纪可以在公司商店里使用的"公司代金券"，但在 1839 年，这种代金券却被用作另一种可流通的当地货币。为什么贝顿要用票据而不是货币来支付工资呢？

这又与 1839 年混乱的货币供应有关。赛思·罗克曼（Seth Rockman）在《勉强度日》（*Scraping By*）中谈到巴尔的摩时提到：

> 货币给工薪家庭带来了最初的挑战——不仅因为货币短缺，还因为流通的货币种类繁多，其价值波动、可兑换性也各不相同……巴尔的摩的数十家银行、酒店和商铺发行的纸币面额不尽相同，最低的仅为 3 美分。根据来自工人阶级的批评人士的说法，许多雇主每周六都会去货币市场，以低于票据面值的价格购买一些票据，用以在周末支付工人的工资……劳动人民不得不决定好应该在何时、何地使用他们的"好"纸币或硬币，否则就得与房东和店主就问题纸币的价值进行协商。（Rockman, 2009: 174）

按照官方的说法，只有黄金或白银才是真正的货币。但根据盛行的"格雷欣法则"，如果人们拥有两种形式的货币，他们就会花掉价值较低的货币，而囤积价值较高的货币。如果贝顿有黄金或白银，他就会把它们存起来，用于其他指定使用金银的交易。他为什么不用当地银行发行的纸币支付工资呢？就说一点，货币经常短缺，这个想法听起来既熟悉（谁不希望自己有更多的钱呢？）又奇怪。我们可能没有自己想要的那么多钱，但纸币或电子比特和字节并不短缺。与黄金紧密挂钩的货币供给是有限的，并且也不具备"弹性"：黄金尚未开采或藏于别处的金库，或已用于支付其他地方的季节性需求,或正在运往英国和法国债权人处的途中。你努力工作、努力发展,但人们没有钱付给你,即使他们也在努力工作、努力发展。在这种情况下,货币无论在表面上还是实质上,确实都是稀缺的,并且借钱的成本高昂。因此,"美国人民在内战前和战时面临严重的现金短缺,为了填补空缺,商人、非银行机构和市政当局都在自己印刷纸币"(Greenberg, 2015: 56)的现象屡屡出现。

E. P. 汤普森早就对工人阶级社群所采用的替代经济策略发表过评论。例如,他指出怀表是交换的对象。"计时器是穷人的银行,是对储蓄的投资;在经济不景气时,它可能会被卖掉或典当。"怀表不单是计时器,还是储存价值的手段和交换工具,是标志着庶民经济的一系列复杂策略的一部分——此种经济中相互依存的关系,就像镀金时代的公司董事会中环环相扣的关系一样明显(Thompson, 1967: 70)。胫骨贴膏作为一种非正统的货币形式,也表现出同样的创新的非正统性。正如钱币学家理查德·多蒂所指出的那样,"面对不断超过正统货币供给的经济,美国人一如既往:他们用一种非正统的货币作为回应"(Doty, 1998: 86-8)。《纽约时报》称,"当10美分硬币短缺的时候",胫骨贴膏"有充分的理由成为一种流氓式的解决方法。一些老实的生意人把它们当作零钱用以找零,但也只是找给老顾客,因为他们肯定会在一周内回来把它们花掉"。[17] 也就是说,快餐店会将胫骨贴膏作为零钱找给顾客,因为店家知道这些纸币很可能第二天就会流转回来。事实上,胫骨贴膏零钱可以帮助商家赢得回头客,并形成一个社群。胫骨贴膏既是一种临时货币,也是社群互惠的标志。在这种情况下,如果贝顿可以轻松地发行自己的胫骨贴膏,为什么还要设法寻找货币来支付工人的工资呢?

他的员工也可能不会因此而处于劣势。他们可以用这些胫骨贴膏兑换其他可能更合法的货币，或者去当地的商店消费，因为店主们知道他们可以到贝顿的出纳那里兑换这些胫骨贴膏。持票人有权获得 6.25 美分。任何持票人都可以在贝顿的工厂把胫骨贴膏兑换成其他货币。因此，如果他的一位女工去肉店，她可以支付给屠夫一张贝顿的胫骨贴膏。屠夫可能会接受，也可能不会。他可能会折价收下，比如把它算作一张 5 美分而不是 6.25 美分的纸币，然后亲自去贝顿那里进行兑换，希望借此赚得一些利润。为什么这位女工要拿这样一张票据，而不是其他形式的货币？在这个问题上，她可能没有选择的余地，或者，与其他流通的货币相比，贝顿的胫骨贴膏在当地更好用：折价更少，当地商人对它的疑虑也更少。又或者，这些女工可能自己也在进行套利交易：使用贝顿的凭证进行交易，希望能以此得到其他更好的货币，然后在其他地方使用。

以现代标准来看，这种情况似乎很荒谬，但它非常明确地指出，交易具有地方性和社会性；在精英统治之外，还存在一种庶民经济。历史学家罗伯特·甘布尔（Robert Gamble）写道，"归根结底"，这种"混杂的经济"所带来的"威胁"是它"能够建立当局看不见、摸不透、无法介入的庞大的商业网络"（Gamble, 2015: 42）。如果把贝顿认作好人，那就错了：他只是试图用自己制造的、能给自己带来便利的纸币支付工人的工资。如果低估巴尔的摩工薪阶层妇女所经历的极度贫困，也是错误的。然而，如果忽略胫骨贴膏划定职业妇女群体的方式，同样是错误的。对她们来说，货币的价值并非来自其基本属性或是政府的权威，而是来自同辈对她们劳动的社会认可。贝顿特别提到，纸币是实际劳动的象征，也就是说，它代表着有形的人类劳动，并使之便于携带。他的纸币上有一幅画，画的是放置在一堆布料上的衬衫，两者都是由持有这些票据的人制造的。

《太阳报》听闻这种说法后,甚至引用了贝顿的话,说这些票据是"她们所付出的劳动的证据"。但《太阳报》对此根本不屑一顾,并且在表示同情的同时,其反对的显然不是低工资本身,而是用胫骨贴膏支付的低工资。《太阳报》在文章开篇公开抨击了贝顿,谴责他"试图爬入政府的高级特权——货币管理——之中"。胫骨贴膏标志着白人男性民族主义和国家监管当局的失败。

货币和民族主义

凡是金钱易手的地方,民族主义就会失败。到1838年,美国铸币厂下有四家机构发行"官方"美国硬币,这些硬币构成了美国的"真正货币"。但美国人似乎始终觉得这些货币不够用,除了上面提到的大量纸币外,他们依然在日常生活中大量使用西班牙、法国、巴西和其他拉美国家的硬币。未经许可舶来的硬币使美国本土经济显得不合法,或者说不体面。

例如,在托马斯·萨特怀特·诺布尔(Thomas Satterwhite Noble)的画作《血的代价》(*The Price of Blood*, 1868)中,我们看到一个富有的奴隶主穿着华丽的晨袍和便鞋坐在一张桌子旁,犹如一位东方君主。他正在听身着朴素黑衣的奴隶贩子大声宣读贩卖奴隶的协议。一个穿着简单的混血奴隶赤脚站在左边:诺布尔想告诉我们,这个奴隶就是奴隶贩子的儿子。

言归正传,让我们来关注一下货币本身:诺布尔希望我们能够看到它。桌子上有一堆看似相同的金币,但其间也混有少量价值明显不同的其他金币。奴隶主/父亲在地板上堆放了各式各样的纸币:我们可以假设其中既有钞票,也有被认为一文不值而被拒收的尺寸较小的胫骨贴膏。诺布尔是一位反奴隶制的肯塔基人，他想要强调这笔交易的卑劣性和不正当性。为此，他把纸币撒在地板上，以表明各方都在费力地使用混合货币。桌上的混合货币，就像奴隶主具有东方特色的睡袍一样，影射了混合型国民经济；同样，混血奴隶也影射了种族隔离的失败。奴隶主颓废的东方主义则凸显出，非法的商业和性行为与商业和个人的滥交相关。

出于必要，美国内战前，外国金银币一直是法定货币。这种情况让美国人感到尴尬，也让外国人觉得好笑。"古巴的流通货币，"一名英国旅客在1840年指出，"完全由贵金属构成。因此，当从这个岛国进入邻近的北美联盟时，两地之间的对比非常鲜明，不过，两地当然都偏爱达布隆币。"他总结说，古巴的经济令"北美游客如释重负，他们早已习惯与本国形状各异的零钱打交道，而那些肮脏的破布钱有个通用的名字——'胫骨贴膏'"（Turnbull, 1840: 87–8）。英国小说家、海军军官弗雷德里克·马里亚特（Frederick Marryat）写道：

> 现在在美国，每个人都是自己的银行家。剧院和公共娱乐场所找给你的不是零钱，而是财政部打的白条。旅馆和牡蛎酒馆也是如此。要一杯掺水的白兰地，找零是十五张券，每张都能"换一杯掺水的白兰地"。在牡蛎店里点一盘牡蛎，你可以拿到七张券，每张都可以换一盘牡蛎。到处都是这样。理发师会找给你好几张理发券；如果街上有乞丐，我想他们也会找给你可用于慈善事业的券。一般情况下，商人都会发行自己的纸币，或者说所谓"胫骨贴膏"。[18]

1843年，苏格兰人詹姆斯·拉姆斯登（James Lumsden）以"商人"

的身份游历美国。他去了巴尔的摩，正如我们所看到的那样，在那里有名望的人反对使用胫骨贴膏。他描述了在庶民社群行政区看到的一大片真空区域，"但是，唉！预期中的城市几乎没有一栋建筑出现——这是纸币和胫骨贴膏泛滥的可悲证明"（Lumsden, 1844）。在世界的眼中，胫骨贴膏让美国民族主义蒙羞，但美国人还在继续使用它们。

在涉及胫骨贴膏的法律问题上，美国人常常感到困惑。就像本文开头提到的华盛顿特区一样，许多城市通过了相关法律，将发行小额纸币定为非法行为。在多起案件中，有人因偷窃胫骨贴膏而被捕，但法院却无法判定这是否构成真正的犯罪行为。如果这些纸币是非法的，那还有偷窃的说法吗？而胫骨贴膏绝对是一种地方性实体："即使法官对非法使用纸币的行为提起诉讼，他们也会发现工作很难开展，因为一旦离开当地市场，胫骨贴膏的即时交换价值就会消失。"例如，1838 年，在宾夕法尼亚州特拉华县，"一个人因偷窃了一本装着两张 50 美分纸币的皮夹而被传讯。法院判定他偷窃了皮夹，但是没有偷窃纸币，因为这些纸币是违法发行的，所以拿走它们并不构成违法行为"（Greenberg, 2015: 69）。

此外，如果它们的价值如此之低，那是否意味着它们实际上微不足道，因此偷窃胫骨贴膏就不算犯下值得注意的罪行？纽约州巴达维亚市的一名男子因偷窃纽约州罗彻斯特市一张面值两美元的胫骨贴膏而被捕。法官宣布犯人"没有偷任何东西"，所以他"被释放了"。历史学家乔舒亚·格林伯格（Joshua Greenberg）如此总结："这样的案件证明胫骨贴膏在美国社会中的法律地位十分模糊，在金融危机期间尤是如此。需求推动了纸币的诞生，几乎没有人希望阻止它们的流通，因为它们为赋予其价值的当地社群提供了不可或

缺的服务"。（Greenberg, 2015: 69）

最后这句话指出了一个关键的事实：那些流通并接受胫骨贴膏的人根据自己的标准而赋予它们价值。《太阳报》认为贝顿的纸币是欺诈和行骗的标志，但我们也可以简单地把它们看作相互关系、信任和社群的标志，以及非官方交易和互惠网络的一部分。胫骨贴膏经常被用作移动广告，但它也是共同利益和友谊的标志。例如，美国国会图书馆（Library of Congress）藏有一张由纽约市雪松街（Cedar St.）北 10 号一家名为 P&O（Pearl & Obrieght）的烟草公司发行的 10 美分胫骨贴膏（见图 4.2）。这张标有"烟草货币"字样的纸币上还印有乔治·华盛顿的肖像，公司承诺一张贴膏可以兑换"一包"烟草。[19]

图 4.2 商业胫骨贴膏货币，1863 年
来源：美国华盛顿特区国会图书馆

胫骨贴膏让人想起历史上曾出现的另一类货币。殖民地时期，弗吉尼亚人常将"烟草票据"作为货币使用。政府官员会检查烟草作物，然后签发证明其质量和重量的票据。这些"烟草票据"会作

为货币流通。P&O 的烟草纸币延续了这一传统，只不过没有第三方，即外部权威机构证明烟草确实存在。这些纸币在如格雷伯所言的信任和互惠社群中流通。P&O 的老顾客都知道烟草商认可这些票据；此外，P&O 票据的流通还标志着存在一个业已形成一套行之有效的交易关系的顾客群。胫骨贴膏满载着其在流通过程中所经之地的当地经济价值。俄亥俄州的《西储纪事报》(Western Reserve Chronicle)曾在 1862 年指出，"只要不歇收，明年 7 月，就可以用纽约州西部的一些胫骨贴膏在尤蒂卡市换取草莓"。显然，这种胫骨贴膏在那些对当地草莓作物和生产草莓所需要的劳动力抱有信心的人之间流通。[20]《太阳报》不屑地刊载了"沃克斯霍尔酒馆"(Vauxhall Drinking Institution)用作找给常客的零钱的胫骨贴膏（见图 4.3）。

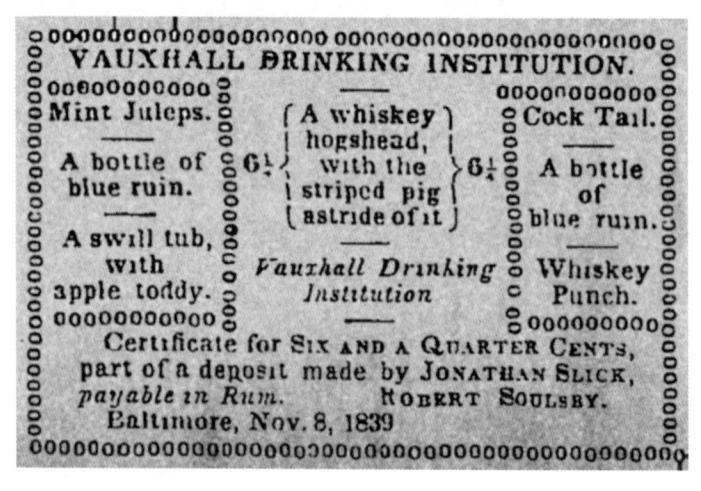

图 4.3 胫骨贴膏钞票复制品，《巴尔的摩太阳报》，1839 年 11 月 21 日
来源：美国华盛顿特区国会图书馆

"对'懒汉和笨蛋'来说，这当然是一种好货币，"《太阳报》

对此嗤之以鼻,"因为它们承诺支付给持有者比硬币更有价值、比金银更令人向往的东西。"[21]《太阳报》借此嘲笑这些顾客,但它也再次指出,胫骨贴膏既代表庶民社群,也代表一种另类价值体系:光顾同一家烟草店的人,对邻居的草莓作物充满信心的人,珍惜在沃克斯霍尔酒馆的相聚时光的人。

从威廉·韦尔斯·布朗(William Wells Brown)令人难以置信的叙述中,我们可以更清楚地看到这一点。他在19世纪30年代逃离了奴隶制,后来在美国和英国成为一名作家和反奴隶制的演讲者。布朗去了伊利湖畔的密歇根州门罗镇。一到那里,他就问当地的一位理发师自己可否在他的理发店工作。被拒绝之后,布朗决定自己创业。他设法在一栋大楼里租了一块地方,摆了几把椅子,还立了块牌子,自称是"来自纽约的时尚发型师,西部帝王"(Wells Brown, 1852: 99)。

我们必须要记住,在这个故事中,布朗是一个逃跑的奴隶,可能会被抓捕并遣返,而且他没有朋友或家人。门罗镇的人口只有约1700人,但来自伊利湖的人流量相当可观。布朗继续说道:

> 那时候,只要能筹集到少量的钱,任何人都可以建立一家银行,并且可以发行四倍于所筹金额的纸钞。在这种情况下,许多人在应付了银行检查员之后,立即将借来的钱还了回去,因此他们的银行金库里一个子儿也没有——如果确实有一个金库的话。

这些银行通常被称为"野猫"银行。"银行在西部各州遍地开花,"布朗说道,"一文不值的纸币在全国泛滥。"这些不值钱的纸币包括"价值从6美分到75美分不等的纸币;它们即所谓'胫骨贴膏'"

（Wells Brown, 1852: 99–100）。

"独立经营几个星期后，"布朗继续说道，他的一位顾客告诉他，"帝王，你的生意看起来很兴隆。你应该像其他商人一样，发行自己的胫骨贴膏。"布朗回忆道，"从那一刻起，我开始认真地考虑成为一名银行家"（Wells Brown, 1852: 100–101）。

他去印刷商那里选了一些设计图样，一天之后收到了一叠总共价值 20 美元的纸币："签完字后就可以流通了。通过顾客们的帮助，加上我自己的努力，我的纸钞很快就流通起来了。我几乎把收到的钱全都花在店铺的装修和装饰上了。"（Wells Brown, 1852: 101）在此，我们应该注意到，这些纸币的流通离不开布朗所付出的相当大的努力，此外，还离不开那些愿意为他说话的人的帮助：这需要社会声誉。但通过印刷自己的货币，布朗筹集了装饰店铺所需的现金。他通过个人说服力让自己发行的纸币流通起来，包括他作为当地发型师的声誉以及他的个人魅力。我们可以假定——尽管布朗没有具体说——他所服务的社群主要是非裔美国人。

但布朗很快就发现了胫骨贴膏的弊端。"有一天，"布朗回忆道，"我正坐在桌前磨着刚刚用'胫骨贴膏'换来的新剃刀，一个陌生人走进来说道，'帝王，你能帮我把你发行的这些纸币换成别的钱吗？'"（Wells Brwon, 1852: 102）这个过程被称为"赎回"：用比纸币更可靠或更有价值的东西"赎回"自己发行的纸币。合法银行也会经历同样的过程。任何银行都害怕"投机客"拎着装满纸币的提箱，要求银行将这些纸币兑换成黄金或白银，因为没有哪家银行的金库中有足够的金银硬币来赎回它发行的所有纸币。[22]

布朗做了那个时代的人都会做的事："我立刻用手上最不值钱的野猫币兑换了这些纸币，不过野猫币也是一种合法的货币。"与

19世纪30年代的生意人一样，布朗的钱箱里装满了不同银行或非银行机构发行的各种各样的钱，它们的稳定性和价值各不相同。他很快就把手头最差的钱付给了那个陌生人。但几乎就在同时，另一个陌生人出现了，他手里也拿着一叠布朗的胫骨贴膏，要求兑现。"这些胫骨贴膏都兑现了，但很快来了第三个手中满是胫骨贴膏的人。尽管我的口袋里只剩下半美元，但我还是带着胜利的神情兑付了那些胫骨贴膏。"（Wells Brown, 1852: 102）就在他以为自己或许已经挺过这场危机时，他看到第四个人正拿着一叠胫骨贴膏过马路。"我立刻关上门，望着窗外说，'今天已经歇业了，明天再来吧，明天见'。"这时他看到马路对面的理发师正在咧着嘴，拍手称笑。原来是布朗的竞争对手专门派人去他那里赎回胫骨贴膏，他差点因此破产。"这一天，我彻底成了'完蛋的布朗'。"这位"帝王"说道（Wells Brown, 1852: 103）。

在这里，我们将胫骨贴膏视作穷人个人信用的来源。布朗说服一群认识他的人接受他的纸币。他们之所以接受这些纸币，是因为他们了解布朗，推崇他的技能和进取心。卖剃刀的商人会接受布朗的胫骨贴膏，是因为他知道他的顾客也会接受这些贴膏作为零钱用以找零。布朗本人也必须接受这些纸币：如果你在店家找零时收到一张布朗的纸币，你就可以用它去布朗那里理发。你也可以让他"赎回"这张纸币。布朗在那些愿意帮助他发展的人群之中发展，但同时也是在他们的怜悯和宽容下发展。正如格雷伯所描述的那样，布朗所倡导的互助和信任的圈子被理发师对手兑换"真金白银"的要求打破了。

根据布朗的描述，关门后他从商店后门溜出去找朋友咨询。"他哈哈大笑，然后说，'你们必须像美国这个地区的所有银行家一样……

如果别人拿着你的纸币要求兑换，你必须赎回它们；然后再把它们流通出去，换些别的钱回来，然后再用后者继续兑现自己的胫骨贴膏。'""我立即把刚刚赎回的胫骨贴膏投入流通，"布朗写道，"我的努力获得了巨大的成功，那晚临睡前，我的'胫骨贴膏'又重新实现了流通，我的银行再次得以平稳运营。"（Wells Brown, 1852: 103–104）

很可能布朗在某种程度上言过其实了，但他也准确描述了胫骨贴膏在实践中的运作方式。在这个故事中，胫骨贴膏完全以自我为参照：没有"仲裁者"或价值标准，也没有外部权威的认证，只有它本身所代表的东西作为支持。胫骨贴膏象征着劳动和品格，而这些本身就是可变的；胫骨贴膏并不象征政治权威或黄金的"自然"价值。布朗的纸币体现了他的魅力、干劲儿和潜力：它们也代表了他将要付出的实际劳动。它们是他为自己所做的广告，是他自我的延伸，但它们只在认识布朗或了解他的群体中有效。它们是危险的颠覆分子，因为在这个故事中，它们允许布朗——一个几乎一无所有的逃亡奴隶——抛头露面并开了一家店。布朗从未在这个故事中提过种族问题，但在他的叙述中，在一个深深信奉白人至上主义的国家，胫骨贴膏使白人至上的政治体制及其在经济上遏制黑人的目标变得无关紧要。

胫骨贴膏和庶民的野心

胫骨贴膏冒犯了精英阶层，因为它相当于要求人们将它考虑在内，并且绕过了评价标准。它使关于价值和成就的判断复杂化。在纯粹的硬币经济中，一个人要么有钱，要么没钱：他的身份、行为方式和长相通常都不重要。在胫骨贴膏经济中，同一个人可以说，"好吧，我没有那个，但我有这个——你要吗？"胫骨贴膏不是被标准的货币形式去个性化的纯粹理性计算，相反，胫骨贴膏会赋予交易个性化特征。这再次印证了格雷伯关于货币的观点，即货币是一种打破人类社会相互依存关系的方式。"资本主义的故事，"格雷伯写道，"是信贷经济转变为利益经济的故事；是道德网络因冷漠——而且往往具有报复性——的国家力量的侵入而逐渐转变的故事。"（Graeber, 2011: Kindle locations 7028-30）接受布朗的胫骨贴膏，就意味着承认他的雄心和能力、他的潜力，以及他对你人性的要求。

如果说受人尊敬的当局因为胫骨贴膏能够让庶民群体逃避管制而憎恨它，那意味着他们也把胫骨贴膏看作庶民群体的一部分，或是有助于维系庶民群体的一部分。正如本章开篇所讨论的那样，人们通常认为胫骨贴膏是另类经济的一部分，在此种经济中，可能会发生一些为合法经济所禁止或限制的事情。

随着时间的推移，"胫骨贴膏"这个词的意义开始发生变化。最初，"胫骨贴膏"是指由个人和企业发行的小面额私人纸币。后来，"胫骨贴膏"的词义逐渐开始包含各种价值存疑的纸币。"到19世纪50年代，'胫骨贴膏'一词被用来定义任何人们对其缺乏信心的劣质纸币。"（Greenberg, 2015: 74）美国内战加剧了混合经济的问题。联邦和南部同盟都通过发行纸币来为战争筹款。北方发行了著名的"绿钞"，即法律强制规定在任何支付中均不得拒收的法定货币。联邦政府发行了小面额的"辅币"。即使得到了联邦政府的支持，这些低面值的纸币通常也被称为"胫骨贴膏"。1863年，联邦政府还顶着公众的反对允许非裔美国人在美国军队服役。林肯的反对者经常将内战时期的法定纸币与"黑人士兵"混为一谈。两者都试图凭空创造价值，或者逃避对价值的自然约束。就这一方面而言，胫骨贴膏和纸币便成了种族平等的代名词。

一名俄亥俄州的报纸编辑对征兵颇有微词，写道："过去，我们以为征召民兵是为了保卫国家，而不是入侵外国……现在我们真搞不清楚事态，因为黑人已经变成了白人，而纸质的胫骨贴膏也变成了一种法定货币。"（Robinson, 2012: 45）穿上军装、"变成白人"的黑人与纸币类似。"为了融资，发行绿钞；为了战争，招募黑人。"纽约的一家报纸讽刺地抱怨道。[23] 南方的幽默作家乔治·巴格比（George Bagby）声称："自由的黑人是怪胎，是悖论，是没有肌肉的手，是被截肢的腿，是玻璃眼球，也是无法流通的胫骨贴膏。"（Bagby, 1885: 174）将获得自由的奴隶比作毫无价值的胫骨贴膏，重申了胫骨贴膏标志着一个独立交换社群的观念。

胫骨贴膏经常出现在那些白人画着黑脸模仿美国黑人的黑人剧中。黑人剧无疑是内战前美国最受欢迎的娱乐形式。它既体现了白人至上的观念和对庶民的蔑视，也包含了认同感和欲望等更为复杂的情感，并且它常常凸显真实事物（黑人）与表象（化妆成黑人的白人）之间的紧张关系。从这个意义上说，黑人剧重现了金钱本身所固有的紧张关系，以及表象（胫骨贴膏、美元、硬币）及其所代表的事物之间差异的模糊性。不出所料，胫骨贴膏和纸币在黑人剧中反复出现，在美国内战时期尤是如此。

1863年，胡利的黑人剧剧团公布了他们在美国内战期间表演的一些曲目。在《桑博的意见》（"Sambo's Opinion"）中，一个角色描述道，"一天，我在报纸上看到，为了扩大军队规模，国会已经制定了一项法律，征召黑人"。之后，这首歌将非裔美国士兵与毫无价值的纸币和胫骨贴膏联系起来：

现在没有白银，

除了许多邮票

金钱已经流走，

绿钞被剪作两半；

胫骨贴膏正在泛滥，

其中大多一文不值；

我怀疑它们会被折价

换成士兵的纽扣，在不远的未来。[24]

在这首歌中，一个画着黑脸的白人吟唱了颠倒的价值观：身穿军装的黑人和胫骨贴膏象征着对价值和社会地位的重新协商；士兵的纽扣可以当钱用。在一场关于是否招募黑人加入联邦军队的著名辩论中，弗雷德里克·道格拉斯（Frederick Douglass）[①]坚持认为："一旦让黑人佩戴上'美国'这两个黄铜字，让他换上雕有白头海雕的纽扣，肩上扛起一把火枪，兜里揣上几颗子弹，那么世界上就不再有任何力量能否认他已经赢得公民权利。"[25]"桑博"猜测"士兵的纽扣"也许会变成钱；道格拉斯坚持认为，"雕有白头海雕的纽扣"会让非裔美国人获得平等的公民身份。在这两种情况下，价值都来自公共服务和对于该服务价值的认可，而不来自任何基本的财产。我们可以再次看到为什么胫骨贴膏会触怒正统观点——它不仅使货币价值，还使社会价值和身份认同成为有待重新协商的问题。

正如迈克尔·杰尔马纳（Michael Germana）所指出的，"在战前黑人剧中，人们借用胫骨贴膏，以诙谐的讽刺来评论其本身所采

[①] 弗雷德里克·道格拉斯（1818—1895），19 世纪美国废奴运动领袖，杰出的演说家、政治活动家、作家。

用的诡计，嘲笑这些角色的抱负……他们想要寻求人性的认可"。他写道，在黑人剧中，"胫骨贴膏""代表'黑人'"（Germana, 2009: 35）。在林肯的批评者看来，庶民经济现已成为普遍经济。"胫骨贴膏已经够糟糕的了。"另一首歌这样唱道：

> 这就是叛军使用它们的时刻；
> 那些黑人的信徒们也是如此，
> 结果它们泛滥成灾，
> 成为我们多种多样
> 灾难的高潮，
> 我们必须使用一分、两分
> 和三分的胫骨贴膏。

也就是说，曾经只在"黑人的信徒们"之间流通的低面额胫骨贴膏和纸币如今已成为常态。这首歌继续唱道：

> 接下来会是什么？黑人军队
> 或是与此类似的可憎之人；
> 因为黑人已经与我们平等
> 在各州之中和这个国家里。[26]

这首歌将非裔美国士兵这些"可憎之人"视作继发行"廉价"辅币之后的又一合理举措。如果胫骨贴膏赋予了交换个性化特征，并允许庶民创造自己的信用，那么协商的边界又在哪里呢？

美国内战终结了胫骨贴膏和纸币的发行。联邦起初对其发行征税，然后将其定为非法。尽管在货币的本质及其是否必须以硬币为基础等问题上一直存在争论，联邦政府垄断了货币的发行，而且在很大程度上，它对货币价值的管制一直维持到了今天。

胫骨贴膏向我们展示了一个另类的经济世界，在这个世界里，底层阶级——妇女、有色人种、穷人——设计了他们自己的交易工具。这些工具之所以能够发挥作用，是因为处于类似困境的人们同意接受它们。胫骨贴膏和纸币代表了一个由穷人和"声名狼藉"的人所组成的社群，他们努力维持生存、改善生活。它们代表了对传统价值体系的挑战：它们的存在本身就是一种挑战，同时也是对个人的挑战，呼吁对其使用者所在的群体及其人性的认可。每一张胫骨贴膏都承载着关于其发行者的价值、劳动、抱负和潜力。在这个意义上，它们代表了社会的拉力。正统经济学设想了一个去个性化的交易世界，在这个世界里，拥有"真正的货币"就能回答所有关于其持有者人格的问题。胫骨贴膏迫使个人和社会进入一个试图消除这种设想的世界。

胫骨贴膏的持久性

我们现代的货币形式是渴望标准与坚持社群的奇怪组合。撰写本文时，美元仍是国际汇兑的标准货币，是与其他货币进行比较和估值的"记账单位"。美元的霸权地位标志着美国在"二战"后的几十年里所处的优势地位，以及由美国军事力量所维持的自由世界秩序的强大力量。与此同时，美元不再与黄金挂钩：其价值来源是美国的军事实力和国民生产总值。换言之，美元可以被看作胫骨贴膏货币的延伸：一种自我印刷的货币形式，其价值来自对其所代表的社群和人民的价值的普遍认可。金本位制的倡导者常常坚持认为，美元"没有任何基础",但社群是真实的,个人的劳动和创造力也是真实的,事实上,这些可能是所有价值的源泉。胫骨贴膏的历史提醒人们,价值在很大程度上是在彼此依存的社群中产生的。[27]

第五章
Chapter 5

货币、艺术与表现形式：
"这仅是一个气球"——货币文化史中的见闻和讽刺

尼基·马什（Nicky Marsh）

2011 年底，维珍理财（Virgin Money）在英国成立，成为一家新的金融服务供应商。同期推出的广告——"如今，拥有 40 年辉煌历史的维珍集团已进入银行业"——以维珍品牌与旗下交通工具产品之间的紧密联系为核心。广告从"维珍银河太空船"[①]在星空中飞驰的未来畅想过渡到"维珍热气球"自英国乡村缓缓升起的怀旧意象。热气球继而浓缩成一个红色气泡，成为维珍理财（以前是维珍直线）的主导视觉形象，出现在其商业街店铺的广告牌和信用卡上，并构成其单一视觉标志的基础。气泡包裹岩石的意象蕴含着深刻的讽刺，即维珍理财从政府手中买入了由住房互助协会改制而成的北岩银行（Northern Rock），而在此之前，这家银行刚刚因为英国 150 年来

[①] 维珍银河太空船是世界上第一架商业太空船，由维珍银河公司推出。2021 年 7 月 11 日，其创始人布兰森乘坐维珍银河太空船成功实现了全球首次商业太空旅行。

首次出现的银行挤兑接受了政府的纾困。维珍理财似乎在无意中对当代金融的抽象性和投机性，以及英国政府未能应对那些如今已是板上钉钉的危机等现象，做出了带有揶揄意味的评论。

然而，维珍理财使用气泡和气球作为信用的视觉标识的做法，实际上与金融服务行业的注册图标相一致，特别是其代表了危机之后的个人信用。自航空旅行于 20 世纪 50 年代问世以来，其字面意义和比喻意义显然已经与信用卡联系在一起——既是国际旅行中实实在在的奢华享受，也是摆脱当前时空经济约束的想象之中的奢华感受，在这一背景下，热气球的意象一再被唤起。因此，毫不奇怪，在金融危机的余波中，金融机构急于修复这种明确的联想——尽管大卫·哈维（David Harvey）曾批判性地断定"航空旅行—信用卡"是资本摇摇欲坠的时空"坐标"（fix）——其"修复"（fix）方式恰如其分地既荒诞，又完全字面化（Choonara, 2009: 335）。2008 年，金融危机尚未达到顶峰时，巴克莱信用卡推出了"水滑道"（Waterslide）广告（2010 年又推出了"过山车"广告）[1]。美国运通和劳埃德 TSB 银行纷纷效仿，于 2009 年推出了以航行和逃逸为主题的广告；前者的广告语是"和我一起飞"（Come Fly with Me），使用了色彩明艳的飞机和太空火箭等视觉图像，敦促潜在客户"去旅行而不是旅游"（Be a Traveller not a Tourist）[2]；后者的广告语则是"为了旅程"（For the Journey），其视觉图像不仅包括热气球，还包括火车、飞机和自行车。[3] 这一时刻，此种想象不仅适用于个人信用：根据一份针对经济危机期间播放的金融广告的分析，金融机构将自己"呈现为存在于城市景观之上、之外，或跨越和超越城市景观"的存在；其员工受"'建筑通胀'（architectual inflation）的影响，与咨询伙伴们在高耸入云的平台或走廊上随意地行走和交谈"（De Cock, 2009: 16）。

第五章　货币、艺术与表现形式
"这仅是一个气球"——货币文化史中的见闻和讽刺

　　从某些方面来说，本章的任务极其简单：解释很容易被认为是对信贷最辛辣的讽刺性隐喻之一的泡沫，是如何以及为何会在 21 世纪初变成它最普遍的自我宣传意象的。当然，正如我之前所指出的，不难理解为何要用泡沫和气球比喻信贷：它们所暗示的脆弱性与飞行能力，将信贷的时空组合所覆盖的范围与货币被放大的、持久的虚构现实感相结合，因为它既完全真实（一种物理上的交换标志），又极为抽象（一种通过集体信仰行为来维系的观念）。本章通过阐述泡沫的文化表征和信用货币功能的理论表述的相似之处不断变化的意义，探讨了货币的真实地位和想象地位之间这种熟悉的紧张关系。在这种解读中，泡沫不仅表示暂时的逃避，而且表明了货币所需的一种控制幻觉：这些反复出现的意象代表的不是空气转瞬即逝的性质，而是其所处的被捕获的状态——一层最脆弱的外皮似乎将它困住，与大气分隔，引导着它四处飘荡。我将这种幻觉及其所暗示的自相矛盾、脆弱不堪的代理，视作斯拉沃热·齐泽克（Slavoj Žižek）[①] 所提出的现代理性矛盾本质的一个例子。在这种理性中，对超越幻觉、发现货币的真实关系或揭开意识形态霸权运作的想象，成为其权威的矛盾来源。当这种悖论愈加收紧，超出货币本身去看待货币变得不可能，但有关泡沫作为货币隐喻的视觉史或文学史却能够引导我们对其加以理解。从 18 世纪 20 年代乔纳森·斯威夫特首创的批评"泡沫"的讽刺作品，到 19 世纪 30 年代埃德加·爱伦·坡对货币矛盾的哥特式讽刺，最后，到 1900 年弗兰克·鲍姆用戏谑的口吻在《绿野仙踪》中对金钱的描绘，本章所提及的历史是货币和讽刺作品之间不断变化的关系史，也是关于信贷对现实和非现实区

[①] 斯拉沃热·齐泽克（1949— ），当代国际著名哲学家和思想家。

别的侵蚀逐渐渗入其讽刺表征（即便没有完全实现）的历史。在这段叙述中，我们可以看到当代我们接受信用货币作为完全真实的货币——同时我们也知道，它不可能是真实的——的关键历史。

斯威夫特的讽刺作品：《南海计划，1721年》

自金融革命以来，空气经常被用来比拟国家和私人信贷之间的复杂关系。一些最引人注目的纸币形象，均把金融革命中的信贷比拟为被释放的空气（Addison, 1854: 22; Smith, 1982: 42）。例如，约瑟夫·艾迪生（Joseph Addison）在1711年所写的寓言式噩梦中英格兰银行被"灌了空气"的"装满金钱"的袋子；亚当·斯密在1776年的《国富论》中构想的"空中货运通道"（waggon-way through the air）[①]；荷加斯（Hogarth）在1788年创作的《月亮上的一些主要居民》（Some of the Principal Inhabitants of ye Moon）中坐在云间印钞票的人；威廉·登特（William Dent）在1797年创作的讽刺小说《公共信用或国家偶像》（Public Credit, or, the State Idol）中描写的财政部长乔治·罗斯（George Rose）所释放的浮夸的金融"盈余"等。

空气这类货币意象代表了业已形成的货币幻觉，即根据可预见的二元论，它显然既存在又不存在。用斯密的话来说，纸币创造"肥沃的牧场和玉米地"的力量源自"代达罗斯的翅膀"（Daedalian wings），使经济面临着18世纪早期，信用货币将"权力宝座从农村转移到城市"时所引发的通胀、腐败和危机等政治危险（Dick, 2013: 5）。这种将信用货币而非土地等同于财富的做法，具有本体论以及

[①] 根据国际货币问题专家金德尔伯格的说法，1776年，亚当·斯密将硬币描述为一条铺在地上的公路，而将银行发行的纸币描绘为一条"空中货运通道"。

政治方面的影响：约瑟夫·福格尔（Joseph Vogl）[①]认为，纸币对牛顿自然秩序的扰乱表现为其所隐喻的"夸夸其谈的空虚"（windy emptiness），因为信用货币取代了假定存在于能指与所指之间、纸质标记与土地实物之间、政府与法律之间，处于自然的稳定均衡状态的经济体系，其话语"较少关注交换行为和市场的平衡能力"，而是关注如空气本身一般的短暂性，这种短暂性受"不确定性、潜在前景和未来预期等刺激因素"的影响（Vogl, 2014: 52）。

福格尔将货币的幻觉性质描述为对"自然的稳定均衡"的干扰，而斯拉沃热·齐泽克则将货币描述为意识形态本身的范例，是对我们的现实的幻想，而不是掩盖。于齐泽克而言，货币是一种"双重幻觉"，因为它"忽视了正在构建我们与现实之间真实而有效的关系的幻觉。这种被忽视的无意识幻觉就是所谓意识形态幻想……这不仅仅是以事物的'本来面目'看待它们的问题，也不仅仅是抛开扭曲的意识形态视角的问题；关键是要看到，现实本身若不借助所谓意识形态神秘化，就无法进行自我复制"（Žižek, 1989: 21）。齐泽克对货币的结构性矛盾所持观点的重要性，在那些将这一信念的运作方式历史化的批评家的作品中显而易见。例如，奥尔·伯格（Ole Berg）精心调和了齐泽克对货币"真正拜物教"的认识与既定货币理论之间的关系，旨在追踪不可能获得的"真实"这一信念的运作方式，而法定货币的价值正产生于这种"真实"：区分支持国家信用的对国土完整的信念、支持金融系统私人信用的对金融储备价值的信念，以及支持现代"后信用货币"的对信用本身"内在不稳定"和"自我驱动"的欲望（Berg, 2014: 239）。然而，正如伊恩·鲍

[①] 约瑟夫·福格尔（1957— ），德国媒体学家和哲学家。

科姆（Ian Baucom）也借鉴了齐泽克的观点并认为的那样，对信用货币的信念最好被解读为现代理性机构具有抽象性质的证据，而不是不再轻信于人这种非理性的信念。鲍科姆在齐泽克对启蒙运动"绝对自由"的描述中发现了"特殊和普遍意愿之间的交换"。在此种交换中，"主体付出一切却什么也得不到"，这是一种对法定货币逻辑的因果类比。鲍科姆认为，齐泽克的理解是，主体在走向现代的过程中变为一个"具有普遍自由意志且可以互换的匿名承载者"，它作为"普遍性抽象的表征"与其自身发生联系，然后，它也开始理解"金融资本的典型抽象价值形式"，因此，"抽象理性和交换路径"实际是"彼此互为前提"的，作为"在这场包罗万象的投机革命中相互的可能性条件，这场革命将抽象理性组织成一种产生概念性一般等价物并授权金融资本从抽象价值交易中获益的方法"（Baucom, 2005: 55-6）。

我想首先解读18世纪关于信贷的代表作品。在这些作品中，泡沫不仅暗示了信用货币的"风之隐喻"所暗指的本体论焦虑（因为法定货币颠倒了基于硬币通货的自然物理秩序），还暗示了在这种根本不确定性的情况下形成一种代理的可能性：泡沫提供了一种可能性，即最短暂但又必要的元素已被捕获并被赋予方向。在18和19世纪，"泡沫"这个词主要和欺骗而非狂热相关，它暗示着欺诈，而不是今天人们所熟悉的会导致商品价格不可持续地上涨的羊群行为。第一本金融术语和建议词典——托马斯·莫蒂默（Thomas Mortimer）的《新编完整版商业贸易词典》（*A New and Complete Dictionary of Trade and Commerce*）将泡沫描述为一种"诡诈和欺骗公众的手段"。他指出，该词既可以用作名词，用以指代被欺骗者（莫蒂默敦促"财产所有者"应"对业务状况做出正确的判断"，以防"公众成为'泡沫'"），也可以用作动词，表示欺骗行为本身（莫蒂默将其描述为"股票泡沫"，指出这已经成为"一门科学"）(Mortimer, 1776: 412）。这种被升级为"科学"的欺骗感强化了这样一种感觉，即泡沫或气球中捕获的空气的隐喻可能与从艾迪生敞开的袋子中、从荷加斯的云层中，甚至从乔治·罗斯怪诞的臀部逸出的"盈余"有所不同。借用史蒂文·康纳（Steven Connor）更为优雅的说法，泡沫中的气体是"被限定，被体现，被赋予形状及表面张力的"，正是这种表面张力及其所暗示的控制可能性，促使讽刺作家将泡沫作为一种隐喻，来表达信贷经济特有的新力量和明显的危险（Connor, 2008）。我想将泡沫解读为智识文化的一个例子，它通过寻求 J. G. A. 波科克（J.G.A. Pocock）所描述的"不理智状态的稳定"，来应对货币的未来投机流动性。这种文化可以被理解为：如果一个人拥有的都是"承诺"，那么"不光社会的运作，就连社会的可理解性都将依赖于具体计划的成功"，都将取决于把那些明显不真实的东西变为真实的堂吉诃德式行为（Pocock, 1979: 16）。

这种将泡沫解读为一种必然不可能的代理形式的做法，与彼得·斯洛特戴克（Peter Sloterdijk）所提出的创新思想史相吻合，在他看来，泡沫是对人类堕落的主体性悖论形式的视觉隐喻。对于斯洛特戴克而言，我们吹泡泡是为了抵御我们存在的赤裸：他指出，人类意识的"提高"——主张自我替代上帝——"把人类变成了宇宙的白痴"。他们心甘情愿地接受"放逐，将自己从永恒的安全之所中驱逐出去"，之后只能存在于"自己吹出的幻觉泡沫"之中（Sloterdijk, 2011: 23）。斯洛特戴克将其描述为"发展的人间戏剧"，其中"第一个泡沫破裂时"产生的"精神重置的冲击"可以通过建立新的泡沫得到缓解，这些新的泡沫提供了一种与难以承受的现代性唯我主义进行谈判的方式。尽管斯洛特戴克所援引的例子范围广泛，但他使用了一枚硬币来展示商业世界制造泡沫的逻辑，对恺撒·奥古斯都（Caeser Augustus）于公元前 38 年铸造的硬币进行了解读，硬币上铸有恺撒·奥古斯都及其养子的侧面头像，他试图建立一个能与马克·安东尼（Mark Anthony）相抗衡的王朝。在斯洛特戴克看来，这枚硬币代表这种组合获得了成功，他们有效终结了共和国，并带来"一个拥有无所不在的公正货币的货币帝国。货币是罗马三位一体中的第三者——父亲和儿子由有效的精神联合在一起；圆形的货币将结合在一起的两个人引向理想的形式。只要硬币在流通，人们就可以通过它获得一切"（Sloterdijk, 2011: 180）。

从这种矛盾中我们可以看到，泡沫作为一种现象，体现了货币具有打破并重建一系列世界的能力。它与现代信用货币的文学关联，最初出现在乔纳森·斯威夫特所创作的诗歌《南海计划，1721 年》（"The South Sea Project, 1721"）中（McLeod, 2015: 34）。南海公司是一家私营公司，于 1719 年被特许成立，旨在回应人们对英格兰银行因垄断"永久性国债"而获得政治权力产生的担忧：该计划鼓励债权人"以他们投资的政府债券换取南海股票"，但这些政府债券的存在导致投资者误以为股票本身获得了政府债券的支持，并引发了投机狂热，最终以 1721 年的金融危机收场（Poovey, 2008: 112）。斯威夫特是"现代恶作剧的首位杰出实践者"，他在 1721 年创作了这首诗，也就是他开始写《格列佛游记》（*Gulliver's Travels*）的第二年。这首诗同样展现了在他笔下那个完全实现的且具有颠倒性的近似世界中的政治讽刺力量。

这首诗的构想延伸到了它自身的形式上——换言之，它成了泡沫，虽然"泡沫"这个词本身保留到了最后，但在前文中有一系列

第五章 货币、艺术与表现形式
"这仅是一个气球"——货币文化史中的见闻和讽刺

意象表现了泡沫的循环、膨胀和破裂,这些意象的呈现方式诡异奇特,极度丰富。例如,"先令"中"笨重的金属":"似乎在游动 | 它的体积和高度都在攀升, | 看啊,它膨胀得像个泥球; | 液体介质欺骗了你的视线, | 看啊,它登上了顶峰!"而"鱼 | 从大海升起 | 可以借湿润的翅膀在高处翱翔; | 水分干涸,它们又沉下去, | 轻蘸鱼鳍又重新开始飞翔。"斯威夫特将这种元素的扭曲感——因为陆地、海洋和空气的物理属性不断地被颠倒——与他对造成这种崩溃并从中获利的"董事"的政治愤怒结合在一起。他很清楚,泡沫代表的不仅仅是金钱可以被凭空创造的信念。"戴上你喜欢的眼镜吧, | 你的几尼,不过还是一个几尼",他写道——但董事的特殊力量在于创造并驾驭这些创造带来的扭曲效果——"董事们,被扔进海里, | 在那儿恢复力量和活力; | 但也可以以另一种方式被驯服, | 在空气中悬浮一会儿。"因此,当泡沫首次也是最后一次出现时——"这个国家会发现, | 计算他们所有的成本和麻烦, | 董事的承诺,仅是一阵风, | 南海,充其量只是一个巨大的泡沫。"——作为隐喻,它所概括的并不是基于非理性繁荣的不可避免的破产,而是一种更为激进的意义,即信贷泡沫能够以欺骗性的方式重塑世界结构,而这首诗本身就是由此形成的(Swift, 2013)。斯威夫特提及,信用货币幻觉从表面上看起来无关紧要("戴上你喜欢的眼镜吧, | 你的几尼,不过还是一个几尼"),这与齐泽克声称不可能"抛开扭曲的意识形态视角"的说法形成了对比。这清晰地——尽管带有目的论——展现出齐泽克和斯威夫特对信用货币的不可能性所持有的不同见解。斯威夫特,这位自我认同的"大众妄想的理性外科医生",用诗歌的形式去匹配,而不是简单地消解这种力量。在这个过程中,他展示了自己的抽象理性,证明真实存在于错误而夸张的承诺之外——

指数级增长根本不可能实现（Mcleod, 2015: 33）。

作为信用货币的视觉隐喻，泡沫的隐喻能力既能体现货币对自然界的改革，又能讽刺地把自己从中剥离出来。18世纪，热气球开始成为对泡沫意象的一种补充，有时甚至取而代之。在某种程度上，此时社会对热气球的接受程度放大了货币与泡沫之间的隐喻性联系所暗示的矛盾。诸如蒙戈尔菲耶（Montgolfier）这样的人物自信地促成了和信用货币共享同一套词汇的热气球在全球的扩张，"总有一天，人们会像现在在海上航行一样，无畏地翱翔长空。贸易和商业，以及在这个秩序井然的世界里有血有肉的人，将使这成为可能……"然而其他人，包括约瑟夫·班克斯爵士（Sir Joseph Banks）和托马斯·杰斐逊在内，则对气球显而易见的短暂性持有司空见惯的怀疑态度，认为它们只是"风袋"和"没有什么科学用途的玩物"（Brant, 2011: 75）。

因此，在蒙戈尔菲耶的热气球首次升空仅仅三年之后，弗朗西斯·朱克斯（Francis Jukes）就在1785年创作的讽刺漫画《股票交易所》（Stock Exchange）中，用热气球替代泡沫来讽刺国家信用。这幅漫画把国债描绘成证券交易所顶部一个气势恢弘的超大金球。作品构图极为简练，与其冗长的全名形成了鲜明对比——"英国气球，或者叫1782年的国债，和证券交易所全景及其支持者，包括多头、空头、经纪人、投机者等，还有相应的金球，大小与我们为此支付的所有货币——假设是两千万英镑——合在一起的体积相当，以及由巨龙看守、缠绕着巨蟒的金银树，供冥王星及其所有知心朋友享用"。正是图中两个金色气球所呈现的柏拉图式完美，成为这种矛盾差异的中心。这些气球主宰并扭曲了整个画面，看起来几乎就像是刚刚优雅地降落在伦敦的一颗行星及其卫星，荒谬的是，它们使这座城市的真实建筑看起来只是一个个外立面，因为一切都在它们超现实的庞大体积前成了幻象。标题告诉我们，这些笨重的球体是衡量偿还国债所需资金缺口的气球，而不是用于衡量已有资金的气球，它们揭示出，这是创造财富的幻想，如同其四周被巨蟒缠绕的伊甸园式的"金银树"那般，是空想，是危险的诱惑。与斯威夫特笔下的泡沫一样，朱克斯通过气球，既承认又讽刺地嘲笑了信用货币以自身形象创造现实的能力。

爱伦·坡的恶作剧:《金甲虫》和《汉斯·普法尔的非凡历险记》

19世纪早期，热气球仍是随处可见的信用货币的象征，尽管斯威夫特和朱克斯的作品所特有的那种骇人的欺骗感开始减弱——因为伴随着信用货币重塑现实意义的能力而产生的惊奇与惶恐感也在减弱。包括詹姆斯·吉尔雷（James Gillray）在1802年创作的《威廉·皮特》("William Pitt"或"The national parachute, —or—John Bull conducted to plenty and emancipation"）和艾萨克·罗伯特·克鲁克香克（Isaac Robert Cruikshank）在1821年创作的《气球或德鲁里街的上升》("The Air Balloon or the Ascension of Drury"）在内的一些漫画以相当直白的方式表现了信用上升与债务下降之间的辩证关系，指出真正具有欺骗性的是政治对货币创造的干预，而不是货币对世界进行本体论改造的能力。稍晚一些的漫画，包括乔治·克鲁克香克（George Cruikshank）在1811年创作的《应许之地！！！》("The Land of Promise!!!"）、托马斯·豪厄尔·琼斯（Thomas Howell Jones）在1825年创作的《骗子的统治！！》("The Reign of Humbug!!"），以及爱德华·威廉姆斯·克莱（Edward

Williams Clay)在 1837 年创作的《时代》("The Times")(见图 5.1),则更进一步,以更细致,甚至更具现实主义特色的历史叙事对危机时期进行了描绘。

后期的这批漫画采用了非常相似的全景构图:横向延伸的前景暗示了货币在危机时期的混乱毁坏,放贷者和竞选的政客被毫无价值的债券、破产公司与空洞的政治演讲气泡画框(这是最为尖锐的讽刺)等垃圾所包围;而背景则暗示了危机即将塑造的不远的未来——满是失业人口的乡村,停业的建筑和废弃的船只。每一幅漫画都在这个具有指示性的框架中引入了逐渐上升的气球。这只诡谲上升的气球将人们的视线延伸到叙事图像浓缩的时空之外,暗示了对危机时期的逃避以及危机的无尽延伸。

图 5.1 爱德华·威廉姆斯·克莱和亨利·R. 鲁宾逊,《时代》,1837 年
来源:美国华盛顿特区国会图书馆,https://www.loc.gov/item/2008661304/(访问日期:2016 年 8 月 11 日)

1837 年 7 月，上述漫画中的最后一幅发表于纽约，表明货币的热气球隐喻就如图中所绘的信贷紧缩造成的影响一般，比热气球本身更容易飞越大西洋（直到 20 世纪末，维珍公司的老板理查德·布兰森才驾驶热气球横跨大西洋）。克莱的漫画以一种描述性，甚至是现实主义的方式，试图详细讲述这场信贷危机的前因后果，也向我们揭示了货币和热气球以及两者之间的联系在 19 世纪的美国所产生的微妙的不同含义。在这个仍然年轻的国家里，热气球受到了欣然欢迎。因为，正如理查德·霍姆斯（Richard Holmes）所言，不间断地穿越大陆或跨大西洋飞行的幻想是诱人的，它使人们有机会"宣布地球是一个滚动的巨大实体"，从而承诺"发现"新国家并"将其编织在一起"。然而，霍姆斯指出，这也是一种很快便因其自身的商品化而受损的愿景，这种飞行被视为"摇钱树"，因为人们认为成功卖出故事与飞行本身同等重要（Holmes, 2013: 99）。因此，威尔·梅（Will May）指出，漂洋过海而来的热气球在美国"最后的边疆与城镇集市消遣之间不安地漂移。穿梭于崇高的航空理想和地方性娱乐项目之间的气球，也成了一种由史诗演变而来的闹剧、通货紧缩、消遣事物和无关紧要之物的象征。它承诺可以逃离危机，可以从空中俯视这一切，但它再也无法创造出空前的奇迹"（May, 2015: 9）。

在 19 世纪的美国文化中，信用货币经历了既相似又不同的留地停飞阶段——空前的奇迹已消失不见。因为，围绕其意义的主要争论的特征，不是斯威夫特口中"似乎在游动"的神奇先令带来的危险的幻觉诱惑，而是塑造了 19 世纪政治疆域的深刻的地域和种族差异。一方面，正如贾森·古德温（Jason Goodwin）的美钞通俗史所表明的那样，信用货币是革命后独立的美国经济自我认同的核心

（Goodwin, 2003）。然而，另一方面，美国的金融机构相对稀少，这也意味着其信用货币不能由在伦敦运作的复杂的私人银行系统创造，而只能通过"由政治利益和目标直接左右的""公共机构"创造。后者的利益在不同的地域、阶级和种族方面产生了深远的影响（Konings, 2014, 52）。因此，在19世纪的美国，信用货币虽被视为经济发展的必需品，但同时也备受争议——从安德鲁·杰克逊拒为第二合众国银行颁发许可证及随后19世纪30年代的"自由银行时代"（在该时期，信用货币可以由规模非常小的私人机构发行），到19世纪60年代亚伯拉罕·林肯发行命运多舛的法定美钞，再到19世纪90年代关于金银复本位制的辩论（这让威廉·詹宁斯·布莱恩成为当时美国最著名的政治演说家之一，虽然后来他没能当选总统）。

因此，尽管在19世纪的美国，泡沫和气球仍然象征着信用货币的危险性和欺骗性，但这种欺骗的本质与18世纪英国金融革命的性质有本质的不同，因为信用货币变得更加司空见惯，而且在政治上——往往在选举和制度上——受到了更加明确的争议。美国的讽刺传统为描述这一转变提供了某种视觉上的捷径，因为19世纪90年代刊登在《淘气鬼》（*Puck*）杂志上的一些漫画表明，气球和泡沫在18世纪末明显具有的改变了世界的巨大比例——这形成了它们自己的反讽的现实倒错——在19世纪末大幅变小了。气球非但没有破坏视觉图像中的地平线，反而成了其中的一个玩物。例如，在查尔斯·杰伊·泰勒（Charles Jay Taylor）和路易斯·达尔林普尔（Louis Dalrymple）的漫画中，出现在儿童游乐场的气球不仅暗示了关于新型货币的政治承诺的虚伪狡诈，而且嘲讽了那些继续相信这些承诺的人们的单纯（见图5.2和图5.3）。[4]

第五章　货币、艺术与表现形式
"这仅是一个气球"——货币文化史中的见闻和讽刺　141

图 5.2　查尔斯·杰伊·泰勒，《考克西的家长式作风》（*Coxey's Paternalism*），1894 年
来源：美国华盛顿特区国会图书馆：https://www.loc.gov/item/2012648716/（访问日期：2016 年 8 月 11 日）

图 5.3　路易斯·达尔林普尔，《行进中的繁荣先行者》（The *"advance-agent of prosperity" on the road*），1896 年
来源：美国华盛顿特区国会图书馆：https://www.loc.gov/item/2012648544/（访问日期：2016 年 8 月 11 日）

这种转变，即在政治上心怀疑虑地接受信用货币的必然性，在文学文化中表现为对讽刺本身持有截然不同的态度的作品，而埃德加·爱伦·坡的作品则对这种差异的复杂性进行了最为充分的探讨。坡与19世纪30年代针对货币的政治学和经济学讨论之间保持着一种既亲密又疏离的关系：这种分歧一方面是由于他在经济上依赖政客的善意〔他渴望得到纳撒尼尔·霍桑（Nathaniel Hawthorne）和赫尔曼·梅尔维尔（Herman Melville）那样的联邦职位〕，另一方面则源于文学市场的商业偏好。海因茨·查奇勒（Heinz Tschachler）认为，坡"置身于""纸币支持者和金本位主义者不断变化的政治承诺"以及"既被纵容又被否定的欺骗文化体制"之中，这使坡不愿致力某个政治或货币立场，他经常用"偶然的机缘或徒劳的形象"来"抵消"他对两者的轻蔑感（Tschachler, 2013: 126）。这个矛盾心理同样出现在他与文学商业化的关系之中，特伦斯·惠伦（Terence Whalen）详尽地指出，坡既通过商业成功来定义文学质量，又全然拒绝这种"显而易见的庸俗主义，反而认为，一本书的畅销正是它具有缺陷的证明"（Whalen, 1994: 35）。

1834年的短篇小说《金甲虫》（"The Gold Bug"）强烈体现出，坡在纸币/黄金辩论中的矛盾心理是如何导致我们对经常用以解读这些辩论的理性/非理性二元对立产生怀疑的，而这种二元对立的解读方式恰恰指出，两者都深深植根于美国的种族和阶级优越感之中。故事讲述了本是"古老的于格诺（Huguenot）家族"一员的威廉·勒格朗（William Legrande）因遭遇了"一系列变故"而变得"穷困潦倒"。在发现基德船长埋藏已久且被遗忘的宝藏之后，他终于恢复了"家产"（Poe, 2001: 75）。故事的开头充满了我们所熟悉的带有种族影射意味的哥特式迷信色彩：落魄的勒格朗发现了一只罕见的金色甲虫并被这只"金甲虫"咬了一口,坡借已获自由但仍对勒格朗忠心耿耿的黑奴朱庇特之口,将勒格朗随后对这一物种的信仰〔马克·谢尔（Marc Shell）认为"物种"（species）是对"硬币"（specie）的影射〕描述为一种非理性的行为,这似乎对应了经济萎缩时期对硬币通货的渴求。[5] 而勒格朗的自叙部分则削弱了这一点,因为这一部分揭示出他的发现既不是来自运气,也不是来自非理性的信仰,而是来自历经磨炼且超级理性的解谜技能。他曾运用这些技能解开过"比这费解万倍的深奥谜题……人们可能会怀疑,人类能否凭借自己的聪明才智设想出一道以人类的聪明才智无法通过适当方法解开的谜题"（Poe, 2001: 92）。然而,坡却通过结语对法定货币表面上取得的理性胜利做出了妥协,拆解了理性与想象之间不证自明的关系。叙述者坚持自己对经验理性的信念,他之所以帮助勒格朗寻找宝藏,只是为了"通过直观的演示说服这位空想家,他所持的观点是谬误的"。而勒格朗揭示出,实际上这种"空想"状态与朱庇特信仰的迷信之间的相似之处超出了最初的叙事弧范围。例如,他将羊皮纸上的晦涩符号译解成清晰代码的灵感与脑海中出现的一种"金甲虫"有关。"我心灵深处已经隐隐掠过一阵念头,好像萤火虫一闪……你可知道朱庇特在胡言乱语,说那虫子是纯金的吗？这番傻话竟叫我异想天开。"他承认,他的探索所依赖的一系列"意外和巧合"是"如此非同寻常"。在最后一段,这种对理性的抵制与潜藏着的哥特式的恶意联系在了一起,因为勒格朗唤起了朱庇特口中那些"傻话"的阶级含义。叙述者大声地质疑他们在宝藏旁边发现的两具骸骨,而整个故事则以勒格朗的回答收尾："（基德）准有帮手。但是等他们埋好了,他或许认为最好把所有知晓这个秘密的人全都干掉。说不定,趁他们在坑里忙着,用锄头砸两下就完事了；说不定要砸十来下——谁知道呢？"这个悬而未决的问题对他自己助手的生命构成了不加掩饰的威胁，它最后一次提醒人们，虽然勒格朗现在"恢复"了自己的家族地位，但他获得继承特权的始末却是一个充满不祥的故事（Poe, 2001: 98）。

次年，他的"骗局"故事《汉斯·普法尔的非凡历险记》（"The Unparalleled Adventures of Hans Pfaal"）出版，这部作品进一步展现了坡对维持纸币的信仰具有明显合理性这一看法的矛盾态度。整个故事被分为三个部分，每部分对信用货币的描述都展现出，坡对于自己的信贷分析而言，既是批评者，又是合谋者。故事的第一部分描述了鹿特丹市中心出现的"一个奇形怪状的东西，那东西显然很坚固，然而外形实在古怪，构造又太过诡异"。后来人们发现，这是一个"完全用脏兮兮的报纸制作的气球"，乘坐气球的是一位"古怪的矮个子绅士"，他"身穿一件宽松的天蓝色缎子大衣，搭配紧身马裤，膝盖处系着银扣"（Poe, 2001: 3）。故事的第二部分，也是最长的部分，是这位令人好奇的客人向市领导，即市长、州天文学家学院的院长和副院长所传达的信息。这是关于"卑微的手艺人"汉斯·普法尔的故事，"大约在五年前，他和另外三个人从鹿特丹消失了"。我们了解到，普法尔之所以离开是因为他无法摆脱债务。债主们"从早到晚"将他的房子"团团围住"，他甚至想到了自杀。然而，他意外发现了一本关于气球飞行科学的书，于是他策划了一种奇特的逃跑方式（Poe, 2001: 5）。这个计划很快便得以实施，普法尔飞到月亮上——坡突然改变语域，以令人咋舌的逼真细节对其间过程进行了详尽的描绘——"一头栽进一个奇幻城市的中心，跌进了一大群丑陋的小人儿中间"（Poe, 2001: 27）。故事的第三部分解释说，普法尔派其中一人回到地球，希望能够获得"奖赏"，因为他"渴望"回家,并宣布,"这就是呈递这篇文章的目的。送信者是月球居民,我已经说服他并给予了他适当的指导,让他作为我的信使来到地球。他会等待阁下的好消息,如果您同意宽恕我的话,他会将这则消息带给我"(Poe, 2001: 28)。这段叙述的结尾部分详细描述了使幻想破灭的"谣言和猜测",其中包括"鹿特丹有些爱开玩笑的人对某些市长和天文学家抱有特殊的反感","一个古怪的矮个子"最近失踪了,制作气球的报纸实际上是在鹿特丹印刷的,而且有人在"两三天前"看到过普法尔,他身边还有"三位无所事事的绅士,看上去像是普法尔的债主"(Poe, 2001: 28)。

初读时,我们会觉得这个故事是对信贷短暂性的批评,这似乎会让人想起金融革命带来的焦虑。故事始于"完备的鹿特丹市交易所"。鹿特丹由市长马西·苏培布斯·冯·伍德埃达克(Mynheer SuperbusVon Underduk)领导,就这样成为一个古怪堕落版或无赖版的阿姆斯特丹,而后者是现代金融泡沫的发源地(Poe, 2001: 1)。坡最初将普法尔的逃离描述为逃债,普法尔试图免除自己的债务,但失败了,因为矛盾的是,只有通过不断举债才有可能还清之前的债款:他"利用各种不同借口进行小额贷款,并没有考虑将来如何偿还,就这样,慢慢累积起一大笔现金",因此他有钱购买制作气球所需的原材料。进行到放飞气球这一艰巨任务时,他又向债主加倍借钱,说服他们帮助他,"向他们保证只要把手头的事情完成,我就一分不少地还清欠款"(Poe, 2001: 5, 7)。因此,从最明显的意义上讲,坡的热气球飞行对信用货币空洞的自我实现性质提出了熟悉的批判。将普法尔送上月球的钱和他通过增加债务来逃避债务的策略,与约瑟夫·福格尔对信用货币的描述不谋而合,即"不可偿还债务的无休止地扩张",扰乱了迄今为止的"经济机器假设"

（Vogl, 2015: 56）。事实上，坡从一开始就很清楚，这个故事重塑了世界，它所涉及的"事情""绝对出人意料，令人啧啧称奇，一切固有的观念都会被彻底颠覆。让我不禁感到，整个欧洲很快就会陷入一场纷乱，所有物理学理论都将受到质疑"（Poe, 2001: 1）。

而真正的关键在于，故事内部骗局的曝光以及整个故事中段对气球飞行过程的类科学描绘，使坡批判的重点落在了藏匿于这种魔法背后的政治欺骗行为，而非信用货币改造世界的能力上。鹿特丹的金融世界十分和谐——"借贷很方便，不愁没活儿干，人人都不缺钱，也不缺乏善心"——只有普法尔一个人一事无成，因为他的职业有些不合时宜：他是个风箱修理工。而鹿特丹的人们紧跟着"进步思想和时代精神"，变得越来越现代。他们发现，"如果需要生火的话，人们就会随手用报纸扇几下"，因此他的生计变得多余，"随着政府越来越软弱，恐怕皮具和铁器就会越来越耐用了，因为很快，整个鹿特丹就再没有一具风箱需要缝补"（Poe, 2001: 3）。坡结合并讽刺了信贷和报纸上空洞的政治承诺：汉斯·普法尔摇身变成一位讽刺作家，描述了一场可信的气球飞行之旅，证明他已经能够熟练利用这种对权威信仰的嘲弄。因此，在故事的结尾，当读者发现普法尔仍然有盈余（他和表面上的债主一起坐在"小酒馆"里，"刚刚结束越洋旅行，口袋里都是钱"）时便意识到，这个骗局的目的不是恢复普法尔的信誉，而是嘲笑老实易骗的市民和讥讽那些虚伪的领导：换言之，我们意识到，在故事的第二个层面上，这部讽刺作品既是在嘲讽那些相信经常被附加在信用之上的政治承诺的人，更是在讽刺忽略了这一真实性的 18 世纪讽刺传统（Poe, 2001: 29）。

后一种矛盾性得以正式化，因为这个故事对内部骗局的叙述一直延续到故事的第三部分,它既体现了这些欺骗行为,又对其进行了讽刺。正如马里奥·卡斯塔尼亚罗(Mario Castagnaro)所言,这个故事也许秉承了带有讽刺意味的"乔纳森·斯威夫特的风格",但其"技术和科学细节"则表明,"骗局已从文学讽刺转为对这个术语更为现代的理解,即援引故意欺骗的概念"(Castagnaro, 2012: 258)。故事的后续则进一步凸显了坡与讽刺作品之间的矛盾关系,他既有意欺骗,又批判欺骗,于是便产生了这种"似是而非、半开玩笑"的叙述形式(Parrinder, 2014: 14)。例如,坡本想把这个故事写成一个能赚钱的畅销故事系列,但就在其面世几周之后,这一想法就破灭了。因为当时理查德·亚当·洛克(Richard Adam Locke)出版了月球骗局故事,从而挤占了坡的市场。和坡一样,他的灵感也来自约翰·赫舍尔(John Herschel)出版的《天文学纲要》(*A Treatise on Astronomy*),但他对发现月表文明的描述更加详尽。坡认为理查德剽窃了他的创意,对此大为恼怒,但是他耐心地等待复仇的机会。终于,《太阳报》发表了他撰写的一篇关于首次跨大西洋飞行的虚构报道。具有讽刺意味的是,尽管这个恶作剧非常成功〔文章被《纽约星期日时报》(*New York Sunday Times*)转载,在遭到谴责之前,约有5万人阅读了这篇文章〕,而且提高了报纸的发行量,然而,经此一事,由于出版商对坡的作品心存戒备,对其作品的需求反而随之下降(Sova, 2007)。因此,坡对信贷的批判性描述在复杂意义上受到了不利影响:《金甲虫》回顾了用以维持纸币和黄金价值的长期存在的权力关系,削弱了信用货币的特权合理性,而在《汉斯·普法尔的非凡历险记》中,这种微妙的讽刺所要求的批判距离受到侵蚀,揭示出坡本人与这些权力关系的共谋。

鲍姆的谎言和《绿野仙踪》

到了19世纪的最后十年，对汉斯·普法尔受挫的冒险之旅的改写开始涌现，这种改写同时也以令人惊讶的激进方式重写了信用货币在美国所起的作用。弗兰克·鲍姆的《绿野仙踪》的叙事框架与爱伦·坡的《汉斯·普法尔的非凡历险记》以及斯威夫特的《格列佛游记》惊人地相似。鲍姆笔下热气球乘客的命运与早期讽刺作品中的主人公有很大的相似之处：他是一个爱搞恶作剧的人，他那超现实世界的想象之旅结束在了一个"奇怪而美丽的国家"。那里住着一些矮小而"奇怪的人，他们望着来自云中的我，以为我是个了不起的魔法师"，并且"他们愿意为我做任何事"。与普法尔和格列佛一样，魔法师接受了领导这个由小人儿组成的新世界的任务，但他还是渴望回到自己的家乡，这也是他接受这个领袖位置的初衷。最终，他和这里的人民一起建造了一艘能够帮助他返回家园的飞行器。当然，这三部讽刺小说在形式上的差异最能说明作者看待信用货币讽刺意味的方式。斯威夫特把格列佛刻画成那种被充分认识且辨识度高的讽刺作品主人公：他的小人国嘲弄的是当代辉格党政客日益膨胀的残酷，就像他以泡沫命名诗歌来嘲弄南海董事的谎言一样。然而，坡的批评则相对晦涩，介于恶作剧和讽刺之间，我们永远不清楚他是在嘲笑，还是在失败地模仿他认为与信用货币的产生有关的政治欺骗和特权继承的做法。鲍姆的情况又非常不同：魔法师的骗局不仅成功，而且令人称道。这一点在其揭开真相的那一刻更加真实，因为借用齐泽克的话来说，他明白，"抛开扭曲的意识形态视角"是对意识形态构建现实的能力的肯定而非抹杀。这让我们得以知晓鲍姆与19、20世纪之交出现的新型信用货币所形成的结构性幻觉之间的关系，我也想通过对该点的探讨来结束本章。

当然，《绿野仙踪》在美国的货币辩论中发挥了关键作用。1964 年，亨利·利特菲尔德（Henry Littlefield）认为它是一则关于金银复本位制的寓言。他认为故事的核心影射了 1894 年雅各布·考克西（Jacob Coxey）[①]发起的前往华盛顿的游行（查尔斯·杰伊·泰勒的漫画也对其进行过嘲讽），铁皮人代表东部工人，稻草人代表中西部农民，穿着银鞋经由黄砖抵达翡翠城的多萝西则反映了鲍姆对金银复本位制的看法——"大家小姐是鲍姆对白银发行问题所持讽刺观点的天真的代理人"（Littlefield, 1964: 53）。对于这种解读的争论从来没有停歇过，经济史学家和文化史学家就这一问题产生了很大的分歧：经济史学家认为这个故事和金银复本位制之间存在讽喻关系，以便量化鲍姆对民粹主义白银支持运动的忠诚度；文化史学家则主张这是鲍姆的个人传记，将其与共和党人以及新资本主义"积极的经济学方法"相提并论，即摒弃"早期关于稀缺性的自由放任主义和自我否定思想，转而支持更具有吸引力的供给和繁荣的概念"（Leach, 1993: 254）。

然而，这些批判方法，就像对它们的错误归类一样，反常地忽视了《绿野仙踪》中金钱的实际情况，以及 20 世纪初平民主义和消费主义通过共同倡导消费而联合起来的历史（Konings, 2014）。我想说的是，《绿野仙踪》中所设想的正是促成这种消费主义信贷，即 20 世纪最初十年的"远期"或"分期付款"的信用。艾莉森·卢里

[①] 雅各布·考克西是 19 世纪末和 20 世纪初著名的劳工权利倡导者，1893 年领导了一场失业人员进军华盛顿特区的游行，旨在要求美国政府帮助美国工人。这一游行队伍被称为"考克西军队"。虽然游行以美国政府拒绝游行队伍的要求并逮捕考克西而告终，但这场游行开创了美国抗议文化的先河。

（Alison Lurie）认为，除此之外，鲍姆的小说还设想了许多对未来的预言，包括机器人、人工心脏和四肢、监控系统（Lurie, 2000）。

到达翡翠城后，多萝西注意到的第一件事就是其繁华的商业经济，可以用"绿色的便士"换取"绿色的柠檬水"（Baum, 2000: 63）。这是一种明显与魔法师有关的货币经济：当魔法师最终出现在客人面前时，（其形象）却是坐在圆形宝座上的一个头，像极了一枚硬币（第一版《绿野仙踪》见图 5.4）。在最终回应多萝西的请求时，头说："哦，我会给你我的答案。你无权要求我送你回堪萨斯，除非你为我做一些事。在这个国家里，每个人都必须为他得到的东西付出代价。"（Baum, 2000: 68）

图 5.4 《绿野仙踪》，首次出版于 1900 年

多萝西和她的朋友们不情愿地按照魔法师的要求杀死了邪恶的女巫之后，回来向魔法师索要报酬，但那个头并没有兑现他的承诺。原来它只是纸做的，里面藏了一个"满脸皱纹的小老头，他似乎和大家一样吃惊"（Baum, 2000: 96）。他们立刻谴责其为"骗子"，这个词不仅暗示了恶作剧具有的欺骗传统，而且正如马克·谢尔对《金甲虫》的解读所指出的那样，是对"金甲虫"的反讽（Shell, 1982）。然而，尽管鲍姆笔下的魔法师显然可以被置于这种围绕纸币的讽刺传统之中，但他无疑在美国流行文化中留下了印记。翡翠城是一个和平富足的地方，实际上与更加分裂和暴力的奥芝国形成了鲜明的对比——"它当然是一个美丽的地方，盛产珠宝和珍贵的金属，还有所有可以令人快乐的东西。我一直对民众很好，他们也很喜欢我。"鲍姆以一种显而易见的喜悦口吻揭示了魔法师的骗人地位——"'完全正确！'小老头搓了搓手说道，似乎这话让他很高兴，'我是个骗子。'"（Baum, 2000: 97）

正如一些评论家所指出的那样，翡翠城高涨的欢乐更接近于1893年芝加哥博览会上的白城，而不是转喻式的民族主义华盛顿特区，这意味着通过美钞来解读《绿野仙踪》的尝试是失败的。[6] 鲍姆在他住在芝加哥期间写了《绿野仙踪》，众所周知，他是博览会的常客。他对魔法师的描述——"在演马戏的日子里，一个人坐在升起来的气球里，吸引一大群观众"——掺有一些博览会的影子，实际上，在博览会上就有一个人抱着小孩搭乘气球，这正与魔法师奥兹的旅行相呼应（McQuade, 2007）。从鲍姆的传记来看，这种联系也言之成理。鲍姆和他的亲密合作伙伴、第一版《绿野仙踪》插图画家威廉·华莱士·丹斯洛（William Wallace Denslow）都是博览会的常客，据说丹斯洛每天都会去博览会参观，他为博览会画的插图还发表在《芝加哥先驱报》（Chicago Herald）上。鲍姆自己的商业抱负也明显受到了博览会的影响，他在信件中曾相当自豪地承认，他设计过"鲍姆集市"商店，那是他19世纪90年代在堪萨斯州开设的商店，但最终因为他错误地估计了其社区对消费品的胃口，并且通过大量举债来维持它与"芝加哥'博览会'相同的风格"（尽管规模要小得多），最终导致创业失败（Baum, 2000: 176）。

当然，博览会本身与这种经济的出现有着广泛的联系：历史学家们通过追根溯源，发现博览会与百货商店玻璃橱窗的发展之间存在明确的联系，而鲍姆在后一领域一直都很活跃——在发表《绿野仙踪》的同年，他还出版了《干货橱窗和室内装饰艺术》（The Art of Decorating Dry Goods Windows and Interiors）。然而，至关重要的是，1893年博览会上的展品都是非卖品：它们旨在讲述一段民族主义历史，人类学家随后将世界博览会理论化，认为它是一种夸富宴（potlatch），一种仪式性的商品展示，其目的是彰显文化的力量，而不是消费的乐趣（Rydall, 1993）。事实上，丹斯洛就在其1893年的日记里提到了夸富宴展示所暗示的财富毁灭。他指出，当他看到"数英里长的地面上建满了巨大的艺术建筑"时，他的"第一想法"是"当一切结束之后，这些建筑将变成多么壮观的废墟啊"（Baum, 2000: 176）。

然而，即使博览会本身不赚钱，也能在博览会上赚到钱。至少，其中的一部分钱预示了信用货币的未来发展，而这正是鲍姆迫切需要的，他倒闭的商店表明他曾经对信用货币做出过尝试，但没有成功。顺便说明一下，在博览会历史上，多萝西在进入翡翠城时所看到的那种可以购买绿色苏打水的绿便士的现实版，似乎逐渐成为美国信用货币的主要来源。1895年，在博览会上售卖苏打水和糖果的企业家亚伦·努斯鲍姆（Aaron Nusbaum）用他赚到的15万美元与姐夫朱利叶斯·罗森堡（Julius Rosenberg）合力买下了"羽翼未丰的邮购公司西尔斯·罗巴克（Sears Roebuck）[①]"一半的股份（Ascoli, 2006: 25）。西尔斯的产品目录在举办世界博览会和鲍姆出版中篇小说之间的这段时间里迅速丰富起来，使19世纪90年代的消费革命惠及农村工人，而这是鲍姆在堪萨斯的商店永远无法做到的。[7]通过引领国内的信贷革命，西尔斯巩固了20世纪取得的一系列成功。因此，尽管它曾在1910年的目录中"严厉斥责了分期付款的愚蠢行为"，警告其顾客赊购只会徒增商品价格，但由于顾客对"远期信贷"的需求激增，公司害怕失去顾客，所以一年内就废除了该政策：在西尔斯的引领下，其他商店紧随其后，在第一次世界大战之后的几年里，"信贷计划如雨后春笋般涌现"（Calder, 1999: 200）。西尔斯和鲍姆在世纪之交共享的消费文化参照系，在1900年西尔斯的产品目录图中得到了最好的体现：图中一位身着绿色连衣裙的女人站在乡村风景和如气球般飘浮的巨型地球之间。

空气作为信用货币隐喻的历史，正是气球急剧膨胀，从而飞抵其最初想要强调的批判距离的历史：我们可以看到，从斯威夫特到爱伦·坡，再到鲍姆，讽刺文学的地位一直在变化，前者是"激进的外科医生"，而后两位则是摩拳擦掌、想象着尚未出现的国内信贷逐渐蓬勃发展的表演家。这种变化与信用货币的变化完全相符，因为信用货币曾经代表着对于牛顿秩序的明显威胁，现在这种威胁已全然被化解，甚至受到了称颂：信贷可以使我们摆脱时间和空间

[①] 西尔斯·罗巴克曾是美国最大的私人零售企业，一度专门从事邮购业务，于2018年正式申请破产。——编者注

的限制。但是，当然，认为信用货币用已完全填补了抵制空间的想法本身就是其自身叙事的一部分，我们需要始终对此保持警惕。而我想在本章结尾对 19 世纪美国文学的介绍中提及的，正是对这段历史的批判。

19 世纪 60 年代早期，当艾米莉·狄金森（Emily Dickinson）创作诗歌时，关于热气球飞行的故事就已十分普遍了。因此，她经常用这个意象来暗示写作常常需要的那种狂喜、自由的边缘状态，但在面对日常生活时，这种状态却很少能维持下去。例如，在《你见过气球降落——对吧？》（You've Seen Balloons Set—Haven't You）等诗中，缓缓上升的气球营造出一种梦幻般的氛围，类似于斯威夫特的泡沫所具有的改造世界的特性，其"流质的脚轻轻地迈出去|踩在一片白皙的海上|她们把天空摒弃，仿佛它过于卑劣，配不上这些人物，她们太有名望"①（Dickinson, 2016: 276）。然而，在狄金森的这首诗中，气球具有特殊的字面含义，"流质的脚"（liquid feet）这样的缩写明显与气球作为货币象征的泛滥使用有关。我们可以将狄金森的诗解读为对气球讽刺潜力的崩溃的一种抵抗，从而也是对信用经济的主导地位及其与文学之间千丝万缕的联系——这在斯威夫特、爱伦·坡以及鲍姆的文学叙述中，都有所体现——的一种抵抗。

狄金森喜爱的报纸《斯普林菲尔德共和报》（The Springfield Daily Republican）会定期报道 19 世纪 60 年代早期热气球的飞行信息，像撒迪厄斯·洛（Thadeus Lowe）那样的人物搭乘军事气球升空，以及没有入选联邦陆军热气球军团的飞行员在国内操作热气球升空

---

① 该译文引自《狄金森诗全集》，上海译文出版社，蒲隆译。

等事件，都会被刊载。该报在 1862 年 7 月对后者的一次描述，与狄金森的诗作《你见过气球降落——对吧？》有着惊人的相似之处。这个"激动人心的气球升空"的故事，被巧妙地夹在来自战争前线的报道和市场报道之间，讲述了挂着"星条旗"的"气球"如何从波士顿公地升空，却被"吹向海边，并在那里降落，以可怕的速度拖拽着飞行员穿过天空和水域"。[8] 这些描述和狄金森的诗作颇具可比性：从树木繁茂的波士顿公地飘向海岸时，"星条旗气球"的线卡在了树上，成了"熠熠生辉的生物"，"在树上疯狂地摇摆"，"她的帝国血管被撕裂，在海里翻滚"。然而，正是由于诗里诗外的热气球都骤然从空中跌落，其相似之处才变得格外具有说服力。报纸上的报道削弱了营救人员和气球随后"飞入云霄"消失不见的戏剧性，而新闻报道对气球飞行的描述总是千篇一律：该飞行器"可容纳 5 万立方英尺气体，价值 1200 美元"。狄金森的气球可能存在的激进本质同样被突然提到的"账房里的先生们"所削弱，他们只是简单地观看，就毁灭性地否定了这种可能性——"原来不过是个气球。"

第六章
Chapter 6

货币及其阐释：流动性及加速度的世纪及其货币

利奥波多·怀兹波特（Leopoldo Waizbort）

作为经验的流动性和加速度

不论是在欧洲，还是全世界，流动性和加速度都是19世纪最主要的经历与现象（Osterhammel, 2011; Bayly, 2013）：[1]单一的与集体的、个体的与群体的经历；文化、政治、经济、科学、技术、社会，甚至心理（有些人喜欢将之称为精神）领域的现象。那么，从一开始，我们也许就可以提出以下问题：对货币——货币及其阐释——的研究在多大程度上以及如何与流动性和加速度相关联？这种关联真的可能存在吗？

在货币和金融领域，世界体系作为合理化、高效化和最优化过程的结果，在19世纪得以完善。欧洲各国国家货币的出现、与之密切相关的各国市场的形成及一体化，再加上工业化和城市化的多元进程，越来越需要一种尽可能稳定的标准化体系。毫无疑问，这带来了政治和经济上的挑战，在民族国家和银行这两股互为补充的力量的支持下，人们以各不相同但大体相似的方式应对挑战。

对金银等贵金属流通的日益控制，使其通货膨胀和通货紧缩效应得到了管理，而19世纪20年代初最早由当时的霸权帝国英国引入的金本位制则引发了一场持续整个世纪的辩论，这种形势给各国和各国人民的经济生活注入一种独特的活力。当时人们的想法是，金本位制在赋予货币稳定性和安全性的同时，还能稳定价格，并为国与国之间的贸易提供共同基础。因此，一体化与国家密不可分。事实上，作为当时的帝国中心、工业中心和全球金融中心，英国采用金本位制给其他国家造成了实质上和象征性的压力，迫使它们纷纷效仿。采用一套允许同时运行和监管多种兑换机制的统一标准也表明了有关各方之间的等级关系，因为并非所有国家都采用这种标准，而未能采用这种标准，则有效地表明这些国家在威望、财富、政治和经济实力的动态变化中处于从属地位。因此，尽管19世纪未能完善金本位制（这个体系在第一次世界大战中被废除），但在大型中央银行的支持下，加之各种控制形式和政治经济权力的辅助，金本位制确实得以被不间断地逐步传播。因此，在某种程度上，欧洲主要国家及其银行之间的国际关系得到了巩固，从而使19世纪自由主义特征的旗舰——自由贸易得到了保障。

与自由贸易、自由主义和作为货币稳定器的金本位制相对应的，是能使资本在公司和国家之间流动的银行和国际金融体系。投资遍及世界各个角落，而其谈判则主要在伦敦金融城进行。新型商船不再由木材制成，也不再依赖风力驱动，它们的出现极大地方便了大宗商品的国际流动。虽然国际贸易中大宗商品的流动是双向的，但资本大多以投资的形式从中心流向外围，成为19世纪末帝国主义最后阶段的特征。由此，世界被划分为债权国和债务国，这种建立在等级制度和民族不平等基础上的模式渐占优势。

人们频频使用"帝国主义时代"一词，以至于它已成为描述19世纪末特有形势的代名词，这绝非偶然。其他希望在国际舞台上成为领军者的国家很快便开始在不同程度上效仿英国国家机器在行政、财政和军事层面上取得的发展和改进。

双元革命①促成了从封建社会到阶级社会的复杂、紧张且往往不完全的过渡。在社会方面，这种将在19世纪以极为不同的速度和强度实现的转变，彻底改变了人民和国家的生活。工业革命为经济生活带来了前所未有的活力，但这一进程在各地区的发展却非常缓慢。英国的先发优势确保了它在整个18世纪的特权地位。19世纪末，"第二次"工业革命激发了变革的力量：19世纪七八十年代，以电力使用增长为基础且结合了科学与工业的一系列创新，如留声机、电灯、汽车、电影摄制、无线电传输、电报、机枪等，使世界进入了电气化时代。

19世纪是工业化的世纪：工业生产方式得以传播并占据了主导地位，新的劳动分工开始形成，以机械化、大型机器和大型工业的兴起为标志的工厂组织得以崛起，这一切都对社会分化、阶级划分以及社会形态产生了巨大的影响。在区域层面上，工业化的强度及模式显然是不均衡的，而且在整个世纪里逐渐演变：例如，随着19世纪最初几十年的大规模棉花工业逐渐演变为19世纪末的化学工业，相应地，孤立工业逐渐转变为大型企业集团。

在相当长的一段时间里，资本主义一直是描述（或者至少是命名）近代经济动态所假定的千变万化的多因果过程的默认术语，并

---

① 双元革命指法国大革命与英国工业革命。

且在双元革命之后，资本主义以一种更坚实、更清晰的形式出现。但是这也并非没有争议——这些争议贯穿19世纪，并一直延续至今，一种不仅是经济上，而且是政治、社会和文化上的"经济秩序"，成为19世纪（但不仅限于这一时期，因为该过程是连续的）的决定性特征。人们的身心都受到了一系列变化的影响：经济运行加速，贸易动力增强，生产实现工业化，农业转为机械化，新制度得以建立，法律秩序得以重构，社会结构发生转变，主体化新模式开始出现。虽然长期、中期和短期观点之间的差异是无法调和的，而且每一种观点都有其特定的描述和理解模式，勾勒出动态与过程、结果与情况的不同图像，但19世纪是一个格外彰显自我意识的时期（马克思在其著作中明确证实了这一点），在这一时期，资本主义不仅是一种描述性过程，还是一套相互竞争以理解复杂历史变化的描述——资本与劳动、工业与机械化、心态与观念在具体历史形态中的变化相互交织、变化多端，但它们同时既容易被分析和理解，又需要被分析和理解。因此，19世纪展现了资本主义进程中一个格外活跃且具备一些独有特色的阶段：集中在市场生产领域的劳动分工加剧；私营公司开始成为卓越代理人，并以追求利润为首要目标。借用一个特殊的术语，这是一种与生产关系有关的生产方式，而它与新的商品流通模式和新的消费模式（包括美国的"百货商店"等）是共生的。在一个由专门的制度和法律框架监管的劳动体系内，大量受薪工人可以自由地出售他们的劳动，从而使人类的劳动生产率得到空前的提高。19世纪的资本主义以不均衡的联合发展模式传播到世界各地，并在货币和金融市场（能够通过转账、支付方式、集中业务和银行来加速资本流动）中找到了优化资本主义的手段：换言之，就是其动力、加速度和流动性。1848年的《共产党宣言》对资产阶级有过一句也许永远无法被超越的著名描述："*Alles Ständische und Stehende verdampft*（一切坚固的东西都烟消云散了）。"（Marx and Engels, 1848 [1982]: 29）

所谓"第二次工业革命"利用了电气化（发电机、电动机、电力生产）所创造的可能性，使大、中、小型工业在工业和科学无与伦比的共生关系中发挥杠杆作用，在此过程中，技术无疑发挥了生产力的作用。公司也变得越来越大，越来越没有个性特征，就业群体由居住在不断扩张的城市之中的产业工人和服务业雇员组成。集中化是那个时代的标志，其反面则是产品和投资的全球扩张。

作为买卖和贸易的场所、会议和交易的中心以及相互依存的枢纽，城市在19世纪实现了巨大的发展。19世纪也是城市化的世纪，城市化程度空前加剧。在交通方式从早期的步行和马车到汽车、有轨电车、自行车、火车，再到地铁的演变过程中，大城市、大都市成为推动经济生活发展的中心，成为加速度和流通的支柱和机器。墙壁终将被推倒。煤气灯和电灯终将驱散黑暗。基础设施的改善、住房市场和房地产投机、抵押贷款、城市规划、城市生活的新形式——其特征是在同一集中空间内存在经常发生冲突的不同社会部门——所有这些方面都赋予了城市"现代性"。此外，这种现代性还体现在城市与工业化的紧密联系上，由此引发了对新空间安排的需求；体现在城市与其周边环境的关系上；体现在城市与乡村、大城市与小城镇之间日益显著的差异，主要城市之间的关系，以及政治、经济、文化之间日益强大且相互依存的网络上（这些网络通常以远近、规模、来源不同的迁移过程为特征）；还体现在城市与为公共或私人服务的革新以及新的工业和城市技术的密切关系上。

这些越来越大、越来越现代化的城市也成为民族国家和国家经济的中心，因此，通常也成为跨州事务流程和全球经济的枢纽。商业和通信立足于大城市，从大城市辐射到世界的各个角落。因此，提供服务成为城市的核心模式之一，离开了这些服务，城市就无法跟上密集活动的节奏。

从很早开始，火车、铁路和车站就成为19世纪进程的标志和象征，它们代表、占据并穿越城市，连接空间，改变人们对时间和空间的看法，运输人员和商品，创造就业机会，刺激移民，并要求革新机器和建筑。

然而，由马达驱动的铁船是世界主要贸易路线的伟大探索者，它们运输人员和产品，促进了帝国制度下的经济交流，加剧了国家间的贫富差距。地方和区域市场以及商业中心不断向外拓展边界，通过陆地和海上交通扩展到其他市场和中心。

网络应运而生，并且逐渐壮大，日益密集：人员、商品、信息和货币的流动不断加速。通信网络以前所未有的速度扩张，到19世纪末，电报电缆将各大洲连接在了一起。无线电报也在同一时期蓬勃发展起来。随着新世纪的到来，无线电报成为领先的通信技术。即便如此，书信往来依旧是一种常用的沟通模式，甚至比以往任何时候都更频繁：19世纪以来，邮政服务的充分发展和识字率的提高意味着书信往来不再是一种阶级特权。报纸的数量和发行量也在成倍增长。商业和私人生活在这些全新以及重新兴起的通信形式中得到了融合。

人类从未像这一时期这样四处移动过，商品也是如此。甚至连语言、信仰、宗教和艺术风格的传播也比以往更为广泛，从而使文化转变为一种全球现象。这种传播使人们的视野变得空前开阔。尽管并非人人都是如此，但是对于大部分人口来说，世界变得更加广阔、更加多样化：财富和社会等级方面仍然存在诸多不对称的现象，而且，随着"西方化"、帝国主义、城市化和工业化进程的推进，许多不对称现象变得更加显著。与此同时，正如贝利（Bayly）[①]所言，"在相对较短的约 140 年时间里（1780—1914），世界各地的社会、经济和意识形态体系的多样性显著削减，而且呈现出更为明显的统一趋势。与此同时，矛盾的是，大多数人类社会在这些限制下却表现出了更大的复杂性"（Bayly, 2013: 478）。

加速度是对这种流动性的补充。转变的步伐加快是 19 世纪最后几年的一大特点；到那时为止，就全球而言，人们针对持续变化做出调整和适应的能力是相当巨大的。时间结构发生了变化，人类也随之在各处体验到了这种加速度——从工作和产业的发展、商品的流通、信息的传递，到日常的生活、全新的体制、货币的流通、时钟的普及，再到始于工时的时间表的建立，加速度无处不在。火车和电报是时空加速的杰出先驱——有人称之为机械化，也有人称之为工业化。人类、货物和信息依靠电线、轮船和火车、汽车和有轨电车，甚至是 20 世纪初出现的飞机，摆脱了自然界与自然节奏，获得了更快的流动性。历史经验本身得到了加速，人们开始体验到一些全新的东西。从呱呱坠地到与世长辞，世界已在他们的一生中悄然变化，而不是如以往一般一成不变（参见 Koselleck, 2000: 150-76, 195-202；Koselleck, 2010: 130-50）。

许多作者都已强调，能源是 19 世纪的主题之一。从蒸汽到煤炭、天然气、石油和电力，19 世纪是能源的时代——能源已成为一个多元概念，甚至延伸到语言学、心理学和其他人文学科领域，这并非

[①] 贝利（1945—2015），英国历史学家。

巧合。这是这个世纪的隐喻。奥斯特哈默（Osterhammel）[1]提出了"效率强化"的概念，作为19世纪的特征之一，这一概念具体体现在工作效率、军事领域和国家机器对国民的控制上（Osterhammel, 2011）。如前所述，这一点在货币经济学领域也十分明显。

这些只是19世纪世界转变过程中最具决定性的一些特征和特质，它们在时间和空间上以不连续的形式出现，但在此处却表现为更简化的形式。尽管世界各地的情况和集体经历千差万别，但是贝利强调，统一化不仅出现在主要机构和大规模进程（国家、城市、资本主义、全球经济）中，还存在于人们的日常生活中，人们开始按部就班地生活，穿衣风格雷同，而且行为更加规范。从那时起，对于这个不均衡的综合过程就有了各种各样的解释。

与此同时，自我反省也是这个世纪的标志之一。在此只需回顾一下1806年出版的探讨"新事物是如何诞生"的《精神现象学》（*Phanomenologie des Geistes*）就够了（Nobre，2018）。此后，从社会学到诗歌，人们一直在对这种新事物进行细微的探索，而这一事实本身并不是什么新鲜事。"现代"（既作名词，也作形容词）和"现代性"的传播从未停止。人们在不同的语境中构思出多种现代和现代性（Eisenstadt，2007），它有时强调社会方面，有时强调经济方面，有时强调政治方面，有时强调文化方面，形成一个错综复杂的网络，其历史的具体性使人们无法对其做出任何明确的阐释。

---

[1] 奥斯特哈默（1952— ），德国历史学家，大学历史学与社会学系现代史教授，曾出版多部有关18世纪以来的欧亚历史的著作。

格奥尔格·齐美尔对货币的思考

这种广泛、多样的转变显然与反思和思想的演变相关。但为何如此呢？长期以来，我们一直致力于设计能让我们思考社会结构、反思和自我反思之间联系的模型。考虑到过去的这段历史，我们可以想象，对货币的反思总是以一种中介性的复杂形式伴随这些转变而生。在对货币进行思考的过程中，围绕货币的观念在探究和回应这些转变的同时，也在改变这些转变。

加速度与流动性自"古典"时期以来就一直存在于经济与货币思想中，这一主题在所谓"政治经济学""经典"著作中俯拾皆是。要在此对这段历史进行总结似乎不太现实。相反，我想要展现的是，在格奥尔格·齐美尔（1858—1918）1900年出版的著作《货币哲学》中，我们可以看到齐美尔基于19世纪的经验对货币问题做出了统一而细致的论述。换言之，齐美尔的作品对货币的分析植根于当代世界变革所带来的经验。尽管如此，它与我们现在所处时代的相关性，还是使我们得以运用处于两个时间框架——现在和它形成的时刻——之下的语篇分析法进行探讨，从而比较对齐美尔思想产生直接影响的19世纪的经验与读者今天的经验。[2]

鉴于许多与齐美尔对话的人早已消失在时间的长河之中，我们很难识别齐美尔在对货币进行思考时暗暗参与了哪些对话。然而，历史经验和现象却并非如此。因而，我们更容易看清齐美尔的反思如何植根于他自己的时代，植根于其历史当下，而非明确当时与其进行讨论和辩论的对话者究竟是谁。显然，斯密、李嘉图、穆勒的经典经济学著作已在19世纪相继被译成德语，并在不同程度上融入了当地一度盛行的官房学派（cameralism）讨论。[3] 同时，我们也可以注意到，属于所谓"历史学派"的德国政治经济学，文献往往将其学者划分为三代：第一代生于19世纪20年代前后，主要代表人物为布鲁诺·希尔德布兰德（Bruno Hildebrand, 1812—1878）、威廉·罗雪尔（Wilhelm Roscher, 1817—1894）和卡尔·克尼斯（Karl Knies, 1821—1898）；第二代生于19世纪40年代前后，包括古斯塔夫·施穆勒（Gustav Schmoller, 1838—1917）、卢约·布伦塔诺（Lujo Brentano, 1844—1931）、卡尔·毕歇尔（Karl Bücher, 1847—1930），在某种程度上还包括乔治·F. 克纳普（Georg F. Knapp, 1842—1926）；第三代的杰出代表有马克斯·韦伯（1864—1920）和维尔纳·桑巴特（Werner Sombart, 1863—1942）。齐美尔与第三代学者同处一个时代，是施穆勒的学生，但他学习的是哲学，并且深受莫里茨·拉扎勒斯（Moritz Lazarus, 1824—1903）教授提出的民族心理学（Völkerpsychologie，融合社会人类学、比较语言学、文化史与社会学的学科）以及与第一代学者同时代的逆流者卡尔·马克思（1818—1883）的影响。古典政治经济学、政治经济学批判、德国历史学派、学院派和非学院派德国哲学代表人物（尤其是康德，也包括尼采）、民族心理学、奥地利经济学派〔卡尔·门格尔（1840—1921）、弗里德里希·冯·威泽（Friedrich von Wieser, 1851—1926）、欧根·冯·庞巴维克（Eugen von Böhm-Bawerk, 1851—1914）〕：所有这些——但不限于这些——共同构成了齐美尔作品出现的智识背景。此外，还有许多其他德国作家也对齐美尔产生了非常重要的影响，这里仅以亚当·米勒（Adam Müller, 1799—1829）为例。他的货币理论在许多方面都与齐美尔不谋而合（参见 Altmann, 1908；Palyi, 1916；Winkel, 1977；Stadermann, 2000）。19世纪末资本主义在德国的发展、新工厂工人的增多、社会问题、城市化、社会等级制度的变化、新的生产系统、新的行为和方法、对管理和国家干预的新要求——这一切都在德国的土地上飞速"生长"。1871年，德意志帝国宣布成立，将不同的领土和王国统一为一个民族国家。一种单一货币——"马克"，立即应运而生，随后开启了"帝国"领土之上的货币统一进程。历经这些变化，无疑激发了齐美尔的灵感，促使他在19世纪80年代末开始构思并撰写关于货币的著作。

如果设想或认为任何一个单一的物体或思想可以自行综合19世纪所有典型的转变和经验，那就未免太天真了。然而，试图将一个一般意象、一组含义浓缩在一个单一的概念中，却可能会得到一些认知上的收获。货币的情况就是如此。因为它无处不在，即使是在货币无法触达的贫穷与匮乏之地，它仍然以缺席的形式存在着。货币一直在搏动，也一直在移动。也许在物质世界中，再没有什么能像货币这样时时刻刻存在于人们的生活之中。即使是在虚拟世界，它也不甘落后。然而，它不仅存在于物质世界和虚拟世界，还存在于精神世界，而且也许主要存在于精神世界。齐美尔在《货币哲学》中对这些问题进行了广泛的讨论，其目的不外乎是将货币与整个存在联系起来，说明货币如何塑造人类生活，人类生活又如何塑造货币。通过追求这种多元关系，他可以研究一对双重对象——金钱和人类，从而理解我们所生活的世界。这不仅是就两者的统一性或抽象性而言的，也是就其差异性和具体性而言的。一与多，单数与复数，两者皆然。人类与金钱：这就是问题所在。但解决方案是什么呢？

齐美尔尝试了不止一条道路，不是出于任何折中主义或优柔寡断，而是出于这样一种理解，即从整个存在的角度来看，所有道路都通向货币，或从货币出发。他在试图"从普通生活的条件和联系中理解货币本质"的同时,也想"从货币的效用中理解生活的本质和组织"(Simmel, 1900 [2005]: 52)。这一纲领性的表述转化为一部包含两部分的长篇著作,每一部分探讨其中的一个方向。不过,关键在于——而且故意大胆采用了这一说法——这种论证逻辑开启了一种问题意识的形式。严格意义上的辩证法不是学术意义上的正题、反题与合题(虽然这些确实存在),而是通过其运动确定其差异的不同,以借助这种差异并与差异一起,突出差异化甚至矛盾力量的运动形成——而这又导致其具体化——的辩证法。

正是差异性和具体性使齐美尔的思想成为今天激发我们思考的动力。无论我们把目光投向远方还是近旁,都会发现千百种之多的货币——它们形式不同,有时甚至没有形式,却始终存在。

让我们再来更仔细地看看齐美尔的一些发展。他最著名的作品是讲稿《大都市与精神生活》,它衍生自《货币哲学》,这篇讲稿将书中所讨论的一些主题集中系统化或在其所引出的观点的基础上进一步发展了这些主题。仅仅阅读这篇文章,就能立即发现它与前文提及的历史学家所作的描述之间的联系。[4]《货币哲学》第二章的题目是"货币的实质价值"。齐美尔首先提出,货币本身不需要具有价值。事实上,历史进程表明,最初的实物货币是具有自身价值的,但在转化为货币的过程中,这种价值逐渐丧失。实物向货币转化得越彻底,其自身或内在价值丧失得就越多。货币的功能是衡量价值,而不是拥有自身价值(因此成为一种价值尺度)。然后,齐美尔描述了货币从实质价值到功能价值的转变:从直接的具体价值到间接的抽象价值的转变。最终,货币成为纯粹的功能,从而转化为一种符号。在这一过程中,质有所减少,量相应增加,因为质与实体相联系。接着,他论证了所谓货币功能价值的辩证法;最终转变为货币的东西通过放弃其他可能的功能，获得了自己特有的价值——换言之，它通过放弃某些价值而获得了某种价值。货币具有关系价值，这种价值在交换的过程中被具体化。但是，货币从未完全达到成为纯粹的经济价值象征的条件，为使货币能够履行其功能，其不可避免地会剩余一些实质价值。由此我们可以看到整个分析论证的过程：齐美尔从货币的实质价值向功能价值的转变入手，断言货币最终会变成纯粹的符号，进而失去实质价值。然而，随后，他又在探讨货币的功能价值时断言，某些实质价值将始终存在。学术辩证法可能会将之视为一种"正题-反题"运动。但是他的分析并未就此停止，在该章的第三部分，也是最后一部分（该章确有三个部分，仿佛正好对应了正题-反题-合题），齐美尔基于实质价值最终也是功能价值这一论断，解构了实质价值与功能价值的区别。

按照这一论证思路，齐美尔还探讨了各种发展，这些发展对我们理解他构想"社会"的方式起到了决定性作用，也使我们能够清晰地了解其分析和思考所具备的过程性和相关性。这种分析和思考近来再度兴起，尽管很多时候披着伪装，使人察觉不到它其实源自齐美尔的思想。因此，我们有必要听一听齐美尔自己的声音：

> 个人之间的互动是所有社会构形的起点……这种社会构形更进一步地发展创造了更高的、超越个体的构成形式，从而取代了互动作用力的直接性；这种构形以这些互动力的直接代表形式而出现，并吸收和调和了个体之间的直接关系……原初要素之间的彼此互动曾经造就了社会存在的单元，但现在却要被取而代之：这些要素中的每一个都与一个更高级的中介机构建立了一种独立的关系。货币就属于这种物化的社会功能的范畴。作为个体之间直接的

互动，交换功能作为一种独立的结构结晶于货币这种形式中……交换是创造了人与人之间内在联系的功能之一——社会，只不过替代了单纯的个体集合而已。社会并不是这么一种绝对的存在物，非得它先存在，以便让其成员的个体关系——高低贵贱的地位、凝聚、模仿、劳动分工、交换、普通的攻击与防卫、宗教社团、政党的形成，诸多其他等等——能够在其框架中发展或者由它来表征：社会只是对所有这些明确的活动关系总体的综合或一个总的名称而已……因此，说交换带来了社会化，几乎就是同义反复：因为交换是社会化的一种形式。交换是那些关系之一，通过这些关系众多的个体构成一个社会群体，而"社会"则等同于这些关系的总和。[①]（Simmel, 1900 [2005]: 173–74）

我们可以注意到，尽管在当今世界，交换主要通过货币的流通来进行，但齐美尔的论点却普遍适用：货币在我们现在所生活的世界中确实起着决定性作用，因为它成了社会的产物。

齐美尔的另一项重要的分析贡献是他在《货币哲学》最后几页中提出的末世论。根据该理论，世界同时具备持续性和非持续性、稳定性和运动性。只有在这种末世论中，货币的全部意义才得以显现，使其成为世界的移动性和可塑性最完美和完整的符号，一个建立在移动之上的世界意象："再没有比货币更明确地象征世界绝对的动态特征的符号了。"（Simmel, 1900 [2005]: 517）

因此，这就是齐美尔把货币作为其哲学对象的原因：探究货币就意味着探究一切运动的事物。货币同时以具体和抽象的形式运动。

[①] 该译文引自《货币哲学》，华夏出版社，陈戎女译，倒数第二句稍有改动。

它是现代的流动性和加速度。由于货币具有典型的符号性质,齐美尔得以通过个体表征来描述普遍现象,这符合他的基本认知过程,即他的"美学泛神论"(aesthetic pantheism,参见 Waizbort, 2000: 75–112)。

> 货币不是别的,就是某一运动的载体,任何在这一运动中不动的其他东西都被彻底消灭了。货币可以说是纯粹的行动(actus purus),它的存在就是不断使自我摆脱任一既定的地点,因此货币构成了所有独立之存在的对等物,以及对其的直接否定。[①](Simmel, 1900 [2005]: 517)

作为纯粹的行动,货币的自我摆脱特征同样也是现代生活的特征。对一切"自在的存在"的直接否定就是绝对的"为他者的存在":货币这种东西只有在与外部相联系时才有意义,因为它总是在寻找更多可以展现其价值的对象。直接接触货币的对象数量越多,质量越高,货币就越能发挥其作为一般等价物的能力。

然而,货币在象征着运动的同时,也象征着稳定。它可以将齐美尔所勾勒出的流动性和稳定性这两种世界形象结合在一起,作为其末世论的基础。由于货币可以用来换取各种各样的东西,甚至是一切事物,因此在无数围绕它不断流通的事物面前,货币表现为某种固定不变的东西:

> 货币作为可触及的部分是外部的-现实的世界中最短促

---

① 该译文引自《货币哲学》,华夏出版社,陈戎女译。

的事物，就其内容而言货币又是最稳定的事物，它作为中立点和平衡点立足于所有其他内容之间。货币的理念意义（一如规律的理念意义）就是提供万事万物的尺度，而自身却不经受测度……货币表现的是经济货物间存在的关联，它涉及如此变幻莫测的关联时本身却保持稳定不变……[①]
（Simmel, 1900 [2005]: 517）

我们可以看到货币具有双重特征（或双重角色），它表达了基于且表现现代的两种世界形象——在此，我们也可以看到齐美尔的末世论与波德莱尔（Baudelaire）在《现代生活的画家》（"Le peintre de la vie moderne"）中所描述的末世论之间的相似性。波德莱尔所描述的疯狂生活也是齐美尔思考的一个主题，因为货币经济的扩张加快了生活的节奏，这也是货币现象学必须要承认并探索的：货币越是凸显其功能性特征并从物质中解放出来，就越能加速生活节奏。即使以圆形硬币等实物形式出现，这种形式也"象征着货币传递给交易的运动节奏"（Simmel, 1900 [2005]: 512–13）。然而最重要的是，货币集中化最为极端的例子——证券交易所——从最大程度上揭示了生活节奏的加速度：

股票交易处于金融交易中心地位……股票交易仿佛是所有这些价格估算变化的几何焦点，同时也是经济生活激起人们最大的体质上的兴奋的地方：他们脸红筋涨地在乐观情绪和悲观态度之间摇摆，他们对可以预知和无法预料的事情的神经质反应，他们迅速地掌握影响股市的每一种

[①] 该译文引自《货币哲学》，华夏出版社，陈戎女译。

因素又同样飞速地忘之于脑后——所有这一切均体现了生活速度的急剧加速，以及这种速度的变化中一种狂热的动荡和压抑，货币对心灵生活过程的特殊影响力在此昭然若揭。[①]（Simmel, 1900 [2005]: 512）

齐美尔评论了纽约证券交易所，当然他也把目光投向了柏林证券交易所。齐美尔撰写此文的时候，柏林证券交易所正开始蓬勃发展——事实上，对它的监管问题已经引发了热议。在这里，我们可以注意到齐美尔将外部和内部联系起来、将股票交易事件与心灵的激荡联系起来的能力（比如他将城市和精神生活联系在一起）。日益涌现的货币象征着活力，这使其成为现代的完美象征——不仅象征着现代经济，还象征着现代的生活方式，甚至以其理性论和抽象性象征着现代的思维方式。就像齐美尔的思路那样，身体和心灵的生命既塑造了货币，也为货币所塑造，并且包含了整个存在。

齐美尔研究的问题数不胜数，这些问题探索的主题跨越了不同的知识领域，无论是在他自己的时代，还是在我们的时代，其现实意义都得到了证明。例如，当代的社会学家感兴趣的问题包括：货币如何调节社会关系，社会关系又如何调节货币；货币如何代表价值，无论这些价值是不是"金钱上的"；我们如何占有货币，又如何被货币所占有；货币如何创造自己的时间性，以及这是怎样的时间性。他们探讨了货币的符号维度，以及货币如何实现其手段和目的，如何发展出目的论系列，如何定义目的导向的行动模式。货币既是一种客观价值，也是一种主观价值。它创造了社会关系，促进了自由，

[①] 该译文引自《货币哲学》，华夏出版社，陈戎女译。

赋予主观性以形式，赋予社会关系以人格和非人格，催生了不同的社会类型，如穷人、贪婪者、野心家、厌世者、苦行僧、愤世嫉俗者、挥霍者等等。它既是工具和技术本身，也是工具和技术的实施者，它使感觉失色，并与智力相协调。

与此同时，经济学家关心的则是价值、价值理论、构成价值的过程和构成过程（特别是经济过程）的价值；实物与价值，良心与价值之间的关系；稀缺性、效用、价格、工资、生产和流通等问题；作为物质和功能的货币；货币和交易手段的起源；货币的历史发展与等价物问题。他们希望了解信贷、价值的集中化和分散化、支付手段，以及货币如何调节经济。

就人类学家而言，他们则探究货币的表征如何形成和转化；如何在社会上创造地方、区域和普遍的交易手段，以及计算与核算的形式；交易究竟处于何种地位，货币如何构成交易及/或由交易构成；货币是如何被花费、储蓄和挥霍的；货币如何影响数量和质量的概念。他们想知道谁在买、谁在卖，他们又是如何买、如何卖的；货币如何流通，物、人和无形物又是如何随之流通的。

显然，这种按照学科的分布任意且不完整。其中许多问题，甚至几乎所有的问题，都以某种形式在这三个学科领域以及其他领域得到了回应，包括哲学、心理学、法律、政治学、历史（尤其是货币史）和钱币学，这些只是最明显的例子。这些问题都出现在了《货币哲学》中，为其提供了实质内容，反映出齐美尔试图思考的现象的多样性，并以某种形式将其综合为一种"哲学"——对他来说，正是这种思想使这种综合成为可能。当然，没有什么能阻止我们以不同的方式思考——把综合问题置之一边，深入研究特殊性和差异的原始具体性。但我们也可以在其他形态中寻找这种综合，因为每个学科都能以自己的方式进行可能的综合。

因此，齐美尔的反思为影响每个人日常生活的主题和问题提供了辩论和讨论的空间，并且许多人都在对此进行思考。我们都需要钱来生活，甚至有些人只是为钱而活，这个主题对每个人来说都不陌生。然而，研究货币及其丰富性的方式却没那么为人所熟悉了。

这个话题永远也讲不完。每一天，它都以无限的形式出现在我们面前。齐美尔可能是这项研究的先行者，但我们也无须继续在学术上受他的束缚：道路多样，我们可以迷失在任何一条道路上。也恰恰是在那时，我们才能真正评价齐美尔的成就，因为所有迷途的人都可以在《货币哲学》中找到一个路标。

我们可以举一个对过去和现在的人类学都有意义的例子。马塞尔·莫斯（Marcel Mauss）对其所谓"总体呈献体系"的思考，在很大程度上是齐美尔在《货币哲学》中所述观点的直接延续，尽管这位法国社会学家并未明确指出这一点。从这个意义上说，那些"调动整个社会"（Mauss, 1923 [1974]: 179）的全部社会事实即是对齐美尔多年前所提论点的概括。克洛德·列维-斯特劳斯（Claude Lévi-Strauss）将莫斯提出的"启发式原则"表述为"试图将社会生活理解为一个关系系统"（Lévi-Strauss, 1960 [1974]: 26, 27），以此对其进行总结。在这里，我们遇到了齐美尔的计划和实现，其中不乏更为尖锐和激进的形式，因为社会或多或少被设定为关系系统。齐美尔的观点在莫斯和列维-斯特劳斯的作品中得到了延续，甚至在今天已在人类学领域占据一席之地的各种关系主义分支中也能看到其影子，这些都说明齐美尔在人类学领域保持着良好的活跃状态。

在任何情况下，货币或许都是存在逻辑的，尽管这一逻辑高度复杂、变化无常且具有过程性。齐美尔没有从抽象的角度解读这种逻辑，而是试图从具体的角度来揭示它。因此，尝试总结其论点没有太大的意义：既不会有成效，又难以总结。所有对"关系主义"感兴趣的人，都能从专注而不带偏见地阅读齐美尔对"具体普遍性"的讨论中获益良多。作为"功能单元"，社会是由元素之间建立的关系集合构成的，更准确地说，它将这些关系作为元素建立起来：一种激进的"方法论关系主义"通过货币得以表达和具体化。对齐美尔来说，货币既是关系，也具有关系（Simmel, 1900 [2005]: 123）。

齐美尔阐述了一种交换理论，认为交换是以所失（sacrifice）换取所得，这种理论后来发展为价值理论。从这个综合体出发，就有可能构建关于给予、接受和交换的人类学/社会学（以及研究同样内容的心理学、经济学等）。这个问题将我们带入《货币哲学》的核心和"交互作用"（Wechselwirkung）（"互动"）等概念，以及关系主义、功能和作为关系的"社会"（我们已经看到了其中的一种表述）等理念。

另一个方面，与齐美尔所在的时代相比，当今的货币更加显性和活跃。齐美尔撰写《货币哲学》之时，德国马克刚刚诞生，在德意志帝国内仍与其他货币并存。毫无疑问，《货币哲学》所研究的货币经济的扩散过程，已经以毛细血管般的方式进一步扩散。现今，货币着实无处不在，尽管其管理机制一直存在缺失：无论是作为贫困和匮乏的痛苦，这主要被理解为金钱的缺乏（尽管不仅如此），还是当我们考虑到今天大约85%的金融交易都在使用"活钱"（"现金"），但现金的使用却仅占交易总价值的1%（Ingham, 2004: 5）。

在探索社会形式和思想形式之间的联系时，坚持认为货币不仅是一种属于物质世界的实体，而且首先应该属于精神世界，强调货币在多大程度上塑造了思想，可以说是一个古老的命题及问题〔《社会形态和思想》（"Gesellschaftsform und Denkform"）：Mannheim, 1931: 662; 参见 Sohn-Rethel, 1989; Luhmann, 1980–99〕：在这种情况下，货币被视为思想形式、世界观、世界图像的——因而也是人类图像的——共同决定因素 / 条件。

所有这一切都与货币的扩散和扩张直接相关，这一过程仍在继续，也体现了书中指出的突出的现代逻辑。当然，货币的形式也在随之发展，其虚拟形式尤其体现了货币的流动性、模糊性和关系性，也体现了其功能价值超越实质价值的成就。1900 年齐美尔写书时曾广泛使用的金属货币最终彻底消失，由此，货币的实质价值和功能价值之间的关系得到了最为清晰的展现。或者再来看看另一面：在危机时期，金属是如何成为一种安全资产的（在欧元危机最严重的时期，欧洲出现了一种自动提款机，顾客只要往里面插入一张欧元纸币，就能得到一小块金条）。

最近的欧元危机表明了货币兼具实质性和精神性，因为它在一个不统一的社会空间内引入了一种统一的货币——或者换言之，在一个非同质化的社会、政治、经济及最为重要的精神空间中，引入了一种同质化的货币——从而产生了一系列不协调、不平等和冲突（最明显的例子是欧元区内部的区域经济差异，这种差异引发了一种不再充当国家货币的货币与一系列民族国家之间的紧张关系：参见 Dodd, 2005）。虽然在一个层面上，共同的货币缓和了这种差异——不再需要在每次跨越国界时兑换和转换货币的游客们熟知此点——但在另一个层面上，它似乎需要以一种同样统一的货币（以及政治、经济、社会和精神）制度为前提。由此一来，分歧，或者说问题便开始显现。虽然货币和由此产生的金融经济早已打破了国家和民族的框架，但政治决策空间仍然在很大程度上受制于国家空间。

今天，在欧洲共同体，银行间流通的虚拟货币是人民、银行和政府持有的实体货币的 11 倍。同样的现象在 2008 年的金融危机中也出现过，而这与期货市场的问题有关；换言之，这是由货币形式引发的时间性问题：由于货币可以用作未来的支付承诺，因此时间性为未来的操作开辟了空间（Esposito, 2011）。毕竟，"信用和信用本身就是货币"（Innes, 1913: 392 & 402）。经济学家总是不厌其烦地告诉我们，自亚里士多德时代起，支付承诺和价值储存手段就一直是一种货币形式。因此，未来向货币和信贷业务敞开了大门，在此过程中，三方同盟变得越来越普遍：货币仅有功能而没有实质，它与电子通信和流通的技术设施相结合，再加上金融业务已摆脱了传统的（与民族国家相关的）控制机构——所有这些使得支付承诺的操作成为可能，成为没有人对此负责的连环计（mise en abyme），也正是因为这个原因，当最终需要支付账单时，每个人都要负责。彼得·所罗门（Peter Solomon）曾是雷曼兄弟（Lehman Brothers）的高管，如今已经拥有了自己成功的投资咨询公司，他说过一句令人难忘的话："计算机向我们展示了该如何管理风险。"（apud Spivak, 1985: 88）我们已然并且仍在见证计算机的控制程度……或者从另一面来看，看看它们允许多少不受控制的事情发生。

显然，齐美尔并不是第一个强调货币在多大程度上是一种心理建构，以及它在多大程度上具有显著社会性的人。然而，齐美尔的优点之一正是把这种认识视为问题化的杠杆，从而提供了将这两方面结合在一起的符号维度的解读。在这个意义上，齐美尔强调货币是一种符号，而且是现代的符号，这表明他认识到现代货币主要具有精神性和社会性，明确地将它从实质性联系中分离出来，并通过作为信用的货币这一概念进行阐明。

想要理解或观察经济世界或体系，这一知识就必不可少。我们不需要坚持现代系统理论，来接受未来是由不确定性决定的这一说法。但如果货币能让我们赢得时间，那么它也能让我们——正如经济学家和社会学家所教导的那样——"推迟和搜索"（Shackel apud Esposito, 2011: 50–1）：决策被转移到未来，同时人们可以搜索到更多更好的信息，以做出更明智的决定，或者换言之，完成更好的交易。如果我有时间，就可以找到最佳报价，买得更便宜，或者卖得更贵。凯恩斯在说"所以货币的重要性主要在于，它是连接现在和未来的纽带"（Keynes, 1936: 293）时，想到的就是货币这种协调当前和未来的能力。

说到虚拟形式，货币或许是历史上第一个具体实现虚拟形式的。今天它所涵盖的范围不仅有贝宝（Paypal）、易贝（eBay）、比特币（bitcoin）及类似的虚拟货币，也不仅有网上转账及飞往财政天堂和地狱的机票，甚至还有"虚拟互动"和"社交网络"的形式，其中价值产生的形式显然活跃在结交新朋友和重遇旧相识的背后：在所有这一切中，货币成了一种预期，而这正是问题所在。

另一种有趣的方法是对我们所生活的日常和高度具体的世界中的货币及其衍生品进行现象学研究。这和齐美尔在他的时代所做的研究非常相似，因为正如我在前面提到的，他的目标之一是"从货币的效用中理解生活的本质和组织"。这一点可以在现代社会学所称的新经济社会学，或是人类学所界定的社会生活，甚至是对象和商品的变迁史中得到确认。在这两个方面，很多当代学者都在研究中借鉴了齐美尔的方法，尽管他们并未明确指出这一点。但是，有些学者却指明了相关研究的源头，阿帕杜莱（Appadurai）就是一例。他在一篇著名的文章中指出，"探索经济对象在不同时空价值体系中的流通条件"的研究始于齐美尔（Appadurai, 1986: 4）。

正如我们所见，这种关于具体世界的现象学是齐美尔书中最引人注目的方面之一，它为将货币同时与静止和运动联系起来的末世论提供了基础。他向我们展示了那些固定的，不变的，至高无上的万物是如何围绕货币运转的；以及货币是如何围绕存在的事物不断循环的。大城市的生活、加速度、客观文化、精确性、时尚、知性主义、社会主义、区别、贪婪、挥霍、厌世与愤世嫉俗、对称与节奏、饮食、亲密关系、神经系统、情色交易、冲击、穷人、各种货币工具、风格的多样性、政权的主体化——所有这些都与货币经济的扩散相关。我们不妨重申，齐美尔为我们提供了一种方法，能够同时揭示他所谓货币的生成维度和分析维度：货币是如何在社会中产生的，又是如何创造社会的——特别是现代社会的形式，以及那些在其中生活、生存和死亡的人们。

齐美尔的思想和当前的思想之间有着强烈的共鸣。在当代社会学〔代表人物：尼克拉斯·卢曼（Niklas Luhmann）〕、当代人类学〔代表人物：基思·哈特（Keith Hart）〕以及当代经济学〔代表人物：G. L. S. 沙克尔（G.L.S. Shackle）〕领域，我们都可以遇到将货币视为一种意义、时间和记忆的共同理解——也就是说，货币是一种铭刻于时间纽带上的符号化通用交流手段（这是波兰尼在主张将货币作为一个语义系统去理解时提出的主题）。为了生存和生活，人类社会需要交换信息，因此也需要交换记忆，而在这个过程中，货币是一种决定性的工具（Hart, 2006）。既然个体身份也必然是社会身份，由此我们可以推出其与货币之间的关联：绝非巧合的是，齐美尔着重强调了货币是如何使个体获得自由，使内在产生差别分化而保持外在无差别的，或者可以说，差别和无差别的动态是如何造成两难境地的。

继续说：由于交换既根植于市场之中，又发展了市场，而（广义上的）市场和国家之间存在一种以货币为媒介的共生关系（这将我们引向现代的起源），这种问题化的范围具有相当大的扩散潜力。在这里，我们只要把国家看作一个调节各种相互依赖的关系并且会在某些关系链之中创建操作规则的机构即可，这些规则有可能将稳定性扩展到其自身之外（例如，通过为使用的货币提供担保，或者换言之，减少其复杂性）。作为一种符号、意义、时间和记忆，货币不仅能从这种稳定性中获益，还能复制和实现这种稳定性。也许，这就是货币不可或缺的原因之一。

我在前面提到了贫困问题。货币与权力有关，因为正如我们所见，它提供了等待、选择和决定的可能性。没有钱的人既无法等待，也无法选择。因此，他们注定只能接受最差的交易，而富人获得的却是最好的。通过列举富人和穷人的例子，我们引出了因货币而形成的社会类型的问题。不同的社会类型也出现了，如厌世者，挥霍者和贪婪者（这两种人因对货币的绝对重视而统一起来，只不过前者的目的是消费，而后者的目的是囤积），愤世嫉俗者以及禁欲者（这给了马克斯·韦伯启发）等。韦伯的读者欣喜于他对理性主义与现代之间的联系，甚至是对职业工人的论述，而桑巴特的读者则认为可计算性是现代的一个决定性特征（Weber, 1920–21; Sombart, 1902）。

齐美尔告诉我们，货币是现代宇宙末世论的中心：上帝或魔鬼，或上帝-魔鬼。它在矛盾的迹象下所向无敌：它既存在又虚无。因为货币是无差异、功能性、形式化、数量化的，其特征是不具备特征，所以它非常适合于模棱两可的关系。在分离的同时，它又联合在一起。当接近时，它又会分离。作为交易中的中介元素，货币介入交易代理人之间，把交换货币的个体分开。交换由直接转为间接，当没有货币介入时，交换关系是直接的，而货币的使用使这种关系变为间接的。因此，货币是保持距离的重要元素。这种中介地位使得货币能通过支付较为有效地解决冲突问题。其作用和中介地位似乎是分离的一个因素。但与此同时，货币又是统一的，因为它把参与交换的人联系在一起：它把他们彼此联系起来，使他们之间的关系更加紧密。它创造了相互依赖关系，赋予其潜力并使其具体化。作为一种一般等价物，它促进了交换，拉近了最初相距甚远的事物。它越能完美地发挥其一般等价物的作用，就越能换回更多的东西，就仿佛一切都在引力的作用下围绕着它。

货币这种模棱两可的状态引发了无数问题。例如：究竟是货币在人与人之间流通，还是人们围绕着货币打转？谁在追逐谁？是人在追逐金钱，还是金钱在追逐人？历史告诉我们，但凡人群集中的地方，货币就会成为一种必需品。但是，但凡货币存在的地方，同样也会出现集中的人群。

货币实现了世界语的理念，即创造一种人人都会说能懂的语言。因此，它是人类创造的最完美的语言，完美到我们甚至可以问：它到底是不是神的语言？是圣言，是上帝的声音——还是魔鬼的声音？由于货币作为一种通用语言在世界范围内普遍流通，世界的距离被大大缩短了。它过去是，现在是，将来也可能依旧是古老、永续的全球化进程中最先进的前沿阵地。单一世界是一个讲货币语言的世界，是否存在地方口音无关紧要。它巧妙地规避了全球和地方之间的差异：货币是单一而独特的，但它也拥有着无数的面具、形式、格式和名称。然而，在最后关头，地方差异总能顺应普遍的平等。无论是贝壳、石头、金属盘、纸片、塑料卡、芯片、电子脉冲还是区块链：货币始终相同，永恒地回归相同。

由于货币的本质是无差异的，它是人类之间最合适、最有说服力的理解媒介之一：无论人与人之间有多么不同，他们都能通过货币找到共同点。货币使物，也在很大程度上，使人摆脱了隔阂。它带领人和物从最初的孤立状态转移到一个具有关系性、可比性和互动性的领域。这就是为什么货币能够如此贴切地象征现代世界（但不仅限于此）：在这个世界里，曾经的固体全都成了烟一般可移动、可流动的物体（其他人更喜欢称之为液体）。原来的物质转化为关系。[5] 没有什么比货币更能完整地展示现代世界的关系性了，它只是将主体和客体联系在一起。

据说叔本华曾声称，金钱是人类抽象的幸福。因此，那些无法真正获得具体的快乐的人往往把金钱当作一种幸福的形式。华特·迪士尼（Walt Disney）在创造唐老鸭的吝啬鬼叔叔这一角色时，似乎从叔本华那里汲取了灵感。这个问题并没有表面上那么单纯：没有钱的人能完全幸福吗？[6] 尽管地球上依然存在以物易物的角落（而且这样的地方还有很多），而且尽管人们试图在简单交换的基础上重建经济，但货币仍会沿着漫长而多样的相互依赖的链条的许多环节传播开来，随时都有可能发扬光大。

那么，货币成为现代世界的上帝便是再自然不过的事情了。没有什么东西能如此接近、完美贴合上帝的理念：无所不能、无所不知、无所不在。上帝与货币的重合特别容易阐释，这不仅因为它们都象征着和平、安宁和幸福，还因为它们的理念都是赋予多样性以统一、赋予世界的特质性以意义。两者都涉及极高的，或许是最高的抽象级别。

货币的特点是，它是实现各种目的的手段。因此，它成为最多样化的目的论序列的交汇点，所有事物和所有人都有可能相遇的共同点。对每一件事物和每一个人来说，货币都是一面镜子，告诉两者它们/他们分别是什么——"魔镜，墙上的魔镜啊。"（"Mirror, mirror on the wall."）它使每件事物和每个人都各安其位。只要有货币在，它就会促使一切事物转化为数字，进而转化为计算（完全可计算的乌托邦并不属于物理学，而属于货币）。但这到底意味着什么呢？继齐美尔之后，桑巴特认为计算的冲动是现代资本主义的核心要素之一。韦伯则在桑巴特研究的基础上，阐述了他对资本主义精神和理性主义的思考。

一旦货币成为一切事物的共同标准，重要的就不再是"什么"的问题，而是"多少"的问题。"什么"关系到质的不同，是个体的、独特的。而当货币出现之后，那些无从比较的具体事物便被包摄其中，因为货币在量的基础上平衡了一切：唯一持续存在的区别是拥有货币的多寡。人们甚至会受到一些不体面的建议的挑衅，在金钱的刺激下铤而走险。

货币的非人格性和匿名性是其基本的痕迹，这种痕迹不仅局限于它本身，还包括它以其点金术（Midas touch）所触达的一切。货币的完全统治意味着一切不能用货币来计算的东西——也就是说，任何不能用数量衡量的东西，任何关系到事物实质的东西——都将被放逐。出于这个原因，每当个人价值受到威胁，将金钱作为一种补偿和赔偿形式似乎极不合时宜。

这就是为什么今天的法律不再允许单纯用金钱（简单的罚款）

来弥补谋杀造成的伤害。人的生命太独特、太特别了,不能用金钱这种冷漠而"庸俗"之物来补偿。但情况并非始终如此。在其他时代和社会,谋杀案发生之后,凶手(及其家属)往往能够而且实际上必须向受害者家属支付一笔钱作为补偿。再想想今天比比皆是的民事赔偿,就足以看出这个问题仍然具有很强的现实意义:金钱能在多大程度上补偿丧失亲人的痛苦?或者借用明确而直接的货币语言:多少钱可以补偿这样的损失?类似情况还有许多,在此仅举一例:随着新的生殖技术的发展,人们提出了一个异曲同工的问题:关于购买和管理人类卵子和精子的问题。一条生命值多少钱?只有在19世纪货币经济得到巩固和普及之后,这一问题才能用现在的术语得以表述(Zelizer, 1985)。

毫无疑问,金钱有其邪恶的一面。许多不同语言中的无数谚语都体现了货币的双重性质——其正面和反面。它是一种具有不可抗拒的殖民推动力的象征性交流手段;它倾向于取代其他交流形式和互惠形式,使它们渐渐被淘汰并失去意义及效力(Luhmann, 1994: 230–71)。在成为一种普遍符号的过程中,货币扼杀了其他竞争性符号的存在。毫无疑问,货币对暴力手段是再熟悉不过了。它也通过安抚和侵犯揭示了自身的模糊性。

货币的匿名性——不论是其自身,还是任何人都不知道它来自何方,也不知道它将去往何处——与遗忘和失忆有着非常密切的关系。它极度易变且无常;它刚才还在这里,转眼就已消失不见。其他类型的财产都能促进记忆,比如房子、农场、家具、钟表、珠宝、衣服和玩具。然而,金钱却只会促进遗忘。它以同样的方式来了又去:没有在身上写下任何历史,也没有留下任何痕迹。

它不仅从我们的经常项目账户和(实体和虚拟)钱包中消失得

无影无踪,也从银行股票和国家储备中消失不见。从微观到宏观,从宏观到微观,货币不停地循环,并使我们围绕着它不停地奔波。今天,我们比以往任何时候都更清楚地知道,爱丽丝①的白兔是多么正确:要想保持不动,就必须不断奔跑。这不正如齐美尔所描述的那样,是生活在金钱符号下的现代大城市居民的状态吗?

结语

19世纪,人们日益感知到货币的非物质化并将其作为研究主题,这是世界转变的原因。当然,不止齐美尔强调了这一事实(在他关于货币与抽象的密切关系、货币向功能价值的转变及其实质价值的消失的讨论之中)。在同一时期,各种争论从未停止:美国内战后的绿钞支持者与金银通货主义者之争(Carruthers and Babb, 1996),齐美尔及所谓奥地利学派(Wieser, 1891)提出的主观价值理论与客观的劳动价值理论之争,以及不久后英尼斯在第一次世界大战前夕提出的货币不过是信用(Innes, 1913; 1914)的论断。所有这些发展都表明,尽管金本位制力量强大,但非物质化在当时却是一种普遍的倾向。自那时以来,这一进程的传播和深化就从未停止。

毫无疑问,货币在现代社会及其各种构造中的地位举足轻重。从历史的角度来看,很少有社交技术能够发挥并持续发挥如此重要的作用,并对人们的生活方式产生如此大的影响,也许只有文字和数字能与之媲美(Ingham, 2004: 3)。然而,对于货币的重要性及其意义(即不同的内涵)的评价是多方面且富有争议的。出于这个原

---

① 爱丽丝是刘易斯·卡罗尔所著的童话小说《爱丽丝梦游奇境》中的人物,她因追赶一只揣着怀表、会说话的白兔而坠入兔子洞,展开了一场奇幻的地下冒险之旅。

因，我们从未停止过对货币的探究，并一直寻求去更清楚地了解货币的重要性及其所承担或被赋予的各种不同意义。这些意义有时是相互矛盾的、令人疑惑的，或者似是而非的。齐美尔关于货币的想法建立在19世纪的经验的基础之上，然而他的研究被证实具有出乎意料的当代意义。因为即使在今天，他的表述仍然具有争议性、刺激性和启发性。当代对加速及其各种形式的讨论——技术的加速，生活节奏的加速，社会变化速度的加速——就是一个很好的例子。加速一直被视为全球化进程中的一个决定性因素，也被视为对现代进行思考的一个关键概念（Rosa, 2013）。但这一切也都是对世界在19世纪所发生的转变的思考，也是对齐美尔的著作《货币哲学》的思考：货币及其哲学为探索世界转变及整个存在提供了一种可能性，这是因为货币是一种符号，一个表达普遍性的奇点（singularity）。从这个意义上说，《货币哲学》也是对它所处时代的一次有力而多面的诊断，并确立了其自身的独特视角：通过转变为时代符号的货币而对这一时代加以描述。

第七章
Chapter 7

货币与时代：
形式、本质与货币实验

奈杰尔·多德（Nigel Dodd）

在本章中，我将评述关于货币本质和治理的各种争论，这些争论是 19 世纪，特别是本卷所涵盖的 1820 年到 1920 年期间的特征。由于篇幅有限，我无法对这些争论进行全面讨论，但我将试图概述我所认为的这一时代值得关注的主题。据此，我将讨论分成五个主要部分：（一）黄金和白银，（二）货币联盟，（三）银行和信贷，（四）陆地和海洋，以及（五）关于新的实验性货币形式的争论。我特别想强调 19 世纪盛行的货币实验主义精神：无论这些实验采取的是实际存在的货币措施形式（如美国在内战期间使用的绿钞），还是更具乌托邦性质的方案（如约翰·拉斯金等人提出的"劳动货币"）。在本章中，我认为，这些关于货币性质和形式的实验，为经济学家、政治家和其他呼吁改变货币的生产、管理和使用的人们提供了一些解决"时代问题"的洞见。本章讨论的所有计划都是为了解决 19 世纪的一些经济、政治和社会问题：在经济日益繁荣的时期，需要找到能够广泛流通且数量充足的货币形式（金银复本位制和纸币）；为战争筹款（绿钞）；社会公正（劳动货币）；贮藏（腐烂的货币）和不平等（社会信贷）。

黄金和白银

19 世纪下半叶，金银复本位制在许多欧洲国家、美国和印度都得以被广泛使用，并且关于其管理的争论也格外激烈。这个体系之所以具有吸引力，是因为随着经济的日益繁荣，寻找一种适用于更广泛、更大规模货币流通的金属的问题开始显现：黄金不能胜任这项任务，因为它的供给有限，而且分布不均。金银复本位制通常采取两种金属硬币（通常是黄金和白银）无限制流通的形式。[1]金银复本位制的主要技术难点在于两种金属之间的兑换率：1860 年问世的格雷欣法则〔该法则以 16 世纪英国金融家托马斯·格雷欣的名字命名，在此之前曾有哥白尼法则（Copernicus Law）等早期版本〕指出，一旦两者之间的兑换率失调（例如，当一种金属的商品面值相对另一种金属而言不那么有利时），人们将囤积"良"币（内在价值更高的货币），从而导致其流通陷入停滞。[2]另一个问题与套利有关，即有商业头脑的人可能会利用不同国家两种金属之间官方兑换率的差异进行套利（例如，与法国相比，英国白银与黄金的兑换率更高）（Chown, 1994: 75–6）。出于这个原因，政府最好能够固定两种金属之间的兑换率，尽管这类尝试常常失败。

虽然 19 世纪后半叶仍有一些国家的白银拥护者推崇将白银作为货币来使用，但几乎在所有地方，金银复本位制都失去了"官方"的青睐。原因显而易见。随着交易成本的下降，套利变得越来越有吸引力。此外，随着白银价格的上涨，银币的金属价值开始高于其面值：银币或被熔化或被出口，有时会导致面额较小的银币严重短缺。金价上涨时，情况则正好相反。这不可避免地导致货币体系变得有些混乱。由于包括白银在内的各种金属价格大幅波动，英国于 1774 年正式否决了金银复本位制，尽管在 1844 年金本位制得以确立之前，这一做法在 19 世纪上半叶一直争议不断〔并且得到了威廉·赫斯基森（William Huskisson）等人的大力推崇〕。1871 年，德国决定效仿英国，开始采用金本位制——两年后，美国正式采用金本位制——白银价格因此暴跌。

1873 年后，美国人依然没有停止关于金银复本位制的争论，因为金本位制与经济衰退密切相关。在美国，所谓长萧条从 1873 年一直持续到 1896 年（如果采用不同的衡量指标，有时也可以认为是从 1873 年至 1879 年）。在此期间，小麦的价格从 1866 年的 2.95 美元降到 1875 年的 1.40 美元，到 1894 年又降至 0.56 美元；美国、德国和英国的工业生产也显著下滑。长萧条的诱因是"1873 年恐慌"，当时，由于德国和美国决定不再将白银作为货币，导致银价崩溃，国内货币供应大幅减少，利率激增，对农业和工业都造成了损害。迈尔斯指出，对于在这些事件中首当其冲的农业和工业工作者来说，恢复银本位制的民粹主义理由似乎不言而喻："钱越多对个人越有益，这显然是常识。如果遵循同样的逻辑，那么货币越多则对国家越有益。"（Myers, 1970: 199）。在美国，提高银价和增加货币供应互为因果，密切相连；事实上，1876 年国会发起的调查委员会（Commission of Enquiry）曾建议重新恢复白银的货币地位。关于金银复本位制的争论仍在继续，尤其得到了威廉·詹宁斯·布莱恩（他连续在 1896 年、1900 年和 1908 年成为民主党总统候选人）、人民党〔也称为平民党（Populist Party），它在1896年的竞选中与民主党合并〕，以及19世纪90年代早期盛极一时的自由铸银运动的大力支持。[3]

货币联盟

正是在这样的背景下——维持金银复本位制就需要解决相关的技术问题，而采取金本位制显然会导致衰退——人们越来越重视采用一种统一的跨国货币的好处。从表面上看，建立货币联盟的逻辑似乎非常简单。它能为旅行者提供便利（特别是当不同的货币系统具有相同的基准金属标准时）。对于经济政策制定者来说，统一不同货币体系也很有吸引力，因为它可以规避前述套利行为，即企业家利用各国的金银兑换率差异进行套利的行为。这就是建立拉丁货币联盟（Latin Monetary Union）背后的逻辑。

拉丁货币联盟是根据法国、比利时、意大利和瑞士之间所订立的条约建立的。该条约于1865年12月23日签署，1866年8月1日生效。教宗国（States of the Church）[①]于1866年加入联盟，希腊和保加利亚于次年加入。（西班牙和罗马尼亚也考虑加入，但奥匈帝国却因该联盟废除了金银复本位制而拒绝加入。）拉丁货币联盟以拿破仑于1803年推出的法国金法郎为中心，通过终止白银的自由铸造，从本质上结束了金银复本位制。根据条约，每个成员国只铸造特定面值的金币（100法郎、50法郎、20法郎、10法郎和5法郎）和银币（5法郎、2法郎、1法郎，以及50生丁和20生丁）。

---

① 教宗国（754—1929），或称教皇国，是欧洲历史上由教宗统治的世俗领地，位于意大利半岛中部，以罗马城为中心。1929年灭亡后由新成立的梵蒂冈城国取而代之。

乔恩认为，从现实的角度来说，联盟"其实没什么大不了，因为相关国家实际上已经拥有了一种共同货币"（Chown, 1994: 86）。但从政治的角度来说，货币联盟本身的原则——以及在某种程度上这种策略最终可能带来的理论——才是这一时期货币被卷入"时代问题"的象征。在本卷所讨论的时期（1820—1920）之前，欧洲的货币策略是非常零散的。在某种程度上，货币是一种政治表现。当时，意大利尚未成为一个国家，而瑞士（缺乏统一的货币）也只是一个松散的联邦。在德国，1838年德累斯顿公约（Dresden Convention, 20个城邦采用14种塔勒或21种古尔登标准）通过之前，同时通行的货币标准多达6种（Del Mar, 1895: 395; Chown, 1994: 84）。德尔·马（Del Mar）表示，在此阶段，有关货币标准的政治担忧主要在于通胀方面。"人们担心，如果矿区开采出大量黄金，并将其转化为货币，会导致价格出现灾难性的上涨……这的确足以撼动社会的基础。"（Del Mar 1895: 393）因此，黄金没有成为法定货币。

然而，银价被高估，导致银币消失。由于不同国家的货币贬值有可能造成进一步的混乱，1865年在巴黎举行的一次会议呼吁"采用统一的通用货币"（Barbour, 1885: 14；引自Chown, 1994: 85），于是，同年晚些时候，拉丁货币联盟成立。除了排除混乱的标准和竞争性贬值等显而易见的实际优势，构建货币联盟的理念是建立一种更为统一且在不同国家通用的共同货币。这是1867年巴黎博览会期间召开的巴黎会议明确关注的焦点（随后又于1878年和1881年在巴黎，1892年在布鲁塞尔召开了货币会议）。法国政治家费利克斯·埃斯奎鲁·德·帕里埃（Félix Esquirou de Parieu）在讨论中发挥了关键作用，他敦促与会国家采用单一的金本位制和十进制。不出所料，政客们担心，要是他们采用了另一个国家的货币体系，在实质上将本国货币"法国化",将有损他们的民族自豪感。例如,俾斯麦(Bismarck)就将这整个想法斥为"拿破仑式的梦"(Russell, 1898: 117;引自 Chown, 1994: 87)。美国人则更热衷于加入一个这样的联盟,认为面值 25 法郎的金币"在任何地方都能与美国的半鹰金币以及英国的索维林并行流通,并且享有完全相等的地位"(Russell, 1898: 76;引自 Chown, 1994: 87)。法国人对此表示反对,担心他们自己的金本位——20 法郎的拿破仑金币——会受到威胁。与此同时,身处巴黎的英国代表仅列席了会议,因为他们收到指示,不能参与任何可能约束英国政府的投票,也不能"发表任何可能让人误以为英国会接受 1865 年公约的意见"(Russell, 1898: 74;引自 Chown, 1994: 88)。次年,英国成立了皇家国际货币委员会(Royal Commission on International Coinage),该委员会就国际货币为制造商及公众带来的好处吸取了相当积极的经验。尽管如此,委员会依然对货币联盟持审慎态度,因为迈向联盟的任何步骤都会导致本国铸币的含金量略有下降——25 法郎硬币的含金量比索维林少 0.83%——这意味着加入联盟"无异于在法律上授权债权人每借出 1 英镑就从其债务人那里劫走 2 便士"(引自 Chown, 1994: 89)。

拉丁货币联盟一直到 20 世纪 20 年代才正式解散(尽管实际上在那之前它就已名存实亡)。然而,即便在存续期间,它也面临重重困难,其中最主要的问题与金银复本位制有关:1873 年,银价大幅下跌,导致那些可以通过铸造银币换取黄金而获利的国家增加了白银的进口量。银币铸造最终于 1878 年停止,从而使拉丁货币联盟执行了金本位制。金属的问题似乎难以克服——金本位制会引发通货紧缩,金银复本位制又不太稳定——而货币联盟必然会面临政治纷争,而且往往会遭到破坏。

银行和信贷

虽然对金属货币的辩论和实验是 19 世纪货币史的特征，但可自由兑换成金属的纸币确实在一些国家流通。在本卷所讨论的整个时期，银行——尤其是银行存款——已成为货币体系日益重要的特征。对于富人来说，除了日常的小交易，硬币在大部分金钱债务中变得越来越无足轻重：人们只要授意银行家进行转账就行了。在英国，银行在货币生产和使用方面发挥的作用日益突出，从而引发了所谓货币与银行"学派"之间的争论。一方面，以塞缪尔·琼斯·劳埃德（Samuel Jones Lloyd）、乔治·沃德·诺曼（George Warde Norman）和罗伯特·托伦斯（Robert Torrens）为首的学者坚持货币学派立场，他们认为尽管纸币的流通完全合法，但其总体价值不应超过国家黄金储备的价值。另一方面，以托马斯·图克（Thomas Tooke）为首的银行学派支持者则认为，只要是为了满足贸易的需要，任何扩大纸币供应量的做法都是可以被接受（且可持续）的。

从实践的角度来说，货币学派和银行学派之争的核心是如何更好地调节货币供应：例如，英格兰银行是否应该垄断纸币的发行。从哲学上讲，这是一场关于货币本质的辩论，它引发了有关银行存款状况和货币数量理论的问题。从 1819 年到 1844 年，这场辩论持续了大约 25 年之久，其间曾出现"1825 年恐慌"，这次股市崩盘终结了南美的过度投机行为。这场危机始于英格兰银行（彼时，它还不是一家成熟的中央银行），并最终导致伦敦的 6 家银行和全国六十多家银行倒闭。《泰晤士报》（*The London Times*）将 1825 年 12 月 1 日英格兰银行的挤兑场景描述为"热门演出之夜的剧院正厅后座"（Chown, 1994: 152）。到 12 月中旬，随着黄金市价和铸币价格之间的差距越拉越大，实际上英国央行已无纸币可发。根据本廷克勋爵（Lord Bentinck）当时的说法，英国已经接近只能以物易物的状态（Chown, 1994: 153）。这场危机成为讨论货币的真正性质以及银行系统在调节货币供应方面所起作用的焦点。从货币学派的角度来看，人们普遍认为银行——其中最主要的是英格兰银行——要为过多印制钞票负责。但银行学派则认为，问题在于银行未能印刷足够的钞票。双方的争论一直持续到1833年《银行法案》（Bank Act）出台。该法案延长了英格兰银行的特许权。除了对立的货币学派和银行学派，还存在第三种立场。这一立场得到了爱尔兰作家、辉格党政治家亨利·帕内尔（Henry Parnell）等人的支持，主张"自由银行制度"。货币学派和银行学派都认为英格兰银行应该垄断货币的发行，但其主要区别在于：前者主张施加法律限制，将纸币限制在金属储备范围内，而后者则主张采取相机抉择货币政策，这意味着，货币供应量可以根据商业周期的需要而增加。另一方面，自由银行制度的支持者认为，任何机构都不应该垄断纸币的发行。

在当时的美国，效仿亚历山大·汉密尔顿于1791年建立的第一银行而建的"第二合众国银行"于1816年获得特许。其特许状所涉条款与英格兰银行及法国银行的特许状条款类似，尽管与完全私营的欧洲银行相比，该行五分之一的资本都为政府所有。第二银行是政府唯一的财政代理，负责处理税收、持有和转移所有美国存款，以及支付和接收与政府业务有关的所有款项。它还负有一项监管职能，即防止私人银行无限制地发行纸币。它通过与当地银行的往来实现这一目标，即对这些银行施加限制，使其贷款策略与第二银行持有的金属储备保持一致。然而，起初，这一监管目标却难以实现：人们普遍认为导致"1819年恐慌"的原因是第二银行未能收紧对货币和信贷供应的管制，在西部和南部尤其如此。随后它又矫枉过正，过度收紧了货币政策，以至于美国陷入了持续到1822年的经济衰退。尽管后来在尼古拉斯·比德尔（Nicholas Biddle）的领导下，该行经历了一段货币稳定时期，但围绕它的政治局势却并不稳定，因为安德鲁·杰克逊——1829年至1837年任美国总统——主张不延长第二银行的特许状，并由一家权力极为有限的银行取而代之：杰克逊的银行将受制于中央财政部，并且禁止发行纸币或发放贷款。尽管杰克逊的想法并未完全实现，事实上第二银行的特许状也得到了延长，但与他有关联的所谓"硬通货"狂热者——从现在的角度来看，这对于左翼民粹主义者来说可能很不寻常——还在继续采取行动限制银行的权力。第二银行被迫做出妥协：1833年，它成为一家私人银行，于1839年遇到流动性问题并于1841年停止交易。

因此，尽管银行学派的论点似乎在英国占了上风，但在美国，杰克逊"反银行"势力的硬通货论点却占据优势。在这种背景下，1833年第二合众国银行转型后，美国政府面临一些严峻的困难，其中最主要的就是，彼时美国没有机构能开展中央银行的业务。此外，货币政策和信贷监管已经超出了美联储的能力范围。联邦层面的银行法并不存在，银行监管被视为地方政府，而非中央政府的事。私人银行激增，准自由银行体系——所谓自由银行时代——得以发展。之所以叫"准"自由银行，是因为尽管银行有权发行自己的纸币，但它们也受到严格的发行限制：不得建立分行网络，并且必须通过向国家当局提交证券的形式来为其纸币做担保。"中央"银行的职责有时由地方机构承担：例如，纽约安全基金（New York Safety Fund，提供存款保险）和波士顿的萨福克银行（Suffolk Bank，既是清算所，又是在那里开户的银行所发行票据的担保人）。1872年出任货币监理官（Comptroller of the Currency）的约翰·杰伊·诺克斯（John Jay Knox）对此表示赞许，因为这证明"私营企业可以受托开展兑付流通银行纸币的业务，相比由政府来提供相同的服务，这样做既能保证安全又经济得多"（引自 Rothbard, 2002: 120）。然而，银行倒闭在这一时期是家常便饭：银行的平均寿命是 5 年，大约一半的新银行都会倒闭，其中很多是因为无力赎回纸币。

虽然在自由银行时代，纸币可以兑换成金银币，但在美国内战期间，情况却发生了巨大变化。战争双方都将不可兑换的纸币作为战争融资的一种方式。[4] 1861 年 7 月，在萨尔蒙·P. 蔡斯（Salmon P. Chase）担任财政部长期间，国会授权印制价值 5000 万美元的即期票据，这些即期票据可以随时根据需求兑换为金银币，还可以用来支付关税（届时它们将退出流通，这意味着到 1863 年，大约 95% 的即期票据已不再流通）。但这些还不够，因此在 1862 年 2 月《法定货币法》通过之后，第一批"绿钞"得以发行——之所以称之为"绿钞"，是因为（与此前私人和国家印制的钞票不同）它们采用双面印刷，并且背面是绿色的。《法定货币法》授权发行价值 1.5 亿美元的纸币，这些纸币被视为"合法货币"。这是一种无担保（或不可兑换）的纸币。大部分纸币上印有下列"义务文本"："本纸币是除进口关税和公债利息以外所有公共和私人债务的法定货币，并可用于支付向美国提供的所有贷款。"1862 年 7 月，《第二法定货币法》又批准发行了 1.5 亿美元；1863 年 3 月出台的《第三法定货币法》也是如此（Mitchell, 1903）。总的来说，在北部 23 亿美元的战时金元债务总额中，广义上的绿钞占了 6.44 亿美元（28%）（O'Brien, 1988）。1875 年 1 月通过的《恢复铸币支付法案》（*Specie Payment Resumption Act*）为绿钞时代画上了句号。该法案要求政府从 1879 年

1月1日起根据需求用黄金赎兑绿钞。实际上,绿钞类似于"零息债券",其折让率为7.94%(Chown, 1994: 254)。

陆地和海洋

19世纪末和20世纪最初的十年出现了一段货币相对稳定的时期。在此期间,由于在南非、美国阿拉斯加州和科罗拉多州发现了金矿,黄金的供应量几乎增加了一倍,并且大多数国家也从金银复本位制转变为金本位制。1900年,美国通过了《金本位法案》,宣布将金元作为标准记账单位(而绿钞、银元券和银元都可以兑换成黄金)。英国早在19世纪初就开始采用金本位制。在"1907年恐慌"期间,英镑曾出现短暂的挤兑危机(Bruner and Carr, 2007)。引发这场危机的导火索是曾为美国最大银行之一的尼克博克信托公司(Knickerbocker Trust Company)的破产倒闭。然而,真正使金本位制陷入混乱的原因是第一次世界大战的爆发,因为它凸显了这个体系的主要弱点,即恐慌迹象甫一出现,大多数银行就拒绝将纸币兑换成金币,1914年夏的情况正是如此。于是,"古典金本位制"时代戛然而止。黄金将在战后回归,并带来一些显著的不良后果,但这是本丛书下一卷要讨论的问题。

马克思曾经说过,货币"穿着不同的国家制服"(Marx, 1987: 139)。货币"自然而然地"以国家单位的形式存在,这种信念强化了政府能够最有效地管理货币的观点:管理其印制,调节其供应,保证其价值。然而,正如迄今为止的讨论所表明的那样,货币、国家和社会之间的关系是偶然且有争议的,而非自然而然。直到19世纪,整个欧洲都在混用本国货币和外国货币,而在美国、墨西哥和西班牙的银币则主导了美国国内的货币供应。同样，直到19世纪，外国货币还在加拿大、拉丁美洲、东亚和中东地区自由流通。这些在世界性货币体系中流通的货币通常是具有某种固有价值的硬币，尽管国家和银行发行的纸币也会跨国界流通。就像我希望展示的那样，从历史上看，关于货币和政府之间关系的确切性质的争论——比如，在内战后的美国，"金银通货主义者"和"绿钞支持者"之间的争论（Carruthers and Babb, 1996）——往往和关于货币媒介本身的特质以及货币管理替代体系的社会影响的争议联系在一起。

大多数关于货币和空间的争论都集中在陆地上。然而，全球经济的发展却在很大程度上依赖与海洋相关的权力组织。正如卡萨里诺（Casarino）所言，"在工业资本主义出现和巩固的过程中，海洋已成为一个越来越动荡、矛盾和富有争议的地带"（Casarino, 2002: 4）。尼采曾将海洋描绘成"如同丝绸、黄金和良善的梦想"（Nietzsche, 2001: 119）。黄金对于海洋的历史至关重要，不仅与贸易有关，而且与马克思所描述的原始积累形式有关。发现美洲和绕过好望角，"为正在崛起的资产阶级开辟了新天地"，与殖民地之间的贸易给商业、航海和工业带来了"前所未有的推动力"（Marx and Engels, 1848 [2004]: 220）。不仅是土地，水对资本主义的空间配置，尤其是其扩张能力，也至关重要。海洋在奴隶制的历史上具有举足轻重的地位（Gilroy, 1993）。正如弗雷德里克·道格拉斯在1852年所言，"商业的臂膀……延伸到海面、海底以及陆地。风、水蒸气和闪电是其特许代理人。海洋不再分裂各国，而是将它们联系在一起"（Douglass, 1852: 205）。时至今日，世界上90%以上的贸易都是通过海运进行的。最清楚地把握了这一地缘政治共鸣的思想家或许是卡尔·施米特（Carl Schmitt），他对世界领土划分的概念，即法（*nomos*），对货币理论产生了重要的影响。

施米特认为，"支持世界自由贸易和世界自由市场的经济，以及货币、资本和劳动力的自由流动"的理想是在入侵新世界的背景下发展起来的，随后形成了1492年至1890年间的世界领土秩序。"自由海洋、自由贸易、自由世界经济的概念与自由竞争、自由利用的概念"之间存在一种"历史和结构上的关系"（Schmitt, 2003: 99）。增长和自由贸易间之所以能够建立起联系是因为一大片陆地的开放：一片"自由的空间，向欧洲的占领和扩张开放的地区"（Schmitt, 2003: 87）。但海洋在其中扮演着至关重要的角色。《欧洲公法》（*jus publicum Europeaum*）明确规定，海洋"既不是国家领土，也不是殖民地领土，更不是可被占领的空间"，并且它"除了海岸线以外没有边界"（Schmitt, 2003: 172）。陆地和海洋的这种对立一直是国际法的普遍基础和法律辩论的焦点：英国人认为海洋属于所有人（*res omnium*），是"一个共同的、对所有人开放的十字路口"（Schmitt, 2003: 176），法国人则认为海洋不属于任何人（*res nullius*）。这种空间秩序并非来自欧洲内部的土地占有，而是来自"欧洲对非欧洲新世界的土地占有，以及英国对自由海域的海洋的占有"（Schmitt, 2003: 183）。起初，新世界是无主之地（*terra nullius*），渺无人烟，也是一片未明确领土的空间。这是"指定的自由空地"（Schmitt, 2003: 98），必须在法律上和政治上对其实行积极的领土区分。霍布斯（Hobbes）所描述的自然状态并不是人们常说的那种无空间的反乌托邦，而是新世界的代表，并且美国人是他所描述的有狼性之人（*homo homini lupus est*）的典范（Schmitt, 2003: 96）。新世界的发现引发了欧洲人对领土的争夺，从而形成了"新划分的地球空间秩序"（Schmitt, 2003: 87）。通过里斯本和塞维利亚从美洲进口到欧洲的黄金是其中不可或缺的一部分（Vilar, 2011: Ch. 8; Bernstein, 2004: Ch. 9）。这场争夺一开始仅是表面区域的划分，后来演变成一个以欧洲为中心的实际政治项目。

施米特政治理论的预设是一个群体的政治身份总是建立在朋友-敌人的区别之上。敌人不一定是邪恶或丑陋的，也不一定是经济上的竞争对手，而只是"以一种特别激烈的方式存在的他人，在存在上属于外来的不同的东西，因此在极端情况下，我们可能会与其发生冲突"（Schmitt, 2007: 27）。施米特关心的是，有着不同政治身份的不同政治团体——因此，可能是潜在的敌人——如何能在共同的国际法律秩序下共存。这一秩序的功能是使现有的敌友界线与领土边界相一致：换言之，使其空间化。借用马克思的话来说，货币，尤其是它所穿的"国家制服"，是这种空间化过程的重要表现，也是一种强化它的手段。

纵观整个现代社会，战争使我们与纸币（理想情况下，纸币是无限制的）的关系中一直存在的不确定性凸显出来。第一次世界大战爆发时，尽管在几乎所有地方黄金储备在锚定货币价值方面的作用都被立即中止，但人们却仍期望黄金储备决定战争的结果。战争伊始，法国就将 38 000 块金锭和 1300 吨金币从巴黎运往中部高原和南部山区中预先安排好的地点（Ahamed, 2009: 71）。作为"健全的"货币，黄金的作用是确保战争中不会出现失控的通货膨胀。即使通货膨胀真的发生了，也只是暂时的，因为助长通胀的资源大约一年后就会用完。但专家们似乎没有注意到货币与战争的历史关系给我们带来的教训——战争总是会带来通货膨胀，因为国家会通过借贷、征税和印刷纸币来筹集资金，以满足其不断增加的军事费用需求。这里突出的是一种可能性，就像伪造货币一样，货币的积极作用依赖于其特定形式的消极作用：占有的不仅是土地，还包括自由的海洋；不仅是主权领土，还有无主之地；不仅接受法律的监管，还有法律缺失的情况；不仅遵循秩序，还有缺乏秩序的情况。

关于新的实验性货币形式的争论

到目前为止，我已经讨论了 19 世纪出现——或被广泛讨论和质疑——的关于货币使用、印制和管理等方面的一些发展：金银复本位制、货币联盟和不可兑换的纸币。尽管这些措施并未完全脱离政治理想——货币联盟就是一个很好的例子——但它们往往也为实用主义所驱使：例如，确保足够稳定的货币供应（金银复本位制）、防止国际套利（货币联盟）、为战争提供资金（不可兑换的纸币）。也许是因为这类实验性措施的存在——其中许多都是短暂的——围绕货币本质的激烈辩论才成为 19 世纪的特征，并且由小册子作者和其他人提出的货币"改进"方案层出不穷。我将在本部分讨论三个这样的建议，因为它们进一步阐明了我们迄今所讨论的货币措施中特别有趣的或者尚且存疑的货币方面的问题。这些建议既试图让货币在某种程度上更有效——确切地说，就是为了"改进"货币——同时又试图处理货币与更广泛的平等和社会正义问题的关系。我将集中讨论的方案是：拉斯金所提倡的"劳动货币"概念；蒲鲁东（Proudhon）关于建立人民银行的建议；以及西尔维奥·格塞尔（Silvio Gesell）对于"腐朽"的金钱的论断。

约翰·拉斯金是英国艺术评论家、社会思想家和慈善家。他在 19 世纪中叶所撰写的文集中概述了"劳动货币"计划。1860 年，该文集在《康希尔杂志》(*Cornhill Magazine*) 上连载，并于 1862 年出版成书，即《给未来者言》（*Unto This Last*, Ruskin, 1997）。根据拉斯金的观点，货币本质上是"国家批准和保证提供或找到一定数量的劳动力的书面承诺"（Ruskin, 1997: 185 n.）。鉴于货币与劳动之间的这种联系，根据其"内在价值"发行货币是一种"野蛮的"以物易物的残留。拉斯金认为，对货币来说，重要的是它能获得什么，而不是它号称包含什么（Ruskin, 1928: 169）。而货币所能获得的首先就是劳动力。出于这个原因，货币易手时，受到操控的是人而不是物。因此，价格与社会公平之间存在内在的联系。拉斯金把支付工资描述为"以时间换取时间"（Ruskin, 1997: 195）。也就是说，一份合理的工资"将包括在任何时候都能让工人获得至少与他所付出的劳动相当的一笔钱"（Ruskin, 1997: 196）。根据拉斯金的观点，这个基本的等式——以时间换取时间——是组织货币和价格体系的一个完美可靠的基础。此外，在此基础上组织起来的货币体系将带来巨大的社会效益，因为它自动防止了财富的集中：它"给予每一个处于从属地位的人以公平而充分的手段来提高社会等级"，从而消除"最严重的贫困障碍"（Ruskin, 1997: 199–200）。那些拥有财富的人之所以富有，不仅是因为他们积累了金钱，而且是因为他们成功地确保了其他人拥有的金钱比自己的少。拉斯金将此称为"谋求对我们有利的最大程度不平等的艺术"（Ruskin, 1997: 182）。劳动货币体系使这种情况几乎不可能实现，因为其设计旨在确保工人能得到公正的工资。

从当今的角度来看，拉斯金的观点可能显得简单、幼稚，但"以时间换取时间"的基本原则却仍然能引发共鸣；事实上，它构成了许多较新的货币方案的基础，如本地交换和交易系统（LETS）以及时间美元（如伊萨卡小时券，Ithaca hours）。虽然拉斯金基本思想的这些当代化身未能取得巨大的成功——也就是说，它们在其所产生的社会环境中仍然相当边缘化，通常持续时间较短，并且往往难以贮藏——但以时间为货币价值基本单位的方案层出不穷。例如，当代英国出现的"香料"（Spice）。"香料"是一种纸币系统，以小时为单位向从事志愿服务的人们支付工资，以此激励他们"付出"自己的时间，以换取可以兑换各种服务的纸币。此外还有"回声"（Echo）。根据"回声"方案，企业以"小时"而非以主流货币衡量（或支付）服务。

拉斯金的论点首先强调的是，有关货币价值基础的关键问题——本章其他部分提及的与黄金、白银和信贷有关的问题——也被纳入了更有社会和政治意义的领域，并与人类努力有关，除此之外，还与社会正义相连。当然，马克思也是如此，尽管他的观点经常被误解，因为他提出了很多关于黄金的论述。值得注意的是，马克思本人也在《政治经济学批判》（*Grundrisse*）中怀疑"不同文明形式的货币——金属货币、纸币、信用货币、劳动货币（最后一种也可以称作社会主义货币）——能否在不中断以货币为范畴的生产关系的情况下满足对其的要求"（Marx, 2005: 123）。他说，我们可以对货币进行零星的改革，"一种形式或许可以弥补另一种形式无能为力的弊端"。然而，没有任何解决方案能够"克服金钱关系中固有的矛盾，而只能希望以一种或另一种形式再现这些矛盾"（Marx, 2005: 123）。至于劳动货币的基本思想，马克思只是认为，价值与价格之间的区别——即，"以劳动时间衡量的作为劳动时间产物的商品，与它所交换的劳动时间的产物之间的区别"——要求以"第三种商品作为衡量商品实际交换价值的尺度"（Marx, 2005: 139–40）。当然，这种商品就是货币，但从定义上看，它不可能是劳动。

蒲鲁东对银行系统的观点，同样也是基于对货币与社会正义之间关系的基本关注。和拉斯金一样，蒲鲁东的论述集中在货币和工作之间的联系上，他所表达的宗旨是从资本家和金融家手中夺走权力，并把经济关系的控制权交给工人。社会或互惠信用的概念是他的建议的核心。蒲鲁东在 1848 年法国革命一年后完成的《社会问题的解决》(Solution of the Social Problem)一书中提出了这些建议（Proudhon, 1927）。蒲鲁东设想用交换银行来替代现有的中央银行——法国银行。由于参加了 1848 年的革命，蒲鲁东对临时政府心存疑虑，他认为临时政府忽视了重要的经济问题。蒲鲁东的观点与以下观点大体一致：现代货币和信贷系统的大多数关键问题都源于它们的依赖性措施，即将负责发行货币和管理货币的核心机构（例如国家和/或银行）置于等级制度的顶端。这种制度的批评者提倡采用横向措施。蒲鲁东关于人民银行的提议就是一个很好的例子。他的论点耐人寻味，因为它们触及了当代金融监管和货币改革讨论中最突出、最具争议的主题之一——去中介化问题。

蒲鲁东关于"交换银行"的想法，是基于完全有可能避免使用金属货币这一前提的。与使用绿钞为战争提供廉价融资一样，蒲鲁东的理论也是基于货币和信贷之间的密切关系。蒲鲁东认同货币本质上是一种信贷形式的说法，但他认为，如果要满足社会公平的需要，人们就要对这种关系进行改革。对蒲鲁东来说，大多数将货币视为信用的概念之所以存在问题，是因为它们都把货币本身等同于财产：他认为，货币不是资本，而只是一种交换媒介。换句话说，货币的主要用途不是赚取利息，而是促进交换。货币不是资本那样需要通过积累来赚取利息的东西。相反，货币应该仅用于交换和流通。这对银行业有着根本性的影响。在蒲鲁东的方案中，银行将发行交换票据——基本上是一种息票或抵押票据——而不是传统的银行票据。这些票据将用作财产抵押贷款。贷款期限为若干年，届时原借贷者将向银行偿还贷款。在违约的情况下，为票据做担保的财产可以被出售，其权利会转移到该票据的最后持有人手中。与传统的纸币相比，在这种措施中没有"寄生的中间人——像美国一样篡夺工人的权利，像资本家一样剥削工人的劳动成果"（Proudhon, 1927: 92）。

蒲鲁东主要关心两件事。从技术上讲，他想让货币和财产都保持流动，以防止它们停滞不前或被用作财富积累：交换票据的目的是"将财产本身转换成货币；释放它，调动它，让它可以像货币一样流通"（Proudhon, 1927: 90）。传统的银行票据包含可以用金属货币赎回的担保，而按照蒲鲁东的构想，交换票据只是一种以面值流通和被接受的信用票据。因此，信用被视为一种"简单的交换，其中一方一次性交付其产品，另一方分期付款，没有利息，除了会计费用没有任何其他费用"（Proudhon, 1927: 93）。在政治上，蒲鲁东很关心社会公平。他的建议以对财产、劳动和资本的特定理解为前提。他认为，资本是非生产性的，而地租、利息和利润本质上都是盗窃的形式（Proudhon, 1927: 88）。据蒲鲁东所说，互惠信用是废除地租和利息的一种手段，因为它使资本的基本概念变得多余，从而使资本家本身失去了存在的必要。在有息财产体系中，债权人本质上是寄生虫，而其债务人，也就是工人，不得不向其支付"贡品"，以便使用他或她最先拥有的资本。相比之下，互惠体系中没有收取高利贷的中介贷方，因此信贷将被重新定义为以一个人的劳动产品换取另一个人未来的劳动产品。在有息体系中，只能有一个债务人和一个债权人。相比之下，在互惠体系中，"每个债权人或抵押权人都有机会变成债务人"（Proudhon, 1927: 85）。显然，这种对劳动交换的强调体现了蒲鲁东与拉斯金思想的共通之处。

在一个银行倒闭的时代，蒲鲁东和拉斯金一样，既应因其乐观和善意而受到赞扬，但同时也该因其过分简单化和天真而受到批评。与传统的银行相比，他认为互惠关系会生成资本。蒲鲁东的银行本来就是为了交换而存在的。其成员资格将是无限和永久的，就像人之于人类本身的成员资格一样。此外，这种银行的成员资格，不会在共同责任的意义上把我们彼此绑定在一起，这只是一种一般的保险形式。当然，最后，按照蒲鲁东的思路构想的银行是不会盈利的，因为"劳动不依赖任何东西就能创造一切"（Proudhon, 1927: 87-8）。蒲鲁东认为他的银行可以成为建立在无资本生产和无利润交换这两个原则之上的社会经济体系的金融基础和核心。在这样一个体系中，信贷将从非生产性的中间人手中被夺走，直接被交到生产者手中。因此，信贷将恢复其应有的社会功能：它将不再是投机的工具，并且将由生产者共同体来管理。蒲鲁东认为，这就是财富纯粹来自社群内部的互惠共生原则。

蒲鲁东还提议建立一个"人民银行"，它似乎比交换银行的运作更务实一些；事实上，他在1849年建立了一个以此为名的协会社团，尽管它仅维持了几个月。交换银行将以零利率放贷，而人民银行则以低利率放贷（最初定为2%，最低降至0.25%）。交换银行没有资本，而人民银行则有500万法郎初始资本，分为每股5法郎的股份。最后，人民银行将发行纸币以换取硬币：这些纸币不能直接兑换硬币，它们仅是"具有社会特征的交付命令，由每位成员或是为其所属行业或专业的服务产品提供支持的人员进行永久性的即期支付"（Proudhon, 1927: 99）。虽然蒲鲁东的意图是最终把银行变成一家股份公司，但最初它是合伙制的，有一位总经理、一个由30名代表组成的监督理事会和一个有1000名成员的大会。如果银行倒闭，资产将被"分配给有权得到这些资产的人"（Proudhon, 1927: 112）。人民银行确实以失败告终：仅仅三个月后，蒲鲁东就宣布实验即将结束——他说道，"事实证明，事态对它来说太严峻了"。

就劳动货币而言，蒲鲁东在19世纪中叶提出的观点与后来根据他最初所概述的互惠共生原则对货币和银行进行的大量改革之间，存在着一些有趣的相似之处。信用合作社、互助储蓄银行和合作银行在今天非常普遍，尽管它们之中鲜有以蒲鲁东所构想的"纯粹"形式运作——贷款都有利息——但他所概述的互惠共生的基本原则在所有这些例子中却都有迹可循。蒲鲁东的互惠主义概念和政治哲学之间也有一些更广泛的共同之处。他所构想的互惠共生含有将国家从信贷体系中移除的想法：他诉诸无政府主义原则来为其银行做辩护。在蒲鲁东的计划中，定义货币未来的首要因素是无政府。就这一具体的方面而言，尽管他的银行失败了，但显而易见，他的观念与当今比特币等无政府数字货币流行的时代相当吻合。

本部分讨论的第三位改革派思想家是西尔维奥·格塞尔（1862—1930）。格塞尔是一位理论经济学家，也是一位社会活动家，他的主要著作《自然经济秩序》（*The Natural Economic Order*, 1906）中就有详细介绍"自由"货币的章节；或者用他的话说，"货币本该如此"。格塞尔还发表过其他几篇关于这一主题的著作，包括《货币改革作为通往社会国家的桥梁》（*Currency Reform as Bridge to the Social State*, 1891）和《货币国有化》（*The Nationalisation of Money*, 1892），以及1900年创办的月刊《货币和土地改革》（*Geld- und Bodenreform*）。格塞尔的论点之所以耐人寻味，是因为其创作背景，即"古典"金本位制。他将自由货币定义为"一种交换工具，仅此而已"，检验其有效性的唯一标准是"商品交换的安全性、快速性和廉价程度"。据格塞尔的理解，良币应该能够保证、加速商品交换，并降低商品交换的价格。相比之下，德国引入金本位制则是一场"灾难"，因为它"过度改进"了货币，仅从货币持有者的角度去思考它。格塞尔的建议极其简单：降低持有货币的吸引力。他认为，货币应该像商品一样老化。他指出，后者与时间之间有着明确的物理关系。例如，它们均会腐烂、变质、破裂并生锈。货币必须具有同样的属性：它也必须像报纸一样过期，像土豆一样腐烂，像铁一样生锈，像乙醚一样蒸发。若非如此，货币和商品之间的关系永远是不对称的——只要人们更喜欢货币而不是商品，他们就更有可能囤积货币。格塞尔的结论是，如果要改进货币作为交换媒介的功能，就该让货币变成一种更糟糕的商品。然而，金本位制的结果恰恰与之相反。

故意降低未在一段时间内加盖印花的货币的价值的做法被称为收取"滞期费"，尽管格塞尔自己从未使用过这个术语。其目的是对未在规定时间内使用货币的人收取费用：以此避免囤积。尽管格塞尔的方案是为国家货币而设，但是这种做法在替代货币计划中被广泛采用，也是费雪（Fisher）的印花代币券（stamp scrip）以及凯恩斯的班克尔（bancor）的一个特征。大萧条期间，许多并非针对国家货币的计划都采用了滞期费。德国、奥地利、瑞士、法国和一些美国城镇均发行过基于滞期费的"紧急货币"。这些货币的贬值率各不相同，尽管具体贬值率似乎对具体计划的成功或失败没有多大影响。在大多数情况下，衡量这些计划成功与否的核心指标是资金流动速度是否加快，当地经济是否得到了刺激。结果喜忧参半。戈德沙尔克（Godschalk）列举了四个美国方案——加利福尼亚州的圣克鲁斯、俄克拉何马州的奥克马尔吉、艾奥瓦州的梅森城，以及加利福尼亚州的卡梅尔——货币流通速度似乎确实因为滞期费的存在而有了明显的提高（Godschalk，2012）。后来，滞期费又随着20世纪90年代LETS运动的扩张得以广泛出现；奥地利的瓦尔德维尔特勒（Waldviertler）系统、德国的瑞吉歌德（Regiogeld）、法国的阿贝耶（Abeille）以及英国的斯特劳德镑（Stroud Pound）都采用了滞期费。在德国，巴伐利亚基姆高尔（Bavarian Chiemgauer）通过负利率对非现金货币收取滞期费。同样，这些货币的流通速度通常明显高于欧元等主流货币（以M1来衡量）（Gelleri，2009; Godschalk，2012）。

结语

我们习惯于把我们的时代看作一个货币形式日益多元化和多样化的时期：从20世纪80年代开始出现的地方货币，到比特币等加密货币，再到21世纪前20年新支付系统的爆炸式增长。这通常与所谓"近代时期"形成鲜明对比，在"近代时期"，货币的主导形式是由中央银行和政府监管并与商业私人银行共同管理的国家货币。在这些方面，19世纪与我们这个时代的共同点多于与20世纪的共同点：在国家领土内流通一种货币并不是这一时期的标准。我们经常被告知，我们已经进入了货币历史上一个异常活跃和令人激动的时刻——我们目睹了各种支付系统的爆炸式增长，以及在地方层面（社群货币）和全球层面（比特币和其他加密货币）上新型和替代性货币系统的不断涌现。然而，正如我希望在这一章中所展示的那样，替代性货币不仅不是新事物,而且从历史的角度来看,它们是什么的"替代物"——或者换一种表述方式,"非替代"(或"正常")货币应该是什么样子——我们也并不清楚。除了我们在此所讨论的著名的改革者——从拉斯金、蒲鲁东到格塞尔——还有一大批坚定的货币激进主义者,他们不仅认为有可能创造出比现有货币更好的替代货币,并且还认为这些货币将真正丰富我们的社会和经济生活。自2007—2008年的银行业危机以来,改革货币的呼声无疑高涨。然而,正如我们在本章中所看到的那样,这一呼声其实从未真正沉寂过。

插图目录
List of Illustrations

第一章

1.1 储蓄罐专利，1876年	30
1.2 机械钱箱专利，1877年	32
1.3 硬币分类装置专利，1900年	36
1.4 有轨电车货币处理机制专利，1874年	38
1.5 气动管传送系统专利，1901年	40

第三章

3.1 托马斯·纳斯特，《美国恒河》，摘自《哈珀周刊》，1871年9月	79
3.2 日本明治天皇十六年（1883年）的一厘硬币，日本	80
3.3 托马斯·纳斯特，《替代牛奶的婴儿奶票》，摘自《鲁宾逊·克鲁索的货币》，1876年	85
3.4 "政府信守承诺"，1900年	88

第四章

4.1 胫骨贴膏钞票复制品，《巴尔的摩太阳报》，1839年6月13日	107
4.2 商业胫骨贴膏货币，1863年	115
4.3 胫骨贴膏钞票复制品，《巴尔的摩太阳报》，1839年11月21日	116

第五章

5.1 爱德华·威廉姆斯·克莱和亨利·R.鲁宾逊,《时代》,1837年　　138

5.2 查尔斯·杰伊·泰勒,《考克西的家长式作风》,1894年　　141

5.3 路易斯·达尔林普尔,《行进中的繁荣先行者》,1896年　　141

5.4 《绿野仙踪》,首次出版于1900年　　150

注 释
Notes

概 述

1. 地理学家和社会理论家有时会将这种变化称作时空收敛或压缩,并强调它们在加速货物、人员和信息流动,以及有效地减少距离体验方面越来越重要的作用(例如,详见 Giddens, 1984; Harvey, 1989; May and Thrift, 2001)。另见 Wajcman and Dodd(2017)以及利奥波多·怀兹波特撰写的本卷第六章。

2. 比如,从尼采到齐美尔,再到随后的 Dodd(2012a,2012b)。关于货币的腐蚀性质,参见 Maurer(2006);关于这一时期美国生活的货币价值化,参见 Zelizer(1979)。

3. 在《资本论》第一卷中,马克思对工作日的精彩论述包括以下摘自理查逊医生(Dr Richardson)载于 1863 年 7 月 18 日的《社会科学评论》(Social Science Review)上的文章《劳动与过度劳动》("Work and Over-Work"):"如果可以相信诗人的话,那末世界上再没有象铁匠那样强健、那样快活的人了。他大清早就起来,太阳还没有出来,就丁当丁当地打起铁来。他比谁都吃得多,喝得足,睡得好。单就身体条件来说,如果劳动适度,铁匠的情况确实是属于最好的了。但是,我们到城里去,看看这些健壮的汉子所担负的劳动重担,看看他们在我国的死亡表上所占据的位置吧。在梅里勒榜区(伦敦最大的市区之一),铁匠每年的死亡率为 31/1000,比英国成年男子的平均死亡率高 11/1000。打铁几乎是人的天生的技能,本来是无可非议的,只是由于过度劳动才成为毁灭人的职业。"(引自 Marx, 1867 [1976]: 366)

4. 马克思和恩格斯在上文引用的《共产党宣言》(Marx and Engels, 1848 [2004])中曾经提及货币,并对资产阶级货币的分配权力进行了谴责:"资产阶级撕下了罩在家庭关系上的温情脉脉的面纱,资产阶级把这种关系变成了纯粹的金钱关系。"

5. 这似乎是景观概念本身的主要特征之一,它的多尺度形式,以及它与视角概念的构成关系：通过对比观察者的镜头所见和分析者所观察到的景观之间的差异进行的一种特殊的综合分析过程（Filippuci, 2016; Hirsch and O'Hanlon, 1995；关于 18 世纪末 19 世纪初景观概念的社会起源，见 Elias, 1933 [1983]：第八章）。

6. 除了促进贸易外，古德-法郎货币对的固定汇率还使计算海地被迫承认的对老牌大都市的债务成为可能，这是世界货币历史上首个"外债"的例子（Graeber, 2011: 6）。
7. 此类辩论以新的形式继续延续活跃：例如，最优货币区（OCA）的概念（Mundell, 1961）以及导致引入欧元的辩论（Helleiner, 2013a）。
8. 事实证明，新大都市的货币统一进程——见 Carruthers and Babb（1996）对美国绿钞的研究——以及殖民空间——见 Balachandran（1996）对凯恩斯在第一次世界大战背景下的印度研究——都是货币思想形成的沃土。
9. Zelizer（1994）：第四章，《穷人的货币》（"Poor People's Money"）。
10. 在美国和英国的城市，取款机、百货公司以及个人和家庭情感经济之间的关系体现在圣诞节仪式的社会起源中（包括赠送和接受礼物）——这便是 19 世纪下半叶，冰冷而匿名的金钱转化为个人化情感的过程（Carrier, 1995）。

第四章

1. 本顿和克莱的辩论摘自《奈尔斯国家登记册》（*Niles' National Register*）（华盛顿特区，1838 年），第 278—279 页。这场辩论发生在 1837 年 12 月 30 日。
2. 《国会世界》（*The Congressional Globe*），第二期，第六卷（华盛顿特区，1838 年），第 19 页。
3. 关于战前经济的多样化货币，参见 Mihm（2007）和 O'Malley（2012）。
4. 《德州财政历史》（"Fiscal History of Texas"），《德博评论》14, no. 4（1853 年 4 月）：381。
5. 《芝加哥论坛报》，1858 年 1 月 4 日，第 2 页。
6. 《巴尔的摩太阳报》，1848 年 7 月 25 日，第 4 页。
7. 《巴尔的摩太阳报》，1838 年 5 月 12 日，第 1 页。
8. 《巴尔的摩太阳报》，1838 年 3 月 2 日，第 1 页。
9. 《巴尔的摩太阳报》，1837 年 7 月 14 日，第 2 页。
10. 《美国杂志与民主评论》（*The United States Magazine and Democratic*

Review），第四卷（华盛顿特区，1838 年），第 30 页。
11. 《巴尔的摩太阳报》，1837 年 7 月 14 日，第 2 页。
12. 《纽约先驱晨报》，1837 年 10 月 12 日，第 1 页。
13. 关于黄金和流通，参见 Benn Michaels（1987）和 Henkin（1998）：第四章。
14. 《巴尔的摩太阳报》，1839 年 6 月 17 日，第 2 页。
15. 《巴尔的摩太阳报》，1839 年 6 月 19 日，第 2 页。
16. 《巴尔的摩太阳报》，1839 年 6 月 19 日，第 2 页。
17. 《纽约时报》，1857 年 10 月 15 日，第 1 页。
18. 《都柏林大学杂志》（Dublin University Magazine），第十四卷（1839），第 515 页。
19. "烟草货币——由制造商 Pearl & Obreight 提供"（1863），国会图书馆印刷与摄影部，华盛顿特区，美国，20540。
20. 《西储纪事报》（Western Reserve Chronicle），1862 年 12 月 3 日，第 1 页。
21. 《巴尔的摩太阳报》，1839 年 11 月 21 日，第 2 页。
22. 关于"投机客"一词的起源，参见 O'Malley（2012）：第四章。
23. 奥尔巴尼（Albany），纽约《阿特拉斯和阿格斯》（Atlas and Argus），1863 年 1 月 19 日，引自 Wood（1970）：第 44 页。
24. 《胡利的歌剧院歌手：包含精选的饱含情感的、滑稽的埃塞俄比亚歌曲》（Hooley's opera house songster: containing a choice selection of sentimental, comic, & Ethiopian songs）（纽约，1863 年），第 21 页。
25. 弗雷德里克·道格拉斯，《在促进有色人种入伍会议上的讲话》（"Address at a Meeting for the Promotion of Colored Enlistments"），费城，1863 年 7 月 6 日。弗雷德里克·道格拉斯的论文。美国国会图书馆，手稿部门，http://memory.loc.gov/ammem/doughtml/doughome.html。
26. 《经纪人对印花税法案的哀叹》（"The Broker's 'Stamp Act' Lament"），1862 年 7 月；专题论文。来源：https://www.loc.gov/item/amss.cw200330/（访问日期：2018 年 11 月 14 日）。
27. 一些人可能会指出，比特币和其他替代货币与胫骨贴膏类似。事实上，它们在特定的社群中蓬勃发展，不顾精英和民族主义者试图加诸它们的控制。然而，与胫骨贴膏不同的是，比特币被认为是一种有限资源，一种最终数量受限的货币单位。从这个意义上说，它们更像黄金，因为黄金的价值就源于其稀缺性和有限的存世量。比特币同样总是被认为是有限的，而胫骨贴膏却像人类的创造力本身一样无限。

第五章

1. https://www.theguardian.com/media/2010/jan/22/barclaycard-waterslide-rollercoaster。

2. https://www.coloribus.com/adsarchive/outdoor/american-express-card-come-fly-with-me-15338355/。

3. http://www.campaignlive.co.uk/article/lloyds-tsb/884735。

4. 例如，1894 年 C. J. 泰勒的《考克西的家长式作风》就是对绿钞支持者领导的失业者"军队"抗议游行的轻蔑表达，它对总统候选人进行了描绘：《淘气鬼》(*Puck*), 35, no. 893（1894 年 4 月 18 日）。在 1899 年出版的《傻瓜和他的钱》（"The Fool and his Money"）中，路易斯·达尔林普尔又回归了这一主题，但这一次发放欺诈性财富的不是政客，而是一位股票经纪人：《淘气鬼》, 45, no. 1155（1899 年 4 月 26 日）。

5. 后结构主义批评家如马克·谢尔探讨了这个故事是如何揭示在"纸币制度中，符号和物质——纸张和黄金——是如何像双关语中的词与意一样明显分离的"，而像杰拉德·肯尼迪（Gerald Kennedy）和利利亚纳·韦斯伯格（Liliane Weissberg）这样的文学史学家则强调了故事中沙利文岛的地理背景所暗示的奴隶制的黯淡历史。参见 Shell（1982）以及 Kennedy and Weissberg（2001）。

6. 虽然对这个故事的寓言式解读有时会暗示翡翠城、华盛顿特区和 19 世纪 60 年代的绿钞之间存在联系（一些人承认，雅各布·考克西本人不是银币，而是美钞的支持者），但是这些解读受制于他们自己的历史字面解读，魔法师需要与一个实际的历史对应物相匹配，然而因为难以找到明显的匹配物，分析变得十分混乱。亨利·利特菲尔德认为，"魔法师可能是从格兰特到麦金利的任何一位总统"（Littlefield, 1964: 54）；休·洛克夫（Hugh Rockoff）觉得，他是美国共和党委员会主席"马库斯·阿朗佐·汉纳"（Marcus Alonzo Hanna）（Rockoff, 1990: 750）；格蕾琴·里特则认为，他是"承诺太多、付出太少的政治骗子"。他们担心，他意味着"当时的政治改革运动也因试图改变政治中心而伤痕累累"（Ritter, 1997: 182）。

7. 例如，迈克尔·奥马利将消费文化的发展与 19 世纪 90 年代的"翻阅西尔斯目录"联系在一起，"人们发现他们可以买到他们能够想象到的各种商品，每一件都是某个遥远而未知的原版商品的完美复制品"（O'Malley, 2012: 127）。

8. 《激动人心的气球升空》（"Exciting Balloon Ascension"），《斯普林菲尔德

共和日报》(*Springfield Daily Republican*)，1862 年 7 月 11 日，星期五；《从空中观看的战斗》("Battle watched from air")，《斯普林菲尔德共和日报》，1862 年 6 月 2 日，星期一。

第六章

1. 本文的论述有意围绕奥斯特哈默和贝利的叙述展开，然而由于篇幅有限，无法对此进行详细讨论。因此，两位作者对这一时期比较独特的观点会被一笔带过。
2. 那么，两位对 19 世纪进行了描述的历史学家——奥斯特哈默和贝利都用各种方式强化了那个时代与当今时代之间的历史联系，这也许并非巧合。
3. "官房学派"是指与国家行政有关的科学知识领域，特别是与财政、经济和法律有关的科学知识——正如 18 世纪和 19 世纪的德国各州和地区所理解的那样。后来，官房学派被经济与管理（特别是国家行政管理）取而代之。
4. 感兴趣的读者可在以下网站查阅到大量齐美尔的德文著作及各种英文文本：http://socio.ch/sim/。
5. 继齐美尔之后，卡西尔（Cassirer）在 1910 年出版的《实体概念与功能概念》(*Substanzbegriff und Funktionsbegriff*) 一书中，以自己的方式对这个问题进行了探索。
6. 2018 年 4 月 19 日，《圣保罗州报》(*O Estado de São Paulo*) 转载了一名被指控腐败的公务员在社交网络上发布的帖子："金钱无法带来幸福，但会带来一种与之相似的感觉，只有专家才能分辨出其中的区别。"来源：http://politica.estadao.com.br/blogs/fausto-macedo/dinheiro-nao-traz-felicidade-mas-da-uma-sensacao-tao-parecida-que-e-necessario-um-especialista-para-ver-a-diferenca/（访问日期：2018 年 4 月 19 日）。

第七章

1. 我们可以进一步区分：(a) 完全的金银复本位制，即黄金和白银都是法定货币，并都可以自由流通；(b) 所谓"跛行"金银复本位制，即黄金和白银都作为法定货币流通，但两者中只有一种金属货币的铸造不受限制；(c) "贸易"金银复本位制主义，即两种金属货币的铸造均不受限制，但只有一种是法定货币，而另一种则主要用于贸易。

2. 以下是格雷欣法则在辞典中的定义："政府通过立法赋予两种或两种以上形式的流通媒介相同的名义价值，但其内在价值实则不同。人们总是倾向于使用生产成本最低的那种媒介去付款，因此价值更高的媒介便逐渐从流通中消失了。"（Palgrave's Dictionary, 1926; 引自 Chown, 1994: 76）
3. 弗兰克·鲍姆的《绿野仙踪》于1900年首次出版。该书有时被认为是对金属货币和绿钞"虚假"价值论述的一种讽喻（参见 Rockoff, 1990）。在鲍姆的故事中，胆小的狮子有时被认为指代威廉·詹宁斯·布莱恩，而翡翠城则可能代表纸币，尤其是绿钞的"虚假"价值。
4. 除了绿钞，在19世纪，还有一些其他不可兑换的纸币在为人们所使用。其中包括1866年至1881年在意大利使用的"强制货币"（"Il Corso Forsoto"）（Clough, 1971: 51–75）、19世纪70年代奥地利的弗罗林、（时断时续地）贯穿了整个世纪的阿根廷比索和巴西雷亚尔，以及智利在1865年、1867年和1879年暂停的可兑换货币（de Soto, 2006: 704）。

参考文献
Bibliography

Addison, J. 1854. *The Works of Joseph Addison: The Spectator.* New York: G. Putnam.

Ahamed, L. 2009. *Lords of Finance: 1929, the Great Depression and the Bankers Who Broke the World.* London: Windmill Books.

Altmann, S.P. 1908. "Zur deutschen Geldlehre des 19. Jahrhunderts" in S.P. Altmann *et al. Die Entwicklung der deutschen Volkswirtschaftslehre im neunzehnten Jahrhundert.* Leipzig: Duncker and Humblot, Vol. 1, Ch. 6.

Appadurai, A. 1986. "Introduction: Commodities and the Politics of Value" in A. Appadurai (ed.), *The Social Life of Things: Commodities in Cultural Perspective.* Cambridge: Cambridge University Press.

Appadurai, A. 2016. *Banking on Words: The Failure of Language in the Age of Derivative Finance.* Chicago, IL : University of Chicago Press.

Appleby, J. 1976. "Locke, Liberalism and the Natural Laws of Money," *Past and Present*, 71: 43–69.

Ascoli, P.M. 2006. Julius Rosenwald: The Man Who Built Sears, Roebuck and Advanced the Cause of Black Education in the American South. Bloomington, IN : Indiana University Press.

Bagby, G.W. 1885. *Selections from the Miscellaneous Writings of Dr. George W. Bagby.* Richmond, VA : Whittet & Shepperson.

Balachandran, G. 1993. "Britain's Liquidity Crisis and India, 1919–20," *Economic History Review*, 46 (3): 575–91.

Balachandran, G. 1994. "Towards a '*Hindoo Marriage*'? Anglo-Indian Monetary Relations in Interwar India," *Modern Asian Studies*, 28 (3): 615–47.

Balachandran, G. 1996. *John Bullion's Empire: Britain's Gold Problems and India between the Wars.* London: Routledge.

Balachandran, G. 1998. *The Reserve Bank of India, 1951–67.* Delhi: Oxford University Press.

Balachandran, G. 2008. "Power and Markets in Global Finance: The Gold

Standard, 1890–1926," *Journal of Global History*, 3 (3): 313–35.
Barbour, D. 1885. *The Theory of Bimetallism.* London: Macmillan.
Bassett, C.F. 1901. "Mechanical cashier." US Patent 678,218, issued July 9, 1901.
Bátiz-Lazo, B., Haigh, T. and Stearns, D.L. 2014. "How the Future Shaped the Past: The Case of the Cashless Society," *Enterprise and Society*, 15 (1): 103–31.
Baucom, I. 2005. *Spectres of the Atlantic: Finance Capital, Slavery and the Philosophy of History.* Durham, NC : Duke University Press.
Baum, F. 2000. *The Wizard of Oz: The Centennial Edition.* Ed. Michael Patrick Hearn. New York: W.W. Norton.
Bayly, C.A. 2013. *The Birth of the Modern World, 1780–1914.* Malden: Blackwell.
Baynes, F.W. 1904. "Cash-till." US Patent 754,961, issued March 22, 1904.
Beaumont, F.J. 1900. "Coin-controlled lavatory-lock." US Patent 656,082, issued August 14, 1900.
Beckert, J. 2016. *Imagined Futures.* Cambridge, MA : Harvard University Press.
Benn Michaels, W. 1987. *The Gold Standard and the Logic of Naturalism.* Berkeley, CA : University of California Press.
Berg, O. 2014. *Making Money: The Philosophy of Crisis Capitalism.* London: Verso Books.
Bernstein, P.L. 2004. *The Power of Gold: The History of an Obsession.* Chichester: John Wiley and Sons.
Birla, R. 2008. *Stages of Capital: Law, Culture, and Market Governance in Late Colonial India.* Durham, NC : Duke University Press.
Blitz, A. (Antonio Van Zandt). 1872. *Life and Adventures of Signor Blitz.* New York: T. Belknap.
Bowler, K. 2013. *Blessed: A History of the American Prosperity Gospel.* Oxford: Oxford University Press.
Boyd, S.S. 1900. "Coin assorting, delivering, and recording apparatus." US Patent 655,544, issued August 7, 1900.
Brant, C. 2011. "The Progress of Knowledge in the Regions of Air?: Divisions and Disciplines in Early Ballooning," *Eighteenth-Century Studies*, 45: 71–86.
Brown Jr., W.A. 1929. *England and the New Gold Standard, 1919–26*, New Haven, CT: Yale University Press.
Bruner, R.F. and Carr, S.D. 2007. *The Panic of 1907: Lessons Learned from the Market's Perfect Storm.* Hoboken: John Wiley and Sons.
Bryan, D. and Rafferty, M. 2007. "Financial Derivatives and the Theory of

Money," *Economy and Society*, 31 (1): 134–58.

Bryan, D. and Rafferty, M. 2016. "Decomposing Money: Ontological Options and Spreads," *Journal of Cultural Economy*, 9 (1): 27–42.

Burke, K. 2002. "Money and Power: The Shift from Great Britain to the United States" in Y. Cassis (ed.), *Finance and Financiers in European History, 1880–1960*. Cambridge: Cambridge University Press.

Burton, C.M. 1900. "Prepayment attachment for gas-meters." US Patent 647,803, issued April 17, 1900.

Calder, L. 1999. *Financing the American Dream: A Cultural History of Consumer Credit*. Princeton, NJ : Princeton University Press.

Carrier, J. 1995. *Gifts and Commodities: Exchange and Western Capitalism Since 1700*. London: Routledge.

Carruthers, B.G and Babb, S. 1996. "The Color of Money: Greenbacks and Gold in Postbellum America," *American Journal of Sociology*, 101 (6): 1556–91.

Casarino, C. 2002. *Modernity at Sea: Melville, Marx, Conrad in Crisis*. Minneapolis, MN : University of Minnesota Press.

Castagnaro, M. 2012. "Lunar Fancies and Earthly Truths: The Moon Hoax of 1835 and the Penny Press," *Nineteenth-Century Contexts*, 34: 253–68.

Castel, R. 2017. *From Manual Workers to Wage Laborers: Transformation of the Social Question*. London: Routledge, Transaction Publishers.

Cherny, R. 1996. *The Cross of Gold, by William Jennings Bryan*, Omaha, NE: University of Nebraska Press.

Choonara, J. 2009. "Interview: David Harvey—Exploring the Logic of Capital," *Socialist Review*, April (335).

Chown, J.F. 1994. *A History of Money From AD 800*. London and New York: Routledge.

Clavin, P and Wessels, J-W. 2004. "Another Golden Idol? The League of Nations' Gold Delegation and the Great Depression, 1929–1932," *International History Review*, 26 (4): 768–73.

Clough, S.B. 1971. *Storia dell'economia italiana dal 1861 ad oggi*. Bologna: Cappelli. Coeckelbergh, M. 2015. "Money as Medium and Tool: Reading Simmel as a Philosopher of Technology to Understand Contemporary Financial ICTs and Media," *Techné: Research in Philosophy and Technology* 19 (3): 358–80.

Comaroff, J and Comaroff J. 1991. *Of Revelation and Revolution, Vol. 1: Christianity, Colonialism, and Consciousness in South Africa*. Chicago, IL:

University of Chicago Press.

Comaroff, J. and Comaroff, J. 1997. *Of Revelation and Revolution, Vol. 2: The Dialectics of Modernity on a South African Frontier*. Chicago, IL : University of Chicago Press.

Conant, C.A. 1909. *History of Modern Banks of Issue: With an Account of the Economic Crises of the Nineteenth Century and the Crisis of 1907*. New York: G.P. Putnam's and Sons.

Connor, S. 2008. "Thinking Things," Lecture given at the European Society for the Study of English (ESSE), Aarhus, Denmark, August 25, 2008. Available at: http://stevenconnor.com/thinkingthings/thinkingthings.pdf (accessed November 14. 2018).

Corbridge, S. and Thrift, N. 1994. "Introduction" in S. Corbridge, N. Thrift and R. Martin (eds.), *Money, Power and Space*. Oxford: Blackwell.

Croteau, W. 1875. "Moneybox," US Patent USD8655, Washington: US Trademark and Patent Office.

Cushing, F.W. 1902. "Means for forming beaches." US Patent 715,557, issued December 9, 1902.

Darnton, R. 1989. "What Was Revolutionary about the French Revolution?" *New York Review of Books*, January 19.

De Cecco, M. 1975. *Money and Empire: The International Gold Standard, 1890–1914*, London: Rowan and Littlefield.

De Cock, C., Fitchett, J., and Volkmann, C. 2009. "'Myths of a near Past': Envisioning Finance Capitalism Anno 2007," *Ephemera: Theory and Politics in Organization* 9 (1): 8–25.

De Soto, J.H. 2006. *Money, Bank Credit and Economic Cycles*. Auburn, AL: Mises Institute.

Del Mar, A. 1895. *A History of Monetary Systems*. London: Effingham Wilson.

Dick, A. 2013. *Romanticism and the Gold Standard*. London: Palgrave.

Dickinson, E. 2016. *Collected Poems of Emily Dickinson*. London: Lerner Press.

Dodd, N. 2005. "Reinventing monies in Europe," *Economy and Society*, 34 (4): 558–83.

Dodd, N. 2012a. "Simmel's Perfect Money: Fiction, Socialism and Utopia in The Philosophy of Money". *Theory, Culture and Society*, 29 (7/8): 146–76.

Dodd, N. 2012b. "Nietzsche's money," *Journal of Classical Sociology*, 13 (1): 47–68.

Dodd, N. 2014. *The Social Life of Money*. Princeton, NJ : Princeton University

Press.

Doty, R.G. 1998. *America's Money, America's Story*. Washington, DC : Whitman Publishing.

Douglass, F. 1852. "What to the Slave Is the Fourth of July?" *Frederick Douglass: Selected Speeches and Writings*. Chicago, IL : P.S. Foner, pp. 188–206.

Drake, P.W. 1994. *Money Doctors, Foreign Debts, and Economic Reforms in Latin America from the 1890s to the Present*. Washington, DC : Scholarly Resources Inc.

Dreyell, J.S. and Frykenberg, R.E. 1982. "Sovereignty and the 'Sikka' under Company Raj: Minting Prerogative and Imperial Legitimacy in India," *Indian Economic and Social History Review*, 19 (1): 1–25.

Durkheim, E. 1912. *The Elementary Forms of the Religious Life*. London: George Allen and Unwin, Ltd.

Eagleton, C. (mimeo), "How and Why Did the Rupee Become the Currency of Zanzibar and East Africa?" .

Eagleton, C. 2019. "Currency as Commodity, as Symbol of Sovereignty and as Subject of Legal Dispute: Henri Greffülhe and the Coinage of Zanzibar in the Late 19th Century." in G. Campbell and S. Serels (eds), Indian Ocean Currencies. London: Palgrave.

Eisenstadt, S.N. 2007. *Múltiplas modernidades*. Lisbon: Horizonte.

Elias, N. 1933 [1983]. *The Court Society*. Dublin: University College Dublin.

Ellison, C.E. 1983. "Marx and the Modern City: Public Life and the Problem of Personality," *The Review of Politics*, 45 (3): 393–420.

Esposito, E. 2011. *The Future of Futures*. Cheltenham: Edward Elgar.

Evard, J.E. 1901. "Apparatus for Distinguishing Genuine from Spurious Coins." US Patent 688,839, issued December 17, 1901.

Filippucci, P. 2016. "Landscape," in *The Cambridge Encyclopedia of Anthropology*. Available at: http://www.anthroencyclopedia.com/entry/landscape (accessed November 6, 2018).

Flandreau, M. 2003. *Money Doctors: The Experience of International Financial Advising 1850–2000*. London: Routledge.

Ford, C. 2005. *Divided Houses: Religion and Gender in Modern France*. Ithaca, NY: Cornell University Press.

Foster, R. 1999. "In God We Trust? The Legitimacy of Melanesian Currencies," in D. Akins and J. Robbins (eds.), *Money and Modernity: State and Local Currencies in Melanesia*. Pittsburgh, PA : University of Pittsburgh Press, pp.

214–31.

Foucault, M. 1978. *The History of Sexuality, Vol. 1*. New York: Random House.

Franklin, B. 1969. "A Modest Inquiry into the Nature and Necessity of a Paper Currency," in H.E. Krooss (ed.), *Documentary History of Banking and Currency in the United States*. New York: Chelsea Publishing House.

Fuller, H. 2009. "From Cowries to Coins: Money and Colonialism in the Gold Coast and British West Africa in the Early 20th Century" in C. Eagleton, H. Fuller, and J. Perkins (eds.), *Money in Africa*. London: British Museum Research Publications, pp. 54–61.

Gamble, R.J. 2015. "The Promiscuous Economy" in B.P. Luskey and W.A. Woloson (eds.), *Capitalism by Gaslight. Illuminating the Economy of Nineteenth-Century America*. Philadelphia, PA : University of Pennsylvania Press, Ch. 2.

Geertz, C. 2004. "What Is a State If It Is Not a Sovereign? Reflections on Politics in Complicated Places (The Sidney Mintz Lecture for 2003)," *Current Anthropology*, 45 (5): 577–93.

Gelleri, C. 2009. "Chiemgauer Regiomoney: Theory and Practice of a local Currency," *International Journal of Community Currency Research*, 13: 61–75.

Germana, M. 2009. *Standards of Value: Race and Literature in America*. Iowa City, IA : University of Iowa Press.

Gernaert, J. 1910. "Manufacture of paper." US Patent 964,014, issued July 12, 1910.

Gesell, S. 1891 [1951]. *Currency Reform as a Bridge to the Social State* (trans. P. Pye). Typescript.

Gesell, S. 1892. *The Nationalization of Money*. Buenos Aires: Typescript.

Gesell, S. 1906 [2007]. *The Natural Economic Order*. Frankston, TX : TGS Publishers.

Giddens, A. 1984. *The Constitution of Society: Outline of the Theory of Structuration*. Cambridge: Polity Press.

Gilbert, E. 2005. "Common Cents: Situating Money in Time and Place," *Economy and Society*, 34 (3): 357–88.

Gilroy, P. 1993. *The Black Atlantic: Modernity and Double Consciousness*. London, Verso.

Gilson, F.H. 1901. "Time-Check." US Patent 689,301, issued December 17, 1901.

Godschalk, H. 2012. "Does Demurrage Matter for Complementary Curriencies?" *International Journal of Community Currency Research*, 16: 58–69.

Golway, T. 2014. *Machine Made: Tammany Hall and the Creation of Modern American Politics*. New York: W.W. Norton and Co.

Goodwin, J. 2003. *Greenback: The Almighty Dollar and the Invention of America*. London: Penguin.

Goux, J-J. 1990. *Symbolic Economies: After Marx and Freud*. Ithaca, NY: Cornell University Press.

Graeber, D. 2011. *Debt: The First 5,000 Years*. New York: Melville House.

Green, E.H.H. 1988. "Rentiers versus Producers? The Political Economy of the Bimetallic Controversy c. 1880–1898," *English Historical Review*, 103 (408): 588–612.

Green, E.H.H. 1990. "The Bimetallic Controversy: Empiricism Belimed or the Case for the Issues," *English Historical Review*, 105 (416): 673–83.

Green, S.K. 2010. *The Second Disestablishment: Church and State in Nineteenth Century America*. Oxford: Oxford University Press.

Greenberg, J.R. 2015. "The Era of Shinplasters," in B.P. Luskey and W.A. Woloson (eds.) *Capitalism by Gaslight. Illuminating the Economy of Nineteenth-Century America*. Philadelphia, PA : University of Pennsylvania Press, Ch. 3.

Gregory, C.A. 1996. "Cowries and Conquest: Towards a Subalternate Quality Theory of Money," *Comparative Studies in Society and History*, 38 (2): 195–217.

Guyer, J. 1995. "Introduction: The Currency Interface and Its Dynamics," in J. Guyer (ed.), *Money Matters: Instability, Values and Social Payments in the Modern History of West African Communities*. Portsmouth: Heinemann.

Guyer, J. 2004. *Marginal Gains: Monetary Transactions in Atlantic Africa*. Chicago, IL : University of Chicago Press.

Hall, J. 1877. "Improvement in Toy Money-Boxes." US Patent RE7,614, issued April 17, 1877.

Hamnett, B. 1999. *A Concise History of Mexico*. Cambridge: Cambridge University Press.

Hardacre, H. 1989. *Shinto and the State, 1868–1988*. Princeton, NJ : Princeton University Press.

Hart, K. 1986. "Heads or Tails? Two Sides of the Coin," *Man*, 21: 637–56.

Hart, K. 2001. *The Memory Bank: Money in an Unequal World*. Knutsford: Texere Publishing.

Hart, K. 2006. "The Euro: A Challenge for Anthropological Method". Available at: http://thememorybank.co.uk/papers/the-euro-a-challenge-for-anthropologicalmethod/ (accessed October 18, 2018).

Harvey, D. 1989. *The Condition of Postmodernity: An Enquiry into the Origins of Cultural Change.* Oxford: Wiley-Blackwell.

Hays, S.P. 1957. *The Response to Industrialism, 1885–1914.* Chicago, IL : University of Chicago Press.

Helleiner, E. 1998. "National Currencies and National Identities," *American Behavioral Scientist,* 41 (10): 1409–36.

Helleiner, E. 2003a. *The Making of National Money Territorial Currencies in Historical Perspective.* Ithaca and London: Cornell University Press.

Helleiner, E. 2003b. "Dollarization Diplomacy: US Policy Toward Latin America Coming Full Circle?" *Review of International Political Economy* 10 (3): 406–29.

Heller, M.A. and Eisenberg, R.S. 1998. "Can Patents Deter Innovation? The Anticommons in Biomedical Research," *Science*, 280 (5364): 698–701.

Henkin, D. 1998. *City Reading: Written Words and Public Spaces in Antebellum New York.* New York: Columbia University Press.

Hirsch, E. and O'Hanlon, M. (eds.) 1995. *The Anthropology of Landscape: Perspectives on Space and Place.* Oxford: Oxford University Press.

Hirschman, A. 1982. "Rival Interpretations of Markets Society: Civilizing, Destructive, or Feeble?" *Journal of Economic Literature* 20 (4): 1462–88.

Hobsbawm, E. 1989. *Nations and Nationalism since 1780. Program, Myth, Reality.* Cambridge: Cambridge University Press.

Holmes, R. 2013. *Falling Upwards: How We Took to the Air.* London: William Collins.

Holt, T.C. 1991. *The Problem of Freedom: Race, Labor, and Politics in Jamaica and Britain, 1832–1938.* Baltimore, MD : Johns Hopkins University Press.

Hughes, I.M. 1978. "Good Money and Bad: Inflation and Devaluation in the Colonial Process," *Mankind,* 11 (3): 308–18.

Ingham G.K. 2004. *The Nature of Money.* Cambridge: Polity Press.

Innes, A.M. 1913. "What Is Money?" *The Banking Law Journal*, 377–408.

Innes, A.M. 1914. "The Credit Theory of Money?" *The Banking Law Journal*, 151–68.

Jevons, W.S. 1896. *Money and the Mechanism of Exchange.* New York: D Appleton and Company.

Johnson, A. 1920. "The Promotion of Thrift in America," *The Annals of the American Academy of Political and Social Science* 87 (1): 233–42.

Johnson, M. 1970. "The Cowrie Currencies of West Africa Part II," *Journal of African History*, 11 (3): 331–53.

Kaminsky, A.P. 1980. "'Lombard Street' and India: Currency Problems in the Late-Nineteenth Century," *Indian Economic and Social History Review*, 17 (3): 307–27.

Kane, R.F. 1876. "Money Box," US Patent USD9231S, US Trademark and Patent Office: Washington.

Kazin, M. 2006. *A Godly Hero: The Life of William Jennings Bryan*. New York: Anchor Books.

Kennedy J.G. and Weissberg, L. 2001. *Romancing the Shadow: Poe and Race*. Oxford: Oxford University Press.

Kepley, A.H. 1884. "Traveler's Treasure-Belt." US Patent 297,268, issued April 22, 1884.

Keynes, J.M. 1936. *The General Theory of Employment Interest and Money*. London: Macmillan.

Keynes, J.M. 1971. *Indian Currency and Finance* (1913), republished as *Collected Writings of John Maynard Keynes*, E. Johnson and D. Moggridge (ed.), Vol 1. Cambridge: Cambridge University Press.

Khan, B.Z. 2005. *The Democratization of Invention: Patents and Copyrights in American Economic Development, 1790–1920*. Cambridge: Cambridge University Press.

Konings, M. 2014. *The Development of American Finance*. Cambridge: Cambridge University Press.

Kosambi, D.D. 1981. *Indian Numismatics*. Delhi: Orient Longman.

Koselleck, R. 2000. *Zeitschichten*. Frankfurt: Suhrkamp.

Koselleck, R. 2010. *Vom Sinn und Unsinn der Geschichte*. Frankfurt: Suhrkamp.

Krippner, G.R. 2005. "The Financialization of the American Economy," *Socio-Economic Review*, 3: 173–208.

Kuper, A. 2001. "Fraternity and Endogamy. The House of Rothschild," *Social Anthropology 9* (3): 273–87.

Kuroda, A. 2007. "The Maria Theresa Dollar in the Early Twentieth-Century Red Sea Region: A Complementary Interface between Multiple Markets," *Financial History* Review, 14 (1): 89–110.

Kuroda, A. 2008. "Concurrent but Non-Integrable Currency Circuits: Complementary Relationships among Monies in Modern China and Other Regions," *Financial History Review*, 15 (1): 17–36.

Kuroda, A. 2009. "The Eurasian Silver Century, 1276–1359: Commensurability and Multiplicity," *Journal of Global History*, 4 (2): 245–69.

Leach, W. 1993. *Land of Desire: Merchants, Power and the Rise of a New American Culture*. New York: Vintage Books.

Leer Weiss, B. 2005. "Cowries, Coffee, and Currencies: Transforming Material Wealth in Early 20th Century Bukoba" in P. Geschiere and W. van Binsbergen (eds.), *Commodification: Objects and Identities (The Social Life of Things Revisited)*. Berlin: LIT Verlag.

Leibbrandt, G. 2009. *A Billion Here, a Billion There: The Statistics of Payments*. London: Swift Institute.

Lepler, J. 2013. *The Many Panics of 1837: People, Politics, and the Creation of a Transatlantic Financial Crisis*. Cambridge: Cambridge University Press.

Lévi-Strauss, C. 1960 [1974]. "Introdução" in M. Mauss, *Sociologia e antropologia*. São Paulo: Epu/Edusp.

Limebeer, A.J. 1935. "The Gold Mining Industry and the Gold Standard," *The South African Journal of Economics*, 3 (2): 145–57.

Linick, A. 1900. "Coin-Controlled Electric Battery." US Patent 641,309, issued January 16, 1900.

Littlefield, H.M. 1964. "The Wizard of Oz: Parable on Populism," *American Quarterly*, 16: 53.

Luhmann, N. 1980–99. *Gesellschaftsstruktur und Semantik, 4 Vols*. Frankfurt: Suhrkamp.

Luhmann, N. 1994. *Die Wirtschaft der Gesellschaft*. Frankfurt: Suhrkamp

Lumsden, J. 1844. *American Memoranda, by a Mercantile Man*. Glasgow: Bell and Bain.

Lurie, A. 2000. "The Oddness of Oz," *New York Review of Books*, December 21.

Macleod, H.D. 1855–56. *Theory and Practice of Banking*. London: Longman, Green, Reader and Dyer.

Mannheim, K. 1931 [1959]. "Wissenssoziologie" in A. Vierkandt (ed.), *Handwörterbuch der Soziologie*. New Ed., Stuttgart: F. Enke.

Martínez-Piva, J.M. 2009. *Knowledge Generation and Protection*. New York: Springer.

Marx, K. 1844. "On the Jewish Question." Online edition, Marxists.org. Available at: https://www.marxists.org/archive/marx/works/1844/jewish-question/ (accessed December 31, 2016).

Marx, K. 1849. "Wage Labour and Capital", originally published in *Neue*

Rheinische Zeitung April 5–8 and 11, 1849. Available at: https://www.marxists.org/archive/marx/works/1847/wage-labour/ (accessed August 19, 2018).

Marx, K.1867 [1976] *Capital: Critique of Political Economy, Vol. 1*. Harmondsworth: Penguin.

Marx, K. 1987. *The Poverty of Philosophy*. London: Lawrence and Wishart.

Marx, K. 2005. *Grundrisse: Foundations of the Critique of Political Economy*. Harmondsworth: Penguin.

Marx, K. and Engels, F. 1948 [1982]. "Manifest der Kommunistischen Partei", in *Ausgewählte Schriften in zwei Bänden*. Berlin: Dietz.

Marx, K. and Engels, F. 1848 [2004]. *The Communist Manifesto*. Harmondsworth, Penguin.

Maurer, B. 1999. "Forget Locke? From Proprietor to Risk-Bearer in New Logics of Finance," *Public Culture,* 11 (2): 365–85.

Maurer, B. 2006. "The Anthropology of Money," *Annual Review of Anthropology,* 35 (1): 15–36.

Maurer, B. 2015. *How Would You Like to Pay?: How Technology is Changing the Future of Money*. Durham, NC : Duke University Press.

Mauss, M. 1923 [1974]. *Sociologia e antropologia*. São Paulo: Epu/Edusp.

Maxon, R. 1989. "The Kenya Currency Crisis, 1919–21 and the Imperial Dilemma," *Journal of Imperial and Commonwealth History,* 17 (3): 323–48.

May, J. and Thrift, N. (eds.) 2001. *Timespace: Geographies of Temporality*. London: Routledge.

May, W. 2015. "The Ballooning Tradition of American Poetry" in T. Stubbs and D. Haynes (eds.) *Navigating the Transnational in Modern American Literature and Culture*. Abingdon: Routledge.

McLeod, K. 2015. *Pranksters: Making Mischief in the Modern World*. New York: New York University Press.

McQuade, M. 2007. "Fair-Y Tale: The Wizard's Souvenir," *The Journal of the Midwest Modern Language Association,* 40: 115–29.

Mengis, M.C. 1889. "Mechanical Depository." US Patent 631,024, issued August 15, 1899.

Metzler, M. 2006. *Lever of Empire: International Gold Standard and the Crisis of Liberalism in Prewar Japan*. Berkeley, CA : University of California Press.

Mihm, S. 2007. *A Nation of Counterfeiters: Capitalists, Con Men, and the Making of the United States*. Cambridge: Harvard University Press.

Mill, J.S. 1894. *Principles of Political Economy*. New York: John W. Parker.

Mill, J.S. 2015. *On Liberty, Utilitarianism and Other Essays*. Oxford: Oxford University Press.

Mintz, S. 1961. "Standards of Value and Units of Measure in the Fond-des-Negres Market Place, Haiti," *Journal of The Royal Anthropological Institute of Great Britain and Ireland*, 91 (1): 23–38.

Mintz, S. 1964. "Currency Problems in Eighteenth-Century Jamaica and Gresham's Law" in R. Manners (ed.), *Patterns and Processes in Culture*. Chicago, IL : Aldine, pp. 248–65.

Mintz, S. 1984. *Sweetness and Power: The Place of Sugar in Modern History*. New York: Viking.

Mitchell, W.C. 1903. *A History of Greenbacks*. Chicago, IL : University of Chicago Press.

Montgomery, J. 1861. *Poems by James Montgomery*, London: Routledge, Warne and Routledge.

Morris, E.R. and Bawtree, A.E. 1911. "Means for Detecting Counterfeit Bank-Notes, Bonds, Coupons, and the Like." US Patent 1,002,600, issued September 5, 1911.

Mortimer, T. 1776. *A New and Complete Dictionary of Trade and Commerce*. London: printed for the author.

Mundell, R.A. 1961. "A Theory of Optimum Currency Areas," *The American Economic Review*, 51 (4): 657–65.

Mwangi, W. 2001. "Of Coins and Conquest: The East African Currency Board, the Rupee Crisis, and the Problem of Colonialism in the East African Protectorate," *Comparative Studies in Society and History*, 43 (4): 763–87.

Myers, M.G. 1970. *A Financial History of the United States*. New York: Columbia University Press.

Nason, H.E. 1901. "Means for Locking and Sealing Money-Bags." US Patent 688,671, issued December 10, 1901.

National Research Council. 1993. *Counterfeit Deterrent Features for the Next-Generation Currency Design*. Vol. 472. Washington DC : National Academies Press.

Neiburg, F. 2010. "Sick Currencies and Public Numbers," *Anthropological Theory*, 10 (1): 96–102.

Neiburg, F. 2016. "A True Coin of Their Dreams: Imaginary Monies in Haiti (The Sidney Mintz Lecture for 2010)," *Hau: Journal of Ethnographic Theory*, 6 (1): 75–93.

Neiburg, F. and Guyer, J. 2018. "The Politics of the Real," *Hau: Journal of Ethnographic Theory*, 8 (1/2): 236–8.

Neiburg, F. and Guyer, J. 2017. "The Real in the Real Economy," *Hau: Journal of Ethnographic Theory*, 7 (3): 261–279.

Nelson, A. 1902. "Checking Apparatus for Restaurants or the Like." US Patent 715,122, issued December 2, 1902.

Nelson, E.W. 1987. "The Gold Standard in Mauritius and the Straits Settlements between 1850 and 1914," *Journal of Imperial and Commonwealth History*, 16 (1): 48–76.

Nicholson, F.E. and Blanchard, G.I. 1902. "Hog-Killing Bed." US Patent 712,579, issued November 4, 1902.

Nietzsche, F. 2001. *The Gay Science: With a Prelude in German Rhymes and an Appendix of Songs*. Cambridge: Cambridge University Press.

Nobre, M. 2018. *Como nasce o novo*. São Paulo: Todavia.

O'Brien, P. 1988. *The Economic Effects of the American Civil War*. Atlantic Highlands, NJ : Humanities Press International Inc.

O'Malley, M. 1994a. "Specie and Species: Race and the Money Question in Nineteenth-Century America," *American Historical Review*, 99 (2): 369–95.

O'Malley, M. 1994b. "Response to Nell Painter," *American Historical Review*, 99 (2): 405–8.

O'Malley, M. 2012. *Face Value: The Entwined Histories of Money and Race in America*. Chicago, IL : University of Chicago Press.

Oastoe, T. 1874. "Improvement in Street-Cars." US Patent RE6,059, issued September 22, 1874.

Osborn, F.C. 1906. "Cash-Register." US Patent 817,725, issued April 10, 1906.

Osterhammel, J. 2011. *Die Verwandlung der Welt. Eine Geschichte des 19. Jahrhunderts*. München: C.H. Beck.

Pallaver, K. 2009. "A Recognized Currency in Beads. Glass Beads as Money in 19th-Century East Africa: The Central Caravan Road" in C. Eagleton, H. Fuller, and J. Perkins (eds.), *Money in Africa*. London: British Museum Research Publications, pp. 20–9.

Pallaver, K. 2015. " 'The African Native Has No Pocket': Monetary Practices and Currency Transitions in Early Colonial Uganda," *International Journal of African Historical Studies*, 45 (3): 471–99.

Palyi, M. 1916. "Romantische Geldtheorie," *Archiv für Sozialwissenschaft und Sozialpolitik*, 42: 86–116.

Parrinder, P. 2014. *Science Fiction: A Critical Guide*. London: Routledge.

Petternel, A. 1900. "Protective Device against Burglary." US Patent 657,672, issued September 11, 1900.

Pocock, J.G.A. 1979. *Virtue, Commerce, and History: Essays on Political Thought and History, Chiefly in the Eighteenth Century*. Cambridge: Cambridge University Press.

Poe, E.A. 2001. "The Gold Bug" in *Edgar Allan Poe: Complete Tales and Poems*. New York: Castle Books.

Polanyi, K. 1941 [2001]. *The Great Transformation: The Political and Economic Origins of Our Time*. Boston: Beacon Press.

Polanyi, K. and MacIver, R.M. 1957. *The Great Transformation*. Vol. 5. Boston, MA: Beacon Press.

Poovey, M. 2008. *Genres of the Credit Economy: Mediating Value in Eighteenth and Nineteenth Century Britain*. Chicago, IL: University of Chicago Press.

Proudhon, J-F. 1927. *Proudhon's Solution of the Social Problem*. New York: Vanguard Press.

Pruthi, R.K. 2004. *Arya Samaj and Indian Civilization*. New Delhi: Discovery Publishing House.

Ray, R. 1995. "Asian Capital in the Age of European Domination: The Rise of the Bazaar, 1800–1914," *Modern Asian Studies*, 29 (3): 449–554.

Ritter, G. 1997. "Silver Slippers and a Golden Cap: L. Frank Baum's The Wonderful Wizard of Oz and Historical Memory in American Politics," *Journal of American Studies*, 31: 171–202.

Ritter, G. 1999. *Goldbugs and Greenbacks: The Antimonopoly Tradition and the Politics of Finance in America, 1865–1896*. Cambridge: Cambridge University Press.

Rivers, W.H.R. 1914. *The History of Melanesian Society, Vol. 2*, Cambridge: Cambridge University Press.

Robinson, M.R. (ed.) 2012. *Lesser Civil Wars: Civilians Defining War and the Memory of War.* Cambridge: Cambridge Scholars Publishing.

Rockman, S. 2009. *Scraping By: Wage Labor and Survival in Early Baltimore*. Baltimore, MD: Johns Hopkins University Press.

Rockoff, H. 1990. "The 'Wizard of Oz' as a Monetary Allegory," *Journal of Political Economy*, 98: 739–60.

Rosa, H. 2013. *Social Acceleration*. New York: Columbia University Press.

Rosenberg, E.S. 2003. *Financial Missionaries to the World: The Politics and*

Culture of Dollar Diplomacy, 1900–1930. Durham, NC : Duke University Press. Rothbard, M.N. 2002. *History of Money and Banking in the United States: The Colonial Era to World War II.* Auburn, AL : Mises Institute.

Ruskin, J. 1928. *Time and Tide and Munera Pulveris.* London: Macmillan.

Ruskin, J. 1997. *Unto This Last and Other Writings.* Harmondsworth: Penguin.

Russell, H.B. 1898. *International Monetary Conferences, Their Purposes, Character and Results, with a Study of the Conditions of Currency and Finance in Europe and America during Intervening Periods, and Their Relations to International Action.* New York and London: Harper Brothers.

Rydall, R. 1993. *World of Fairs: The Century of Progress Expositions.* Chicago, IL: University of Chicago Press.

Sahlins, M. 1996. "The Sadness of the Sweetness: The Native Anthropology of Western Cosmology (The Sidney Mintz Lecture for 1994)," *Current Anthropology* 37, 3: 395–428.

Schmitt, C. 2003. *The Nomos of the Earth: In the International Law of the Jus Publicum Europaeum.* Candor: Telos Press.

Schmitt, C. 2007. *The Concept of the Political.* Chicago, IL : University of Chicago Press. Schweikart, L. 1987. *Banking in the American South from the Age of Jackson to Reconstruction.* Baton Rouge, LA : Louisiana State University Press.

Shell, M. 1982. *Money, Language and Thought.* Baltimore, MD : John Hopkins University Press.

Shell, M. 2005. "Buying into Signs: Money and Semiosis in Eighteenth-Century Language Theory" in M. Osteen and M. Woodmansee (eds.), *The New Economic Criticism: Studies at the Interface of Literature and Economics.* London: Routledge.

Siddiqi, A. 1981. "Money and Prices in the Earlier Stages of Empire: India and Britain 1760–1840," *Indian Economic and Social History Review*, 18(3–4): 231–62.

Simmel, G. 1900 [2005]. *Philosophie des Geldes.* 2nd. ed., Berlin: Duncker and Humblot. English transl.: *The Philosophy of Money.* London: Routledge.

Simmel, G. 1903. "Die Großstädte und das Geistesleben" in *Die Grossstadt.* Dresden: v. Zahn and Drensch, pp. 186–206.

Simmel, G. 1903 [2002]. "The Metropolis and Mental Life" in G. Bridge and S. Watson (eds.), *The Blackwell City Reader.* Oxford and Malden: Wiley-Blackwell, pp. 11–19.

Simmel, G. 1905. "A Contribution to the Sociology of Religion," *American Journal of Sociology*, 11 (3): 359–76.

Simmel, G. 1908 [2011]. *The Philosophy of Money*. London: Routledge.

Simmel, G. 1910 [1945]. "The Sociology of Sociability," *American Journal of Sociology*, 55 (3): 254–61 (translated by Everett C. Hughes).

Skocpol, T. 1995. *Protecting Soldiers and Mothers: The Political Origins of Social Policy in the United States*. Cambridge, MA : Harvard University Press.

Sloterdijk, P. 2011. *Bubbles*. London: Semiotexte.

Smith, A. 1982. *The Wealth of Nations: Books I-III*. London: Penguin.

Sohn-Rethel, A. 1989. *Geistige und Körperliche Arbeit*. Ed. rev., Heidelberg: VCH.

Sombart, W. 1902. *Der moderne Kapitalismus*. Leipzig: Duncker and Humblot.

Sova, D.B. 2007. *Critical Companion to Edgar Allan Poe: A Literary Reference to His Life and Work*. New York: Facts on File Publishing.

Spivak, G.C. 1985. "Scattered Speculations on the Question of Value," *Diacritics*, 15 (4): 73–93.

Stadermann, H.J. 2000. "Die Geldtheorie an der Schwelle zum 20. Jahrhundert" in J.G. Backhaus and H.J. Stadermann (eds.), *Georg Simmels Philosophie des Geldes*. Marburg: Metropolis, pp. 18–60.

Stearns, D.L. 2007. "'Think of it as Money': A History of the VISA Payment System, 1970–1984". Ph.D. dissertation.

Strathern, M. 1975. *No Money on Our Skins: Hagen Migrants in Port Moresby*. Canberra: New Guinea Research Unit, Australian National University.

Strathern, M. 2001. "The Patent and the Malanggan," *Theory, Culture and Society*, 18 (4) : 1–26.

Streb, J. 2016. "The Cliometric Study of Innovations," *Handbook of Cliometrics*, 447–68.

Swanepoel, N. 2015. "Small Change: Cowries, Coins, and the Currency Transitions in the Northern Territories of Colonial Ghana" in F.G. Richard (ed.), *Materializing Colonial Encounters: Archaeologies of African Experience*. New York: Springer.

Swift, J. 2013. *The Complete Works of Jonathan Swift*. London: Delphi Classics.

Tagore, R. 1917 [2011]. "Nationalism in India" in N. Bhusan and J. Garfield (eds.), *Indian Philosophy in English: Renaissance to Independence*. Oxford: Oxford University Press, pp. 23–6.

Thompson, E.P. 1967. "Time, Work-Discipline, and Industrial Capitalism." *Past and Present*, 38: 56–97.

Tschachler, H. 2013. *The Monetary Imagination of Edgar Allan Poe: Banking, Currency and Politics in the Writings*. New York: McFarland.

Ttjppee, H. 1875. "Improvement in Fare-Boxes." US Patent RE6,689, issued October 11, 1875.

Turnbull D. 1840. *Travels in the West: Cuba; with Notices of Porto Rico, and the Slave Trade*. London: Longman, Orme, Brown, Green and Longmans.

United States Patent Office. 2017. "Patentable Subject Matter". Available at: https://www.uspto.gov/web/offices/pac/mpep/s2104.html (accessed May 20, 2017).

Vilar, P. 2011. *A History of Gold and Money: 1450–1920*. London: Verso.

Vogl, J. 2014. *The Spectre of Capital*. Stanford, CA : Stanford University Press.

Waizbort, L. 2000. *As aventuras de Georg Simmel*. São Paulo: Editora 34.

Wajcman, J. and Dodd, N. (eds.) 2017. *The Sociology of Speed: Digital, Organizational and Social Temporalities*. Oxford: Oxford University Press.

Walker, F.A. 1896. *International Bimetallism*, London: Macmillan.

Weber, M. 1905 [2011]. *The Protestant Ethic and the Spirit of Capitalism*. Oxford: Oxford University Press.

Weber, M. 1917 [1991]. "Science as a Vocation" in H.H. Gerth and C. Wright Mills (eds.), *From Max Weber: Essays in Sociology*. London: Routledge, pp. 129–56.

Weber, M. 1920–21. Gesammelte Aufsätze zur Religionssoziologie. Tübingen: J.C.B. Mohr.

Weber, M. 2002. *The Protestant Ethic and the "Spirit" of Capitalism and Other Writings*. Harmondsworth: Penguin.

Weber, M. 2009 [1919]. "Science as a Vocation" in H.H. Gerth and C. Wright Mills (eds.), *From Max Weber, Essays in Sociology*, 129–56, London: Routledge.

Weiss, B. 2005. "Cowries, Coffee, and Currencies: Transforming Material Wealth in Early 20th Century Bukoba" in P. Geschiere and W.van Binsbergen (eds.), *Commodification: Objects and Identities (The Social Life of Things Revisited)*. Berlin: LIT Verlag.

Welch, J.W. 1999. "Weighing and Measuring in the Worlds of the Book of Mormon," *Journal of Book of Mormon Studies*, 8 (2): 36–45, 86.

Wells Brown, W. 1852. *Three Years in Europe; or, Places I Have Seen and People I Have Met*. London: Charles Gilpin.

Wesley, J. 1744. "The Use of Money." John Wesley Sermon Project Online. General Editors R.N. Danker and G. Lyons (1999–2011). Nampa, Idaho: The Wesley Center for Applied Theology. Available at: http://wesley.nnu.edu/john-wesley/the-sermons-of-john-wesley–1872-edition/sermon–50-the-use-of-money/ (accessed December 31, 2016).

Whalen, T. 1994. "The Code for Gold: Edgar Allan Poe and Cryptography," *Representations*, 46: 35–57.

Wieser, F. 1891. "The Austrian School and the Theory of Value," *The Economic Journal*, Vol. 1.

Winkel, H. 1977. *Die Deutsche Nationalökonomie im 19. Jahrhundert.* Darmstadt: Wiss. Buchgemeinschaft.

Wood, F.G. 1970. *The Black Scare: The Racist Response to Emancipation and Reconstruction*. Berkeley and Los Angeles: University of California Press.

Zelizer, V. 1979. *Morals and Markets: The Development of Life Insurance in the United States*. New York: Columbia University Press.

Zelizer, V. 1985. *Pricing the Priceless Child*. New York: Basic Books.

Zelizer, V. 1994. *The Social Meaning of Money: Pin Money, Paychecks, Poor Relief, and Other Currencies*. New York: Basic Books.

Žižek, S. 1989. *The Sublime Object of Ideology*. London: Verso.

Zook, G.F. 1920. "Thrift in the United States," *The Annals of the American Academy of Political and Social Science*, 87 (1): 205–11.

Zuijderduijn, J. and van Oosten, R. 2015. "Breaking the Piggy Bank: What Can Historical and Archaeological Sources Tell Us about Late-Medieval Saving Behaviour?" *Working Papers* 0065. Utrecht University: Centre for Global Economic History.

译名对照表 Index

alternative money 替代货币
Anderson, Maurice 莫里斯·安德森
anthropological studies 人类学研究
Appadurai, A. A. 阿帕杜莱
Appleby, Joyce 乔伊斯·阿普尔比
arbitrage 套利

Bagby, George 乔治·巴格比
Bank of the People 人民银行
Banking School 银行学派
Barclaycard 巴克莱信用卡
barter 以物易物
Baucom, Ian 伊恩·鲍科姆
Baum, Frank L., *The Wonderful Wizard of Oz* 弗兰克·L. 鲍姆，《绿野仙踪》
Bayly, C.A. C. A. 贝利
Beaumont, Frederick John 弗雷德里克·约翰·博蒙特
Benn Michaels, Walter 沃尔特·本·迈克尔斯
Bennett, James Gordon 詹姆斯·戈登·本内特
Benton, Thomas Hart "Bullion" "金条"先生托马斯·哈特·本顿
Berg, Ole 奥尔·伯格
Betton, T.W. T. W. 贝顿
bimetallism 金银复本位制

Bismarck, Otto von 奥托·冯·俾斯麦
Blitz, Antonio 安东尼奥·布利茨
Bowler, K. K. 鲍乐
Boyd, Sanford 桑福德·博伊德
Britain 英国
    bimetallism 金银复本位制
    coinage controversy 铸币争议
    faked US money 美国货币造假
    monetary union 货币联盟
Brown, William Wells 威廉·韦尔斯·布朗
Bryan, William Jennings 威廉·詹宁斯·布莱恩
bubbles and money 泡沫和货币
Burton, Charles 查尔斯·伯顿

capitalism 资本主义
Casarino, C. C. 卡萨里诺
cash registers 收银机
Castagnaro, Mario 马里奥·卡斯塔尼亚罗
centralization of money 货币的中央集权
character of money 货币的特征
Chase, Salmon P. 萨尔蒙·P. 蔡斯
Chicago World's Fair (1893) 芝加哥世界博览会（1893）

Chown, J.F. J. F. 乔恩
class-based society 阶级社会
Clay, Edward Williams, *The Times* 爱德华·威廉姆斯·克莱,《泰晤士报》
Clay, Henry 亨利·克莱
Cohen, Isabella 伊莎贝拉·科恩
coin sorting devices 硬币分类装置
colonial currencies 殖民时期的货币
colonialism 殖民主义
Comaroff, J. 简·康莫罗夫
Comaroff, J.L. 约翰·康莫罗夫
communication networks 通信网络
community currencies 社群货币
company scrip 公司代金券
compensation for crime 犯罪赔偿
concepts of money 货币概念
consumerism 消费主义
Corbridge, S. S. 科布里奇
counterfeit money 假币
counting of money 点钞
cowrie 宝贝螺
credit 信贷
    mail order catalogues 邮购目录
    representation of 表征
    temporality of money 货币的时间性
credit money in America 美国的信用货币
credit theory 信贷理论
criminalization of debt 对债务定罪
Croteau, Candide 康迪德·克罗托
Cruikshank, George, *The Land of Promise!!!* 乔治·克鲁克香克,《应许之地!!!》
Cuba 古巴

currency board systems 货币局制度
Currency School 货币学派
Dalrymple, Louis, *The 'advance-agent of prosperity' on the road* 路易斯·达尔林普尔,《行进中的繁荣先行者》
Darwinism 达尔文主义
Dayananda Saraswati 达耶难陀·娑罗室伐底
debt and community 债务和社群
Del Mar, A. A. 德尔·马
dematerialization of money 货币的非物质化
demurrage 滞期费
Denslow, William Wallace 威廉·华莱士·丹斯洛
Dent, William, *Public credit, or, the state idol* 威廉·登特,《公共信用或国家偶像》
Dickinson, Emily, *You've Seen Balloons Set* 艾米莉·狄金森,《你见过气球降落》
dirty money 脏钱
disestablishment of religion 政教分离
disintermediation 去中介化
Dodd, Nigel 奈杰尔·多德
domestic sciences 家政学
Doty, Richard 理查德·多蒂
doubloon (Spain) 达布隆(西班牙)
Douglass, Frederick 弗雷德里克·道格拉斯
Durkheim, Emile 埃米尔·涂尔干

Eagleton, C. C. 伊格尔顿
emancipation from religion 从宗教中

解放
Engels, Friedrich 弗里德里希·恩格斯
Euro (European Union) 欧元（欧盟）
everyday money in the Antebellum US 美国内战前的日常货币
 money and nationalism 货币和民族主义
 mutual debt and community 相互债务与社群
 exchange relations 交换关系

fare boxes 投币箱
financialization 金融化
fire company, New York 纽约消防公司
folk theory about money 货币的民间理论
fractional reserve lending 部分准备金借贷
Franklin, Benjamin 本杰明·富兰克林
Free Banking 自由银行制度
free money 自由货币
free trade 自由贸易
Frisby, David 戴维·弗里斯比
functionalist view of money 功能主义货币观

Gamble, Robert 罗伯特·甘布尔
Germana, Michael 迈克尔·杰尔马纳
Gesell, Silvo, *The Natural Economic Order* 西尔维奥·格塞尔，《自然经济秩序》
Gillray, James 詹姆斯·吉尔雷
Gilson, Franklin 富兰克林·吉尔森

gold rushes 淘金热
gold standard 金本位制
Goodwin, Jason 贾森·古德温
gourde (Haiti) 古德（海地）
Goux, J-J. J-J. 古
Graeber, David, *Debt, the First 5,000 Years* 大卫·格雷伯，《债：5000年债务史》
greenbacks 绿钞
Gresham's law 格雷欣法则
Guyer, Jane 简·盖耶

Haiti 海地
Hall, John 约翰·霍尔
Hart, Keith 基思·哈特
Harvey, David 大卫·哈维
hawala trades 哈瓦拉交易
Hays, Samuel P. 塞缪尔·P. 海斯
heterogeneity of money 货币的异质性
Hinduism 印度教
Hoar, George 乔治·霍尔
hoarding of money 囤积货币
Hogarth, William, *Some of the Principal Inhabitants of ye Moon* 威廉·荷加斯，《月亮上的一些主要居民》
Holmes, Richard 理查德·霍姆斯

illusions of money 货币幻觉
imperialism 帝国主义
industrialization 工业化
Innes, A. Mitchell A. 米切尔·英尼斯
intellectual property 知识产权
 transformation in the imperial age 帝国时代的转型
invisible causal forces 无形的因果力量

Islam 伊斯兰教

Jackson, Andrew 安德鲁·杰克逊
Jevons, William Stanley 威廉·斯坦利·杰文斯
Johnson, Alvin 阿尔文·约翰逊
Jones, Thomas Howell, *The Reign of Humbug!!* 托马斯·豪厄尔·琼斯,《骗子的统治！！》
JP Morgan Chase & Co. 摩根大通银行
Jukes, Francis, *Stock Exchange* 弗朗西斯·朱克斯,《股票交易所》

Kane, Robert 罗伯特·凯恩
Kazin, Michael 迈克尔·卡津
Keynes, John Maynard 约翰·梅纳德·凯恩斯
Khan, Zorina 佐里纳·卡恩
Knox, John Jay 约翰·杰伊·诺克斯
Kosambi, D.D. D. D. 高善必
Kuroda, A. A. 黑田

labour money 劳动货币
language of money 货币语言
Latin Monetary Union 拉丁货币联盟
leakage of money 货币泄漏
legal status of shinplasters 胫骨贴膏的法律地位
Lévi-Strauss, Claude 克洛德·列维-斯特劳斯
Lincoln, Abraham 亚伯拉罕·林肯
Linick, Adolph 阿道夫·利尼克
Littlefield, Henry 亨利·利特菲尔德
Locke, John 约翰·洛克
logic of money 货币逻辑

Long Depression, USA 大萧条，美利坚合众国
Lumsden, James 詹姆斯·拉姆斯登

Macleod, Henry Dunning 亨利·邓宁·麦克劳德
Marryat, Frederick 弗雷德里克·马里亚特
Marshall, Alfred 阿尔弗雷德·马歇尔
Marx, Karl 卡尔·马克思
mature money economy 成熟的货币经济
Maurer, Bill 比尔·莫勒
Mauss, Marcel 马塞尔·莫斯
May, Will 威尔·梅
McCulloch, Hugh 休·麦卡洛克
McKinley, William 威廉·麦金利
Melanesia 美拉尼西亚
Menger, Carl 卡尔·门格尔
Mengis, Morris 莫里斯·门吉斯
Methodism 卫理公会
Mill, John Stuart, *On Liberty* 约翰·斯图亚特·密尔,《论自由》
Minstrel shows 黑人剧
missionaries 传教士
modernity 现代性
monetary reform programs 货币改革方案
monetary standards 货币标准
monetization 货币化
money supply 货币供给
Montgomery, James 詹姆斯·蒙哥马利
moral force of money 金钱的道德力量
Mormonism 摩门教

Mortimer, Thomas, *A New and Complete Dictionary of Trade and Commerce* 托马斯·莫蒂默，《新编完整版商业贸易词典》
Müller, Adam 亚当·穆勒
multiple currencies 多币种
mutual credit 互惠信贷
Myers, M.G. M. G. 梅尔斯

Nast, Thomas 托马斯·纳斯特
nationalism 民族主义
naturalism 自然主义
Nietzsche, Friedrich 弗里德里希·尼采
Noble, Thomas Satterwhite, *The Price of Blood* 托马斯·萨特怀特·诺布尔，《血的价格》
Nusbaum, Aaron 亚伦·努斯鲍姆

O'Malley, Michael 迈克尔·奥马利
Oosten, R. van R. 万·奥斯藤
origin myths 起源神话
Osterhammel, J. J. 奥斯特哈默
Ottoman Empire 奥斯曼帝国

Pallaver, K. K. 帕拉沃
Parieu, Félix Esquirou de 费利克斯·埃斯奎鲁·德·帕里埃
phenomenology of money 货币现象学
pneumatic tubes 气动管
Pocock, J.G.A. J. G. A. 波科克
Poe, Edgar Allan 埃德加·爱伦·坡
The Gold Bug 《金甲虫》
The Unparalleled Adventures of Hans Pfaal 《汉斯·普法尔的非凡历险记》

Polanyi, Karl, *The Great Transformation* 卡尔·波兰尼，《大转型》
private money 私有货币
prosperity and faith 繁荣和信仰
Proudhon, Pierre-Joseph 埃尔-约瑟夫·蒲鲁东

racism 种族歧视
reform programs 改革项目
rents 租
RescueTime "拯救时间"应用
Ritter, Gretchen 格蕾琴·里特
Ritty, James 詹姆斯·里蒂
Rivers, W.H.R. W. H. R. 里弗斯
Rockman, Seth 赛斯·洛克曼
Rosenberg, Julius 朱利叶斯·罗森堡
rupee (India) 卢比（印度）
Ruskin, John 约翰·拉斯金

satire 讽刺作品
Scandinavian Monetary Union 斯堪的纳维亚货币联盟
Schmitt, Carl 卡尔·施米特
Schmöller, Gustav 古斯塔夫·施穆勒
Sears Roebuck 西尔斯·罗巴克
Second United States Bank 第二合众国银行
sending money abroad 将资金转到海外
Shell, Marc 马克·谢尔
shillings (England) 先令（英国）
shinplasters (USA) 胫骨贴膏（美国）
ambitions of subaltern groups 次等集团的野心
debt and community 债务和社群

  legal status 法律地位
  nationalism and money 民族主义和货币
Shintoism 日本之神道教
Simmel, Georg 格奥尔格·齐美尔
  individualism and money 个人主义和货币
  The Metropolis and the Mental Life《大都市与精神生活》
  motion and money 动议与货币
  The Philosophy of Money《货币哲学》
  urbanization and money 城市化与货币
Slawson, John 约翰·斯劳森
Sloterdijk, Peter 彼得·斯洛特戴克
Smith, Adam 亚当·斯密
social change 社会变革
social credit 社会信用
social sciences and money 社会科学和货币
sociological studies 社会学研究
Solomon, Peter 彼得·所罗门
sound money 健全货币
South Sea Company 南海公司
specie money 硬币货币
Stephenson, John 约翰·斯蒂芬森
Strange, Robert 罗伯特·斯特兰奇
Strathern, Marilyn 玛丽莲·斯特拉森
streetcars 有轨电车
Swift, Jonathan, *The South Sea Project, 1721* 乔纳森·斯威夫特,《南海计划,1721年》
symbolic dimension of money 货币的象征维度

Tagore, Rabindranath 罗宾德拉纳特·泰戈尔
TaskRabbit "跑腿兔" 应用
Taylor, Charles Jay, *Coxey's Paternalism* 查尔斯·杰伊·泰勒,《考克西的家长式作风》
technologies of money 货币科技
  authenticity of currency 货币的真实性
  coin-operated payments 投币支付
  counting and transfer of money 数钱和转账
  cultures of money 货币文化
  ideas of money 货币观点
territorial division of the world 世界性领土划分
thaler (Maria Theresa, Austria) 塔勒(玛丽亚·特蕾莎,奥地利)
Thomas, Dalby 多尔比·托马斯
Thompson, E. P. E. P. 汤普森
thrift 节俭
Thrift, N. N. 思里夫特
tobacco notes 香烟纸币
transfer of money 货币转账
transformation in the imperial age 帝国时代的转型
Tschachler, Heinz 海因茨·查奇勒
Tupper, Horace 霍勒斯·塔珀

ubiquity of money 货币的无处不在
Uganda 乌干达
United States of America 美利坚合众国
  Civil War and Legal Tender Acts 内战和法定货币法案
  Free Banking Era 自由银行时代

multiple currencies 多币种
patent system 专利系统
patents and the definition of money 专利和货币定义
race and money 种族和货币
religion and money 宗教和货币
rights of African-Americans 非裔美国人的权利
universality of money 普遍性货币
urbanization 城市化

Vallandigham, Clement 克莱门特·瓦兰迪加姆
value of money 货币价值

variety of money 货币多样性
velocity of circulation 流通速度
Virgin Money 维珍理财
Vogl, Joseph 约瑟夫·福格尔

Weber, Max 马克斯·韦伯
Wesley, John 约翰·卫斯理
Whalen, Terence 特伦斯·惠伦
wildcat banks "野猫"银行

Zanzibar 桑给巴尔
Žižek, Slavoj 斯拉沃热·齐泽克
Zuijderduijn, J. J. 须德杜因

关于各章作者
Notes on Contributors

G. 巴拉钱德兰在日内瓦高级国际关系及发展学院任教。他的研究致力于将南亚和印度洋纳入横跨劳动力、资本和企业家精神的全球框架体系。他的著作包括《约翰·布林的帝国：英国的黄金问题和战时的印度》(*John Bullion's Empire: British Gold Problems and India between the Wars*, 1996, 2013, 2015)和《劳动力全球化？1870—1945年间的印度海员和世界航运》(*Globalizing Labour? Indian Seafarers and World Shipping, c. 1870–1945*, 2012)。

奈杰尔·多德是伦敦政治经济学院（LSE）的社会学教授。他的最新著作《货币的社会进程》(*The Social Life of Money*)于2014年由普林斯顿大学出版社出版。

尼基·马什是南安普敦大学教授，研究20世纪文学。她致力于对货币和金融市场的文学和文化表征的研究。她著有《当代英国小说中的货币、投机与金融》(*Money, Speculation and Finance in Contemporary British Fiction*)，并与人合著有《让我看看货币：金融的视觉形象》(*Show Me the Money: The Visual Image of Finance*)、《文学与全球化》(*Literature and Globalization*)。

比尔·莫勒是加州大学尔湾分校的人类学和法学教授、社会科学学院院长。他在货币和支付技术，另类经济，以及货币、技术和法律之间的关系方面著述颇丰。

费德里科·奈堡是巴西里约热内卢联邦大学（国家博物馆）的社会人类学教授、巴西科学研究委员会首席研究员、文化与经济学研究小组协调员（NuCEC, www.nucec.net）。

迈克尔·奥马利是乔治梅森大学的历史学教授。他著有《面值：金钱与种族相交织的美国历史》（*Face Value: The Entwined Histories of Money and Race in America*）、《守望：美国时间史》（*Keeping Watch: A History of American Time*）等书，并与人合著了《美国历史的文化转向》（*The Cultural Turn in US History*）。

胡安·巴勃罗·帕尔多-格拉是加州大学圣地亚哥分校的社会学助理教授。他的研究兴趣包括市场、金融、艺术以及新兴数据科学的挑战和可能性。

利奥波多·怀兹波特是巴西圣保罗大学（USP）的社会学教授、巴西国家科学研究委员会研究员。他是《格奥尔格·齐美尔历险记》（*As Aventuras de Goerg Simmel*, 2000, 3rd ed. 2013）和《从三到一的过渡：文学批评—社会学—语言学》（*A passagem do Três ao Um: Crítica Literária—Sociologia—Filologia*）的作者。

图书在版编目（CIP）数据

货币文化史. V, 帝国时代殖民主义与货币大变革 /（美）比尔·莫勒（Bill Maurer）主编；（巴西）费德里科·奈堡（Federico Neiburg），（英）奈杰尔·多德（Nigel Dodd）编；金朗译；诸葛雯校译. — 上海：文汇出版社, 2022.10

ISBN 978-7-5496-3802-4

Ⅰ. ①货… Ⅱ. ①比… ②费… ③奈… ④金… ⑤诸… Ⅲ. ①货币史-世界-19世纪 Ⅳ. ①F821.9

中国版本图书馆CIP数据核字（2022）第123100号

A Cultural History of Money in the Age of Empire by Federico Neiburg (Editor), Nigel Dodd (Editor), Bill Maurer (Series Editor), ISBN: 978-1474237406

Copyright © Bloomsbury 2019

All rights reserved. This translation of *A Cultural History of Money in the Age of Empire* is Published by arrangement with Bloomsbury Publishing Plc.

本书简体中文版专有翻译出版权由Bloomsbury Publishing Plc. 授予上海阅薇图书有限公司。未经许可，不得以任何手段或形式复制或抄袭本书内容。

上海市版权局著作权合同登记号：图字 09-2022-0375 号

货币文化史 V：帝国时代殖民主义与货币大变革

作　者 /	[美] 比尔·莫勒 主编　　[巴西] 费德里科·奈堡 [英] 奈杰尔·多德 编
译　者 /	金　朗 译　诸葛雯 校译
责任编辑 /	戴　铮
封面设计 /	拾野文化
版式设计 /	汤惟惟

出版发行 / 文汇出版社
　　　　　上海市威海路755号
　　　　　（邮政编码：200041）
印刷装订 / 上海颛辉印刷厂有限公司
版　　次 / 2022年10月第1版
印　　次 / 2022年10月第1次印刷
开　　本 / 889毫米×1194毫米　1/32
字　　数 / 192千字
印　　张 / 8.25
书　　号 / ISBN 978-7-5496-3802-4
定　　价 / 88.00元